ELMAR PAULKE

PERFECT GAME

EINE NEUE ÄRA IM PROFI-DARTS
DIE STARS, DIE STORYS,
DIE HINTERGRÜNDE

Inhalt

Vorwort von Russ Bray   7

Prolog: Nichts geht mehr   9

Kapitel 1:   Dimitri van den Bergh – der mit dem Corona-Bart   **15**

Tagebuch   **24**

Kapitel 2:   Das Ende einer Ära – Abschied von van Barneveld und Taylor   **29**

Tagebuch   **42**

Kapitel 3:   Blick zurück – Entwicklung des Profi-Darts   **47**

Tagebuch   **69**

Kapitel 4:   Die jungen Wilden – Beginn einer neuen Ära   **73**

Tagebuch   **79**

Kapitel 5:   Gerwyn Price – der Grinch   **83**

Tagebuch   **110**

Kapitel 6:   Nathan Aspinall – der Believer   **113**

Tagebuch   **140**

Kapitel 7: Peter Wright – Der Kämpfer **145**

Tagebuch **173**

Kapitel 8: Fallon Sherrock – die Gelassene **177**

Tagebuch **198**

Kapitel 9: Darts in Deutschland **201**

Tagebuch **207**

Kapitel 10: Gabriel Clemens – der Saarländer **211**

Tagebuch **230**

Zum Schluss: Perfect Game **233**

Vorwort

Professionelles Darts hat sich in den letzten 40 Jahren enorm entwickelt. Ich habe das selber zunächst als Spieler, später als Caller hautnah miterlebt, auch wenn ich als Spieler letztlich nicht gut genug war, um meinen Lebensunterhalt durch Darts zu finanzieren. Ich war „county player" für Herfordshire und durfte mit dem großen Eric Bristow zumindest im Doppel zwei große BDO-Turniere in Norwegen und Finnland gewinnen.

Die 80er-Jahre waren eine ziemlich wilde Zeit, in der es für Profis kaum Regeln gab. Jeder machte, was er wollte, und versuchte, seinen eigenen Weg zu finden, um sich von den anderen abzusetzen. Es gibt aus dieser Zeit die verrücktesten Geschichten, von denen einige sicher niemals an die Öffentlichkeit gelangen werden. Wir hatten damals unglaublich viel Spaß zusammen, waren tatsächlich eine große Darts-Familie, mit der man viel Zeit verbrachte.

Mit der heutigen Profitour, in der junge Spieler im Kampf um sehr viel Geld nach vorne preschen, ist das überhaupt nicht mehr zu vergleichen. Darts ist zum Beruf, zum Profisport geworden, und der erste Spieler, bei dem ich diese Entwicklung erlebte, war Phil Taylor. Phil hatte sich einen Trainingstag zu Hause wie einen Bürotag eingeteilt: Er stand morgens um sieben Uhr auf, frühstückte, ging um acht Uhr in sein Büro, trainierte zwei, drei Stunden, legte eine Mittagspause ein und trainierte dann am Nachmittag ein zweites Mal. Er versuchte damit, eine Trainingsroutine zu etablieren, von der er überzeugt war, sie würde ihm helfen, die klare Nummer eins der Welt zu bleiben.

1996 kam ich dann als Caller zur PDC, das World Matchplay war mein erstes Turnier. Ich hatte das Glück, 2002, ebenfalls in Blackpool beim World Matchplay, den allerersten 9-Darter auf dem PDC-Circuit live im englischen Fernsehen zu callen. Eine große Ehre. Phil Taylor schaffte das „Perfect Game" im Viertelfinale gegen Chris Mason. Das werde ich nie vergessen. Damals hat kein Mensch geglaubt, dass Profis irgendwann mal 47 „perfekte Spiele" in einem Jahr werfen würden, so wie es 2019 passierte. Der Standard hat sich enorm gesteigert in den letzten 20 Jahren, vor allem auch, was die Breite betrifft. Heute spielt auch eine Nummer 40-mal einen 110er-Average, das hat es in den 80er-, 90er-Jahren nicht gegeben. Zudem ist der Konkurrenzgedanke gewachsen. Mit Michael van Gerwen, Gerwyn Price oder Nathan Aspinall ist eine völlig neue Generation entstanden, die die Tour inzwischen diktiert.

Ich habe Elmar mit Beginn der European Tour 2012 kennengelernt. Damals war natürlich noch Phil Taylor dabei, genauso wie Raymond van Barneveld. Andy Hamilton erlebte seine Topzeit, Wes Newton war sehr erfolgreich sowie auch Paul Nicholson. Kevin Painter hatte endlich seinen ersten Major-Sieg bei den Players Championship Finals eingespielt. Alles gute Jungs, die heute keine Rolle mehr auf der Profitour spielen. Der Zeitpunkt, sich dieser neuen Profigeneration in einem Buch zu widmen, ist perfekt gewählt. Die Tour hat gute Typen, neue Gesichter bekommen, die den Mut haben, ihren Charakter, ihre Eigenarten auch auf der Bühne zu leben. Ich glaube, es ist enorm wichtig, dass der Dartsport seine Typen pflegt, damit weiterhin so charakterstarke Kerle die Szene prägen. Denn das war immer eines der Erfolgsrezepte des Darts. „Perfect Game" – wer es noch nicht weiß: Darts ist tatsächlich das perfekte Spiel, das uns alle seit Jahrzehnten nicht mehr loslässt.

Gratuliere, Elmar, zu diesem Buch. Euch wünsche ich viel Spaß beim Lesen!

Russ „The Voice" Bray

Prolog
Nichts geht mehr

Es ist Anfang April 2020. Deutschland geht in die vierte Woche des Coronavirus-Lockdowns. Meine letzte Darts-Übertragung fand vor etwa drei Wochen am 12. März 2020 statt: der sechste Spieltag der Premier League Darts, bei dem ich für DAZN live von der Veranstaltung aus Liverpool berichtete. Es war einer dieser Premier-League-Abende, die in einer riesigen Multifunktionsarena stattfinden, mit einer Kapazität von rund 10 000 Zuschauern. An diesem Abend hatten einige hundert Fans ihr Eintrittsticket nicht wahrgenommen, aus Sorge, sich mit dem Virus anzustecken.

Es kursieren verschiedenste Szenarien: Die einen hoffen, dass es in ein paar Wochen wieder losgeht, andere vermuten, dass es 2020 zu keiner einzigen Großveranstaltung kommt. Die größten Pessimisten befürchten, dass Großevents in der Art, wie wir sie kennen, nie mehr stattfinden werden.

Wie erlebt der Dartsport die Corona-Krise? Wie viel Schaden richtet diese womöglich monatelange Pause an? Zumindest droht eine Kettenreaktion, die die Verluste besonders groß werden lassen könnte. Auch wenn die PDC bereits signalisiert hat, dass die Preisgelder über Jahre hinweg sicher wären: Irgendwann geht es nicht mehr ohne Sponsoren, denn bei sämtlichen Major-Turnieren sind Wettanbieter als Titel-Sponsoren die größten Geldgeber. Und auch diese Branche erwischt es mit voller Breitseite, weil es eben keinen Live-Sport gibt. Sollten Sponsoren in diesen Zeiten tatsächlich abspringen, könnte das am Ende einen direkten Einfluss auf die Anzahl an Profispielern bei der PDC haben.

Könnte der Profisport Darts an dieser Pandemie eventuell zugrunde gehen oder zumindest weit nach hinten geworfen werden? Wandert „the funny old game" zurück in die Kneipe, dorthin, wo alles begann?

Das wäre der „worst case". Es spricht vieles dagegen, doch auch solche Gedanken flackern in diesen Tagen der Ungewissheit auf. Viele Sportverbände signalisieren große finanzielle Einbußen und sorgen sich vor allem um ihren Profibereich. Man darf nicht vergessen: Darts ist ein Individualsport. Anders als im Mannschaftssport, im Fußball, Eishockey oder Handball, wo ich Angestellter eines Vereins bin und mich der Verein selbstverständlich auch bezahlt, ist ein Dartprofi soloselbstständig, vergleichbar mit einem freischaffenden Künstler. Als Nummer 60 der Welt hast du in den letzten zwei Jahren vielleicht 50 000 Pfund eingespielt. Davon wurden sämtliche Reisekosten beglichen und so ganz nebenbei ja auch noch Steuern gezahlt. Wir reden von 25 000 Pfund im Jahr, rund 2000 Pfund im Monat. Brutto.

Profispieler außerhalb der Top 50 kämpfen bereits jetzt, nach nur vier Wochen, ums finanzielle Überleben. Keine Turniere bedeutet keine Preisgelder, sprich null Einnahmen. Die PDC hat schnell reagiert. Noch im März 2020 schüttete PDC-Chef Barry Hearn eine Soforthilfe von 1000 Pfund für jeden Spieler aus; ein Betrag, der unbürokratisch helfen sollte und nicht zurückgezahlt werden muss. Kurze Zeit später gab es das Angebot von Krediten, die Tour-Card-Besitzer beim Verband aufnehmen konnten. Kredite, die man später über sein eingespieltes Preisgeld tilgen kann. Wer die Notbremse zieht und in seinen alten Job zurückkehren oder auf eine neue Tätigkeit ausweichen will, merkt schnell, dass es in der aktuellen wirtschaftlichen Situation unglaublich schwierig ist, Jobs zu finden.

Not macht erfinderisch

Auch für mich persönlich fühlt es sich an, als habe jemand die Pausetaste gedrückt. Gerade in meiner Berufsbranche geht aktuell gar nichts mehr: Sämtliche Veranstaltungen wurden abgesagt, auch kleinere Firmenevents. Damit steht meine Auftragslage bei ziemlich genau null. Für mich als selbstständigen Reporter, Moderator und

Eventmanager bedeutet das: Ich muss in nächster Zeit von meinen Rücklagen leben. Als Vater von drei Kindern bin ich beunruhigt. Ich setze mich an den Schreibtisch und versuche auszurechnen, wie lange ich ohne Aufträge durchkommen würde, welche Geldquellen es noch anzuzapfen gäbe, im Notfall.

Ich habe mich im April 2016 selbstständig gemacht, damals meine 18-jährige Festanstellung bei SPORT1 gekündigt, weil ich an die Entwicklung im Dartsport geglaubt habe und rauswollte aus den Fängen einer Festanstellung. Meine Mutter fragte mich gestern tatsächlich noch, ob ich diesen Schritt jetzt bereuen würde. Auf keinen Fall! Auch wenn für wichtige Auftraggeber wie die PDC Europe oder gerade auch für DAZN, den Livestream-Sender, diese Situation der Super-GAU ist. Da glaubst du an die Idee, dass Live-Sport die Menschen fasziniert, dass du sie durch Live-Übertragungen an deinen Sender bindest, und dann findet weltweit kein einziges Sportevent statt. Über Wochen, Monate.

Aber Hause rumsitzen und abwarten, dass etwas passiert, ist nicht mein Ding. Corona hat auch seine guten Seiten, weil man plötzlich Zeit für andere Projekte hat. Der Wunsch, aktiv zu sein, regt die Fantasie und Kreativität an. So rufe ich Ende März die „Elmar Paulke's Lonely Darts Club Show" ins Leben, eine YouTube-Live-Show mit folgendem Grundgedanken: Da einerseits Darts eine der ganz wenigen Sportarten ist, die zu Hause von jedem betrieben werden können, und andererseits zurzeit keine Profiturniere stattfinden, warum nicht die Gelegenheit nutzen und etwas kreieren, was im Tour-Alltag nicht möglich ist: Fans und Profis zusammen ans Board bringen? Ohne Turniere, ohne Tour ist der Profi am Ende ja auch nur ein „Normalo", dem die Arbeit entzogen wurde und der deshalb wie alle anderen zu Hause festsitzt und sich langweilt. Zweimal die Woche einen Moment schaffen, bei dem wir nicht an Corona und seine Auswirkungen denken, das ist die Idee. Als ich meinem Freund Thomas Scherer davon erzähle, ist er nicht nur begeistert, er stellt mir auch seinen Chefgrafiker Franz Hoegl und den Marketingexperten Florian Wirthgen zur Verfügung, sodass wir innerhalb von ein paar

Tagen starten können. Sechs Profis müssen nicht lange überzeugt werden: Michael Smith, Weltmeister Stephen Bunting, Joe Cullen, Gabriel Clemens, Max Hopp und „Shorty" Seyler. Sie bilden mit jeweils zwei Fans ein Team und treten gegeneinander an. Die Zuschauer können durch ihr Voting ebenfalls mitmischen. Das ist zwar alles mit einer Menge Aufwand verbunden, aber insgesamt eine wunderbare Ablenkung.

Und dann gibt es da noch die Idee zu diesem Buch, die ich bereits seit einigen Monaten in mir trage. Entstanden ist sie nach der letzten WM, als der fünfmalige Weltmeister Raymond van Barneveld seinen Abschied nahm. Nachdem der große Phil Taylor sich schon 2018 verabschiedet hatte, ging damit endgültig eine Ära zu Ende. Und gleichzeitig wächst eine neue Generation hungriger junger Spieler heran – die „jungen Wilden". Es hat sich unheimlich viel getan in den letzten Jahren im Dartsport. Diese Entwicklung wollte ich in einem Buch aufzeigen, die neuen Stars am Darts-Himmel vorstellen und etwas näher unter die Lupe nehmen. Vor Corona hatte ich dafür keine Zeit, aber jetzt heißt es: Game on!

Doch im Moment sind die Superstars von morgen weniger damit beschäftigt, einer neuen Ära ihren Stempel aufzudrücken als sich, wie wir alle, zu fragen, wie es weitergeht. Wenn dieses Buch erscheint, Anfang Dezember, wissen wir hoffentlich, dass es die Weltmeisterschaft im Ally Pally geben wird. Und wenn nicht im Alexandra Palace, dann womöglich woanders. Vielleicht wird es aber auch eine WM ohne Zuschauer sein. Ist das im Darts auf Dauer vorstellbar? Könnte der Profibereich der Sportart Darts ohne Publikum überleben? Ohne dieses Wechselspiel Partystimmung vs. Mentalsport? Es würde meiner Meinung nach seine Massenkompatibilität verlieren. Da bin ich mir sogar ziemlich sicher. Ich kann mir nicht vorstellen, dass eine Partie Darts ohne Jubel, ohne Gesänge, ohne Schilder, ohne Kostüme ein Millionenpublikum erreicht. Die Faszination umfasst mehr als den reinen Sport, das Darts-Paket für den Fan ist größer und deshalb auch besonders geil. Momentan wissen wir tatsächlich sehr wenig. Werner von Moltke, der CEO der PDC Europe, hat zuletzt im Interview gesagt, dass er keine Prognosen abgeben könne. Alles ist möglich und damit auch nichts. Die PDC Europe ist angewiesen auf den Ticketverkauf – die Bedrohung ist existenziell. Wie lange der Verband, die PDC, diesen Zustand überbrücken kann? Das werden uns PDC-Chef Barry Hearn und sein engster Kreis nicht verraten.

Kapitel 1
Dimitri van den Bergh – der mit dem Corona-Bart

Sonntag, der 26. Juli 2020. Die Corona-Pandemie bringt tatsächlich auch strahlende Sieger hervor: Dimitri van den Bergh, 26 Jahre jung, gewinnt völlig überraschend das World Matchplay. Es ist das zweitgrößte Ranking-Turnier nach der Weltmeisterschaft. Van den Bergh war als Nummer 26 der Welt in dieses Turnier gestartet, durch den Sieg ist er 14 Plätze in der Weltrangliste nach oben geklettert, jetzt ist er die Nummer zwölf. „Ich bin ein Major-Champion!", sagt van den Bergh kurz nach seinem Sieg ein wenig ungläubig. „Glaube an dich und du kannst alles erreichen! The sky is the limit!"

„Dimi. Vidi. Vici", titelt später das britische *Darts World Magazine*. Dimi kam, sah und siegte. Van den Bergh, der von allen Dimi genannt wird, trat mit dem guten Gefühl an, sich endlich zum ersten Mal für das World Matchplay qualifiziert zu haben. Nicht mehr und auch nicht weniger. Und dann schrieb er Geschichte.

Wie außergewöhnlich dieser Erfolg ist, zeigen ein paar Rekorde, die der „Dreammaker" mit seinem Sieg aufstellt: Er ist der erste Belgier, dem ein PDC-Major-Sieg gelingt. Er ist seit dem Sieg des US-Amerikaners Larry Butler von 1994 der erste Debütant, der dieses Turnier gewinnt. Er ist der erste World Youth Champion, der sich beim World Matchplay durchsetzt. Und er ist der Erste und Einzige, der dieses Turnier nicht in Blackpool, im Winter Gardens, im wunderbaren Ballroom mit seiner goldenen Decke gewinnt, sondern in der sehr modernen Marshall Arena von Milton Keynes.

Die Frage, ob Dimitri van den Bergh dieses Turnier auch im traditionellen Austragungsort vor Zuschauern gewonnen hätte, ist müßig. Er war am Ende der konstanteste Spieler von allen 32 Teilnehmern. Und er hatte zudem eine schwierige Auslosung, bezwang zum Auftakt den UK-Open-Champion Nathan Aspinall, gegen den er zuvor in vier Versuchen noch nie gewinnen konnte. Ein Erfolg, der ihm Selbstvertrauen gab. Danach kämpfte er sich gegen Joe Cullen durch und schlug drei Weltmeister nacheinander, die alle mindestens zwei WM-Titel auf dem Kerbholz haben: Adrian Lewis, Glen Durrant und im Finale Gary Anderson.

Feiern kann Dimi diesen Megaerfolg nur ganz alleine. Die Party fällt wegen Corona natürlich aus. Es ist ja auch niemand da: weder die Freundin noch die Familie oder sein langjähriger Manager Mac Elkin. Die Corona-Vorschriften sind streng und so holt sich der frisch gekürte World Matchplay Champion 2020 zur Feier des Tages eine Pizza mit extra viel Knoblauch, einen sogenannten „garlic sizzler". Um 1.30 Uhr, nach zig Sieger-Interviews, sitzt er ziemlich erschöpft auf dem Bett seines Hotelzimmers und postet ein Foto mit Pizza und Pokal. Irgendwie traurig und irgendwie rührend, weil van den Bergh diesen Moment so gerne teilen möchte, notfalls mit knapp 14 000 Twitter-Followern. Angestoßen wird später zu Hause mit der Familie. Er ist mit dem Auto nach Milton Keynes gereist und möchte sich gleich am nächsten Tag auf die Rückfahrt nach Antwerpen begeben.

Dieser Sieg soll für ihn nur der Beginn seiner nächsten Entwicklungsstufe sein: „Ich bin noch jung und habe noch so viel vor mir. Ich will jetzt Pro-Tour-Siege einfahren, Erfolge auf der European Tour." Es ist ungewöhnlich, dass ein junger Spieler den ersten Sieg auf dem Profi-Circuit bei einem so großen Turnier erzielt. Meistens benötigen unerfahrene Spieler erst kleinere Turniererfolge, um dann für den großen Wurf gewappnet zu sein. „Ich bin seit sieben Jahren auf der Tour", erzählt Dimi, „ich musste sieben Jahre warten, ich habe sieben Jahre lang gelernt und Erfahrungen gesammelt. Und ich glaube, dass ich mich noch steigern kann. Ich habe nicht das Gefühl, dass ich am Limit bin."

Van den Bergh gehört einer neuen Spielergeneration an. Einer Generation, die seit ein paar Jahren immer mehr Aufmerksamkeit erfährt, letztlich angetrieben von Michael van Gerwen. Van den Bergh ist nicht der typische Vertreter dieser „jungen Wilden", weil er sich gegen das aggressive Spiel entschieden hat. Was nicht heißt, dass sein Spiel langweilig ist. Wer bei 66 Punkten Rest, Bullseye, Doppel-8 spielt, der muss nicht permanent die Faust auspacken, um seinem Spiel noch mehr Kraft zu verleihen.

Flights statt Schnuller

Dimitri van den Bergh kommt aus einer klassischen Darts-Familie. Sein erstes Darts-Equipment hielt er als Baby in der Hand, noch bevor er laufen konnte. Sein Vater Chris, der selbst erfolgreich bei der BDO unterwegs war und zehn Jahre lang in der belgischen Nationalmannschaft spielte, steckte ihm immer Shafts und Flights in den Kinderwagen. „Ich muss eineinhalb, vielleicht auch zwei Jahre alt gewesen sein, als ich zum ersten Mal einen Pfeil auf ein Board warf", erzählt Dimitri. „Ich habe ihm in der Anfangszeit unterhalb des Boards ein Schild aufgehängt", erinnert sich der Papa, „das sollte er treffen." Der Sohnemann hat einen komplett anderen Stil als der Vater zu seiner Topzeit: „Ich war ein sehr aggressiver Spieler", erzählt der BDO-French-Open-Sieger von 2001, „Dimitri ist teilweise so freundlich, dass es manchmal schon süß ist." Dimitris drei Brüder spielen auch Darts, aber nicht so gut wie er, das wurde relativ schnell klar. Die gesamte Familie van den Bergh ist unglaublich stolz auf Dimi, der Zusammenhalt groß.

Schlüsselmomente in einer Karriere müssen nicht immer Erfolge sein. Ende Oktober 2019 ist van den Berghs Niederlage gegen Dave Chisnall bei der European Darts Championship so ein Moment, der einiges verändert. „Nach dieser Niederlage", sagt Dimitri, „habe ich meinen Vater angerufen und geweint. Nicht weil ich verloren hatte, sondern wegen der Art und Weise, wegen seines [Chisnalls] Spiels, ich war ratlos." Papa Chris reagierte damals wunderbar auf diesen Notruf seines ältesten Sohnes. Dimitri erinnert sich noch genau an seine Worte: „Mein Junge, jetzt ist deine Zeit gekommen. Wenn du einer der besten Spieler der Welt werden möchtest, ist es jetzt an der Zeit."

Chris van den Bergh stellte für Dimitri einen Trainingsplan auf und brachte ihn damit zurück in die Spur. Drei Turniere später erreichte der zweimalige World Youth Champion bei der Weltmeisterschaft im Ally Pally das Viertelfinale. Acht Monate später, Ende Juli 2020, beim World

Matchplay ist er der einzige Spieler, der es bei allen Major-Turnieren in 2020 mindestens bis ins Viertelfinale geschafft hat.

Seine Mutter hat übrigens die gesamte Woche über so ein Gefühl, als könnte etwas Besonderes passieren. Sein Vater sagt ihm gleich nach dem Triumph am Telefon: „Junge, du bist ein Mann geworden." Vielleicht macht es auch der Bart, den sich Dimitri mit Beginn der Corona-Pandemie hat wachsen lassen. „Ich hatte immer so ein Babyface und dachte, ich rasiere mich mal eine Zeitlang nicht." Dimitri selbst nennt ihn den Corona-Bart.

Unterschlupf beim aktuellen Weltmeister

Fast noch außergewöhnlicher als der unerwartete Erfolg sind vielleicht Dimis Lebensumstände rund um das Turnier. Am letzten Turnierwochenende in Barnsley, Mitte März, vor Beginn der Corona-Pandemie, überlegt sich van den Bergh, in England zu bleiben, nicht ahnend, dass er dadurch für knapp drei Monate nicht in seine Heimat Belgien wird reisen dürfen. „Ich hatte mitbekommen, dass sich die internationalen Spieler auf die Heimreise machten, weil klar war, dass die Grenzen schließen", erinnert er sich. „Ich dachte aber, wenn da jetzt bald weitere Turniere anstehen, bleibe ich einfach in England." Normalerweise quartiert er sich zwischen Turnieren bei seinem englischen Manager Mac Elkin, ein, zu dem er eine sehr enge und freundschaftliche Beziehung hat. Doch das geht diesmal nicht. Joanne und Peter Wright bekommen das mit, stehen plötzlich vor ihm und laden ihn ein, bei ihnen zu wohnen. Dimitri fühlt sich geehrt, nimmt die Einladung an. Niemand ahnt zunächst, dass daraus ganze elf Wochen werden. „Ich bin häufig woanders zu Gast, aber drei Monate lang? Du bist niemals über drei Monate irgendwo zu Besuch", so van den Bergh, der die Gastfreundschaft der Wrights nicht überstrapazieren möchte. Nach ein paar Wochen bemüht er sich deshalb auch über sein Management, wieder nach Hause zu kommen. Aber es gibt keine Möglichkeiten, die Grenzen bleiben geschlossen. „Joanne und Peter haben mir immer gesagt: Entspann dich, wir haben dich gerne hier, du bist hier herzlich willkommen."

Das Haus der Wrights ist allerdings auch groß genug, um sich auch mal aus dem Weg gehen zu können. Wie ein großer Bauernhof, samt riesigem Grundstück. Trainiert wird anfangs kaum. Da geht es mehr um die Frage, wer die Eier aus dem Hühnerstall holt, wer das Frühstück macht und wer abends kocht. Peter ist bekannt für seine Kochkünste, Dimitri ist laut eigener Aussage eher ungeübt am Herd. Eigentlich sollen die Menschen ihre Häuser nicht verlassen, aber die Wrights leben irgendwo in der Pampa und ob da jemand zum Bogenschießen auf ein Feld geht, so wie sie das häufiger tun, interessiert letztlich keine Menschenseele. Es gibt aber auch viel Leerlauf, viele Stunden, die van den Bergh allein in seinem Zimmer verbringt. Trotzdem ist es für ihn eine intensive Zeit. „Ich habe in der Zeit viel über mein Leben nachgedacht. Peter hat hart gearbeitet, um sich dieses Haus leisten zu können. Das hat mir die Augen geöffnet, hat mir verdeutlicht, was ich mit Darts erreichen kann." Eine Erkenntnis, die ihm sicherlich geholfen hat, das World Matchplay zu gewinnen.

Als irgendwann klar ist, dass in ein paar Wochen wahrscheinlich wieder Turniere stattfinden, fangen der World Champion und der World Youth Champion auch wieder an zu trainieren. „Ich dachte immer, dass ich trainieren, trainieren, trainieren muss", erzählt van den Bergh. Aber Peter Wright schüttelt den Kopf und sagt, dass es nicht um das Training gehe, sondern darum, seinem Wurfstil zu vertrauen. Peter Wright ist ein fleißiger Arbeiter, der in den letzten 25 Jahren viel versucht hat. Inzwischen verbindet er mit einzelnen Doppelfeldern nur noch ein inneres Gefühl. Im Wettkampf versucht er, dieses Gefühl entstehen zu lassen, um damit das jeweilige Doppel zu treffen. Van den Bergh arbeitet daran – mit Erfolg, wie man sieht. Und er nimmt sich inzwischen in wichtigen Momenten eine Sekunde mehr Zeit, so wie Peter ihm das geraten hat. Das klingt bei diesen kurzen Zeiteinheiten fast albern, macht im Match aber einen gewaltigen Unterschied aus. Eine Sekunde kann manchmal lang sein. Man kennt van den Berghs Handbewegung, bei der sich beide Hände mit offener Handfläche vor dem Körper nach unten bewegen, um anzudeuten, dass jetzt Ruhe vonnöten ist.

Die Phil Taylor Trophy

Als der „Dreammaker" im Finale des World Matchplay beim 16:9 in die letzte Pause von der Bühne geht, verschränkt er die Hände hinterm Rücken wie ein Professor. Vielleicht weiß er nicht, wie er seine Dominanz anders ausdrücken soll. Es ist ein witziges Bild, weil man van den Bergh so noch nie gesehen hat. „Beim 16:9 wusste ich, dass ich mir das Ding hole. Das ist hier mein Turnier, dachte ich. Im Kopf war ich schon der Sieger." Drei Legs später besiegelt er den mit Abstand größten Erfolg seiner Karriere. Beim Stand von 17:10, sein Gegner Gary Anderson hat gerade alle drei Versuche auf der Doppel-10 ausgelassen, haut er den ersten Championship-Dart mitten in die Doppel-16. Geht nach vorne, hebt verlegen die Arme kurz nach oben, zieht die Darts aus dem Board und bedankt sich per Ghetto-Faust beim „Flying Scotsman".

Dimitri van den Bergh ist erst der zehnte Spieler in der 27-jährigen Turniergeschichte, der dieses Event gewinnen kann. Neben Michael van Gerwen, Rob Cross, Gary Anderson, James Wade, Colin Lloyd, Rod Harrington, Peter Evison und Larry Butler steht natürlich auch der Name des großen Phil Taylor in der Siegerliste. 16-mal hat er dieses Turnier gewonnen, zuletzt 2017 im Finale gegen Peter Wright. Seit 2018 ist die World-Matchplay-Trophäe nach „The Power" himself benannt.

Die Siegerehrung 2020 fühlt sich ohne Zuschauer besonders merkwürdig an. Die Phil Taylor Trophy steht unbeachtet auf einem kleinen Tisch. Wegen der Hygiene-Vorschriften gibt es niemanden, der dem Champion den Pokal überreicht, van den Bergh muss zum Tisch gehen und sich das Ding selber greifen. Wie immer fliegen

Papierschnipsel, aber allein auf der Bühne ohne Applaus ist das nicht wirklich stimmungsvoll.

Nach seiner Heimreise lässt Dimitri die Phil Taylor Trophy zunächst einfach im Auto, weil er sie einerseits überallhin mitnehmen und andererseits die schwere Kiste nicht in die Wohnung in der dritten Etage schleppen will. Phil Taylor hat ihm übrigens gleich am nächsten Tag gratuliert. Der verfolgt natürlich noch das, was in seinem Sport passiert. Aber auf den World-Matchplay-Sieger Dimitri van den Bergh hätte wohl auch „The Power" nicht im Traum getippt.

Tagebuch

6. April
Es ist wie ein Lebenszeichen: Die PDC kündigt die PDC Home Tour an. 25 Tage nach dem letzten Darts-Event mit Zuschauern, dem sechsten Spieltag der Premier League Darts in Liverpool, soll es wieder eine Darts-Liveübertragung geben. Alle Spieler bleiben dabei natürlich zu Hause, es ist ein Online-Turnier, das aus den Wohnungen bzw. Häusern der Profis in die Welt gesendet wird. Die Idee ist klasse und irgendwie auch ein Muss. Im Gegensatz zu den allermeisten Sportarten kann Darts jeder von zu Hause aus spielen. Also ran ans Board. Mal sehen, ob so ein Hauch Tour-Alltag aufkommt. Die erste Turnierphase wird an 32 aufeinanderfolgenden Abenden gespielt, jeweils in 4er-Gruppen, jeder gegen jeden. Der Sieger zieht in die Play-offs ein. Eingeladen sind alle 128 Tour-Card-Halter. Die PDC Home Tour startet mit Gruppe 1 am 17. April.

13. April
Wie es aussieht, werden „Shorty" und ich einen Podcast starten. Hatte am Vormittag ein gutes Gespräch mit einer Podcast-Agentur, die mich darin bestärkt hat, eine alte Idee endlich umzusetzen. Und wenn nicht jetzt, wann dann?! „Shorty" ist begeistert von der Idee, muss nur abchecken, ob sich das mit seinem bestehenden Podcast *Shortleg* vereinbaren lässt.

15. April
Die PDC Europe folgt dem Gesetzentwurf zur „Abmilderung der Folgen der Covid-19-Pandemie im Veranstaltungsrecht". Bedeutet: Wer sich vor dem 8. März 2020 ein Ticket für eine Veranstaltung der PDC Europe im Jahr 2020 gekauft hat, hat zunächst nicht das Recht, sich den Kaufpreis erstatten zu lassen. Für Turniere, die verschoben oder abgesagt werden, können Gutscheine ausgestellt werden. Eine

Rückerstattung des Kaufpreises würde frühestens in 2022 geschehen. Es ist ein wichtiger Schritt für alle Veranstalter. Auch für die PDC Europe entspannt sich damit die Situation, da sie ja durch den Ticketverkauf bereits Geld eingenommen hat.

16. April

Gerade läuft eine Live-Pressekonferenz von Bundeskanzlerin Angela Merkel. Sie verkündet, dass Großveranstaltungen bis Ende August verboten sind. Für die PDC Europe ist damit der erste Krisenplan hinfällig, bei dem man gehofft hatte, ab August Veranstaltungen der European Tour stattfinden zu lassen. Events im zweistelligen Bereich müssen jetzt verschoben werden, teilweise auch ins nächste Jahr. Zudem steht fest, dass es die European Tour 2020 nicht wie geplant mit 13 Turnieren geben wird. Au Mann, jetzt ist Kreativität gefragt. Die PDC sowie die PDC Europe müssen Lösungen für jegliche Eventualität finden. Dazu gehören natürlich auch Veranstaltungen ohne Zuschauer.

17. April

Seit knapp drei Wochen läuft die EPLDCS: *Elmar Paulke's Lonely Darts Club Show*. Ein großer Spaß, weil wir Profis und Fans auf ungewöhnliche Weise zusammenbringen. Das verrückte an dieser Zeit ist ja, dass alle zu Hause sind, also auch die Profis. Und der professionelle Dartspieler wird ohne hochdotiertes Dartturnier, ohne seine Bühne, irgendwie auch zum Normalo. Während einer solchen Pandemie sitzen eben alle in einem Boot.

Die Idee zur Show entstand Mitte/Ende März, ziemlich schnell nach dem Lockdown. Ich hatte durch Zufall mit Moritz Blume telefoniert, mit dem ich damals die *Road to Ally Pally* umsetzte. Er erzählte mir, dass er im Kölner Raum für kleine, unbekanntere Bands einen Stream umsetzen würde, bei dem die Künstler zumindest die Chance hätten, durch virtuelle Tickets ein bisschen Geld zu verdienen. Wir kamen schnell drauf, dass man dieses Streaming Tool doch auch für ein Darts-Home-Turnier nutzen könnte.

Ein Freund von mir, Thomas Scherer, fand diese Idee so gut, dass er mir den Chefgrafiker, Franz Hoegl sowie den Marketingexperten Florian Wirthgen aus seiner Firma „Denk mal neu" kostenfrei zur Verfügung stellte. Thomas mochte die Idee, weil sie Hoffnung macht und Darts-Fans vielleicht auf andere Gedanken bringt. Innerhalb von 48 Stunden entstand so die *Lonely Darts Club Show*.

Gestern war Comedian Markus Krebs, das alte Darts-Zebra, mit dabei. Technisch war diese Ausgabe ein Desaster. Wir wissen nicht, warum uns die WLAN-Leitung mal abkackt und mal nicht. Trotzdem, es hat Bock gemacht. Markus' Fundus an Witzen ist unfassbar. Er behauptet ja selber, dass die Chance, ihm einen Witz zu erzählen, den er nicht kennt, ziemlich gering ist. Eigentlich war vereinbart, dass sich Markus nach zehn Minuten wieder vom Acker macht. Er sollte eine Partie gegen Gabriel Clemens spielen und blieb am Ende eine knappe Stunde. „Gaga" ist neben Weltmeister Stephen Bunting, Michael Smith, Max Hopp, Joe Cullen und „Shorty" Seyler einer von sechs Team-Kapitänen, die an unserer Show teilnehmen.

18. April

Luke Woodhouse schreibt Geschichte. Er wirft am zweiten Tag der PDC Home Tour den ersten 9-Darter live aus einer Küche, im Match gegen Gerwyn Price. Es ist der erster 9er, den die Nummer 57 der Welt bei einem PDC-Turnier hinbekommt, und das schlägt Wellen: Selbst die *Washington Post* berichtet von diesem perfekten Moment und erzählt von der wunderbaren Idee der Home Tour, weil der Sport ja ansonsten stillsteht. So viel Aufmerksamkeit hat Woodhouse in seiner ganzen Karriere noch nicht bekommen. Er ist in diesen Tagen vor allem mit der Betreuung der Schulaufgaben seiner beiden Kinder, acht und neun Jahre alt, beschäftigt.

Ansonsten wird auch für die PDC Home Tour das WLAN-Signal zur echten Herausforderung. Spieler, die auf dem Land wohnen, kämpfen intensiver mit ihrer Verbindung als die Städter. Es gibt zudem die Ansage der PDC, dass für Ruhe während der Matches gesorgt werden muss, da sonst ein Ton-Chaos entsteht. Für Familienväter ist das gar nicht so einfach. So durfte die Familie von Luke Woodhouse bei seinem Spiel gegen Price weder von der Küche noch über WLAN vom Wohnzimmer aus zuschauen. WLAN hat nur der Papa, der sein Handy in eine am Küchenregal befestigte Halterung gesteckt hat. Improvisation ist entscheidend in diesen Zeiten.

Kapitel 2
Das Ende einer Ära – Abschied von van Barneveld und Taylor

Der Sport lebt von großen Rivalitäten, ob im Mannschaftssport oder im Individualsport. Vielleicht sind die Duelle eins gegen eins noch ein bisschen besonderer: Muhammad Ali gegen Joe Frazier, Tyson gegen Holyfield, McEnroe gegen Borg, Federer gegen Nadal. Und Taylor gegen van Barneveld. Über viele Jahre hinweg war Darts vor allem das Duell „The Power" vs. „Barney". Van Barneveld selbst sprach bei diesem Aufeinandertreffen immer vom „El Classico". Und die Rivalität entstand nicht erst 2006, als van Barneveld zur PDC wechselte.

Bis 2006 spielten Taylor und van Barneveld nur wenige Male im Jahr gegeneinander, doch bei ihren Matches stand immer wieder die Frage im Raum, wer denn nun der beste Spieler der Welt sei (und welcher Verband die wahre Nummer eins habe, die BDO oder die PDC). Ich denke, die Antwort kennen wir alle, sie lautet natürlich: Philip Douglas Taylor.

Wahrscheinlich war diese Rivalität auch deshalb so faszinierend, weil dabei zwei Legenden des Sports aufeinandertrafen, die unterschiedlicher kaum sein konnten. Taylor war der Arbeiter, der Perfektionist, der mit viel Fleiß sein Spiel auf ein bis dahin nicht gekanntes Niveau brachte und die Darts-Welt mit seiner Konstanz gnadenlos dominierte. Raymond van Barneveld auf der anderen Seite verkörperte eher den Typus des genialen Künstlers – das große Talent mit smoothem Wurf, das die Darts nicht warf, sondern eher jazzte.

Gerade im jeweils letzten Jahr ihrer Karrieren – bei Taylor war es 2017, bei van Barneveld 2019 – war dieser Mentalitätsunterschied gut zu erkennen: „Barneys" Selbstvertrauen war schwer angeschlagen, die Konstanz fehlte. Taylor zog sein Ding einfach bis zum Schluss eisern durch, bis in das allerletzte Match seiner Karriere, das WM-Finale 2018.

Die Idee, dieses Buch zu schreiben, hat, wie gesagt, nichts mit Corona zu tun. Sie entstand nach der letzten Weltmeisterschaft, nach dem Abgang des fünfmaligen Weltmeisters Raymond van Barneveld. Damit ging endgültig eine Ära zu Ende, die natürlich besonders von DER Legende, dem 16-maligen Weltmeister Phil Taylor geprägt war, aber auch maßgeblich von van Barneveld. Phil Taylor hatte nach dem WM-Finale 2018 adieu gesagt. „Barney" hoffte, bei der Weltmeisterschaft 2020 einen ähnlich spektakulären Abgang hinlegen zu können, verlor aber sein WM-Auftaktmatch gegen den krassen Außenseiter Darin Young aus Pennsylvania am 14. Dezember 2019. Wer die Bilder des völlig enttäuschten van Barneveld live erlebt hat, wird sie sein Leben lang nicht vergessen. Vor allem nicht das Interview wenige Minuten nach dem WM-Aus, als er sagte: „Ich werde mir diese Niederlage niemals verzeihen. Never ever."

Es war ein unwürdiger Abgang, der traurig stimmte, weil man selber in diesem Abschiedsmoment ja auch die großen „Barney"-Momente vor Augen hatte. Oder anders: Nur weil van Barneveld einer der erfolgreichsten Spieler der Darts-Geschichte war und ist, wurde diese Niederlage zu einem solchen Drama. Vor allem für ihn selbst. Für ihn gab es in diesem Moment offenbar nur die Niederlage. Er war nicht imstande, das große Ganze zu sehen, seine fünf WM-Siege, seine insgesamt 82 Turniererfolge. Keines dieser Highlights konnte er in diesem Augenblick abrufen, sich vor Augen führen. Sie waren für einige Minuten aus seinen Erinnerungen gelöscht, was unterstreicht, wie überrascht er selber von seinem WM-Aus war.

Raymond van Barneveld: der Emotionale

Wenn Raymond van Barneveld heute auf dieses letzte Match seiner Karriere schaut, schüttelt er den Kopf und kann es immer noch nicht fassen: „Ich hatte so gehofft, einen guten, einen würdigen Abschied zu finden. Vielleicht noch mal ein WM-Finale zu spielen, so wie Phil damals. Man hätte mich nicht gleich nach der Niederlage gegen Daren Young interviewen sollen. Das war nicht fair, ich war überfordert in diesem Moment", erkennt er mit Abstand.

Auch am Ende seiner 32-jährigen Karriere ist Ray kein guter Verlierer. Das war er noch nie. Eine Tatsache, die ihn natürlich auch zu dem gemacht hat, was er ist: ein Champion. Sein gesamtes Jahr 2019 war durchwachsen, sportlich und privat. Er verlor viel zu häufig in der ersten oder zweiten Runde eines Turniers. „Das habe ich nicht ertragen", gibt der fünfmalige Weltmeister zu, „das war nicht ich. Ich war immer einer aus den Top Fünf, einer, der um den Turniersieg mitspielte." Van Barneveld fühlte sich bis zum Ende wie ein Sieger, obwohl sein letzter großer Turniersieg aus dem Jahr 2014 stammt: der Erfolg bei der Premier League Darts. „Hätte mir jemand nach dem WM-Sieg 2007, nach dem Finale gegen Phil Taylor gesagt, das war dein letzter Erfolg bei einer Weltmeisterschaft, ich hätte ihn ausgelacht. Ich war mir damals sicher, ich würde noch vier oder fünf WM-Kronen gewinnen." Doch dazu kommt es nicht. Und 2019, in seinem Abschiedsjahr, warteten plötzlich auch private Herausforderungen auf den vierfachen Vater und zweifachen Großvater: angefangen mit der Scheidung von seiner Frau Sylvia über private Probleme mit seinem Sohn bis hin zu gesundheitlichen Schwierigkeiten aufgrund einer Diabetes-Erkrankung. „Meine Hände waren teilweise kalt, ich konnte im Match kein Gefühl, keinen Touch entwickeln. Ich hatte mit meinen Augen Probleme, versuchte mit Brille zu spielen, dann wieder ohne." So kam der große van Barneveld nicht mehr in seinen Flow. Und im Nachhinein bereut er es, seinen Abschied schon ein Jahr zuvor angekündigt zu haben, im November 2018. Es wurde zum Dauerthema. Überall wo er hinkam, trat er ein letztes Mal an. Eine einjährige Abschiedstour, die er rückblickend so nicht mehr machen würde.

Erst jetzt, da er kein Spieler auf der Profitour mehr ist, spürt van Barneveld, wie hoch die Belastung damals war. Der permanente Erfolgsdruck, die Angst, wieder frühzeitig zu verlieren. „Mein Körper ist in den ersten Wochen 2020 richtig runtergefahren", sagt der 53-Jährige. „Ich bin wieder zu meiner Ruhe gekommen und bin bereit für all das, was da in Zukunft kommt." Eines ist klar: Raymond van Barneveld liebt Darts weiterhin über alles. Auch heute ist es sein Leben. Er hatte lediglich den Turnierstress satt, so wie es auch Phil Taylor nach seinem Karriereende beschrieben hat. Und tatsächlich: Am 23. September 2020 gab er mit den Worten „Ich bin noch nicht fertig" sein Comeback bekannt. „Barney" wird im Januar 2021 die Qualifying School spielen und versuchen, sich die Tour Card zu sichern. Hoffentlich hat er sich das gut überlegt.

Phil Taylor: der Getriebene

Phil Taylor ist dem Sport ebenfalls erhalten geblieben. Auch zwei Jahre nach seinem Abschied spielt er noch richtig gute Darts, besiegt auf Exhibitions immer wieder mal die Topspieler-Spieler, auch Michael van Gerwen. Solche Siege sind für ihn bis heute die größte Genugtuung. Diesen unbändigen Ehrgeiz wird Taylor niemals ablegen, da kann seine Zeit auf der Tour noch so weit zurückliegen. Für die Veranstalter von Exhibitions ist das teilweise gar nicht so einfach. „The Power" zu bitten, eine Partie gegen einen krassen Außenseiter zumindest eine Zeitlang etwas ausgeglichener zu gestalten, weil es dadurch für die Fans und Zuschauer unterhaltsamer wäre, kannst du knicken. Da gibt es sehr böse Blicke vom Altmeister.

Und es geht auch ums Finanzielle. So viel der Multimillionär in seiner Karriere auch verdient hatte: Ordentlich abzusahnen ist ihm auch mit 60 noch sehr wichtig. Das hat wohl mit seiner Lebensgeschichte zu tun. Aufgewachsen in der Arbeiterstadt Stoke-on-Trent in ziemlich armen Verhältnissen, fasziniert ihn das, wovon er in seinen ersten knapp 30 Lebensjahren ziemlich wenig hatte: Geld. Und so schien es ihm nach der WM 2018 auch wichtiger, auf Weltreise zu gehen und viele Einladungsturniere zu bestreiten, als zu Hause zu bleiben und Zeit mit seiner Familie und den Enkelkindern zu verbringen.

Phil Taylor redet selten über seine Erfolge. So tickt er nicht. Er hat sich niemals irgendein Match später noch mal auf Video angesehen, auch nicht mit Freunden. Das langweilt ihn, weil es in der Vergangenheit liegt. Taylor erzählt eher darüber, was er in den letzten Jahren auf der Profitour vermisst hat: den Respekt der neuen Generation zum Beispiel. Die jungen Wilden sind selbstbewusster als früher, haben ein ganz anderes Selbstverständnis. Sie sehen sich als Profis und haben damit die gleichen Rechte und Pflichten wie diejenigen, die seit Jahrzehnten dabei sind. Taylor mag das nicht. Vielleicht, weil er früher selber so war. Er hat seine Arroganz eingesetzt, um andere einzuschüchtern.

Ich habe mich gerade um seine letzte WM herum recht viel mit ihm unterhalten und ihn als Getriebenen erlebt, immer auf der Suche nach dem nächsten Erfolg, weil der gerade eingespielte Sieg für ihn sofort wertlos war. Phil erzählte mir mal, dass selbst die Siegerehrung nach einem Turniersieg für ihn eher Zeitverschwendung gewesen sei, weil der Triumph ja schon hinter ihm lag, wenn auch nur wenige Minuten. Das hatte ihm sein Vater Douglas beigebracht. Und auch sein Mentor Eric Bristow, der fünfmalige Weltmeister, der am 5. April 2018 verstarb. Beide akzeptierten nur den Sieg, nur der Turniergewinn zählte. Wenn Taylor Bristow anrief und sagte: „Ich habe das Finale erreicht", fragte Bristow ihn, warum er es nicht gewonnen habe und dass er ihn nicht anrufen solle, wenn er keine Turniere gewänne. Gewann er Turniere – und er gewann sie in Serie, gerade in den 1990er-Jahren –, dann wollte sein Vater gleich wissen, was als Nächstes anstünde. Es ist sicher schmerzhaft, Menschen, die einem wichtig sind, nie zufriedenstellen zu können, aber das ständige Streben danach war vielleicht mit ein Grund, warum Phil Taylor über einen Zeitraum von drei Jahrzehnten solch einen Erfolg haben konnte.

Es gibt unzählige Geschichten über „The Power", die demonstrieren, wie weit er die Konkurrenz überragte. Und ich meine dabei nicht die 237 Turniersiege, die 72 PDC-Major-Erfolge oder dass er die Weltmeisterschaft von 1995 bis 2002 achtmal in Folge gewann. Es sind mehr die kleinen Geschichten, von denen gefühlt jeder Spieler aus jener Zeit mindestens eine Handvoll kennt und auch prahlend erzählt, um seine Nähe zum Superstar zu unterstreichen. Eine Art Mund-zu-Mund-Propaganda, die Taylor auf einen Sockel hob, weit über alle anderen. So hat Phil beispielsweise mal mit Chris Mason trainiert, ging nach einer kurzen Pause ans Board und warf eine 180. Mason legte eine 180 nach. Anstatt die nächste 180 zu versuchen, spielte „The Power" mit seinen drei Darts T20, T19, D12. Er hatte das perfekte Spiel also komplettiert. „We should play doubles", sagte Phil lachend. Er war immer imstande, einen draufzulegen. Und gerade im Training spielte Taylor, der sehr fleißig, teilweise geradezu besessen war, sich seine Gegner zurecht. Genau dort holte er sich den Respekt, den er dann auf den großen Bühnen nutzte, um die Konkurrenz in die Schranken zu weisen. Alle sollten ihm zuschauen, wenn er in der Player's Lounge am Trainings-Board 180er in Serie warf oder auch mal einen 9-Darter einstreute. Darin hatte Taylor ein verdammt gutes Gespür, in diesen Psychospielchen war er ein Meister.

Als Taylor Ende der 1990er-Jahre zusammen mit Keith Deller, dem Weltmeister von 1983, in den USA unterwegs war, sollte er an einem Abend an einem Darts-Cricket-Turnier teilnehmen. Taylor, zu dieser Zeit siebenmaliger Weltmeister, kannte diese Darts-Variante nicht und sein amerikanischer Gegner kannte Taylor nicht. Noch nicht. Deller stellte sich neben Phil und sagte ihm immer wieder an, welche Zahl er treffen solle. „Starte auf Bull", sagte Deller. Taylor traf das Bullseye. „Wirf eine 180, jetzt T19, T18, T17". Taylor unterlief kein Fehler, er spielte seinen Gegner in Grund und Boden. Der hatte so etwas live noch nie in seinem ganzen Leben gesehen.

Rod Harrington, der Mitte der 1990er-Jahre zweimal die Nummer eins der PDC war, hatte lange Zeit eine positive Bilanz gegen Taylor. Keiner schlug den Großmeister bis 1997 so häufig wie er. Harrington hatte bewusst selten mit Phil trainiert. Was ihn am meisten beeindruckte, war Taylors Attitude, seine Einstellung, seine Fähigkeit, sich zu konzentrieren. Harrington, der schon zu seinen Spielerzeiten in das Board of Directors der PDC gewählt wurde, erinnert sich an einen WM-Tag 1996 in der Circus Tavern, dem alten WM-Austragungsort. Taylor kam zu seinem Spiel, er war verärgert, hatte private Probleme, irgendwas passte ihm nicht. Man durfte ihn nicht ansprechen, sonst wäre er geplatzt. Wie jeder Dartspieler weiß, die denkbar schlechteste Voraussetzung, um gute Darts zu werfen, weil du abgelenkt bist, nicht die nötige Ruhe und Konzentration findest. Normalerweise. Es war das Jahr 1996, Taylor war erstmals bei der PDC-WM als Titelverteidiger angetreten, damals wurde bei einem 24er-Teilnehmerfeld anfangs noch in Gruppen gespielt. „The Power" spielte in der Gruppe 8, unter anderem mit Cliff Lazarenko. An diesen Abend musste er gegen „Big Cliff" ran und er verpasste ihm ein 3:0. Als wenn nichts gewesen wäre. Taylor konnte den Schalter umlegen, wenn er musste. Eine wichtige Eigenschaft, die ihm auch half, seine Profilaufbahn mit Stil und Glanz zu beenden.

Wann genau ist es Zeit zu gehen?

Raymond van Barneveld ist ein gutes Beispiel dafür, wie schwierig es ist, den perfekten Zeitpunkt für ein Karriereende zu finden. Ein Thema, mit dem sich jeder Spitzensportler, gleichgültig in welcher Sportart, irgendwann beschäftigen muss. Die Auffassungen der Sportler und ihrer Fans liegen da meist weit auseinander, weil der Fan die Karriere ausschließlich am Erfolg festmacht. Für den Sportler selbst hat die eigene Laufbahn hingegen viel mehr Facetten: Es ist sein Leben, das plötzlich in einen neuen Abschnitt tritt.

„Barney" hatte aus der Emotion heraus am 28. März 2019 schon einmal seinen Rücktritt erklärt, am Premier-League-Abend von Rotterdam. Damals legte er beim Walk-on seine Kette um den Hals seines Enkels. Es wirkte wie inszeniert, wie ein Plan. Doch das war es nicht. Ich erinnere mich gut, weil ich mit René Eidams, WM-Teilnehmer und DAZN-Experte, damals das Match kommentierte. Wir schauten uns in der Kommentatorenkabine irritiert an. Es war die Partie gegen Michael van Gerwen, vor 10 000 orange gekleideten Fans in der Ahoi-Arena. MVG zerlegte den großen „Barney" mit 7:1. Und der ging von der Bühne und verkündete live im TV-Interview, aus der Emotion heraus, sein Karriereende. Ohne Absprachen mit seinem Manager, der große Augen bekam und „Barneys" Aussage kurze Zeit später revidierte. Auch heute noch sagt van Barneveld: „Es war wahrscheinlich der richtige Zeitpunkt, meine Karriere zu beenden. Aber im Profisport spielen viele Faktoren eine Rolle." „Barney" denkt dabei an Sponsoren-Deals, an laufende Verträge, aus denen man nicht so einfach aussteigen kann, ohne viel Geld zu verlieren.

Diese Situation damals in Rotterdam beschreibt gut, wie van Barneveld gestrickt ist. Er ist einer, der seinen Emotionen nicht einfach ausweichen kann. Ein offenes Buch, einer, dem man im Gesicht ablesen konnte, wie es um ihn stand.

Erstrunden-Aus: „Barneys" letztes Match

Und genau das war auch das Problem beim WM-Abschiedsmatch gegen Darin Young 2019. Wer so viele Partien Darts gespielt hat wie ein fünfmaliger Weltmeister, ahnt irgendwann natürlich auch, worauf das Match hinauslaufen wird. Van Barneveld hatte nicht mehr die innere Kraft, sich gegen diese Niederlage zu stemmen, den miesen inneren Schweinehund zu besiegen, der dir nach jeder schlechten Aufnahme sagt: Das war's. Wir alle kennen die Mimik von „Barney", wenn es nicht läuft, wenn er die Augen verdreht, den Kopf schüttelt. An diesem 14. Dezember, es war das vorletzte Match des Abends, spürten irgendwann natürlich auch die Fans im Ally Pally, was die Stunde geschlagen hatte. Die „Barney Army" bäumte sich noch mal auf, als es in das Entscheidungs-Leg des vierten Satzes beim Stand von 1:2 ging. Jetzt war klar, dass dieses Leg das letzte in der Profikarriere des damals 52-Jährigen sein konnte. „Barney" startet mit einer 100, Darin Young mit 94 Punkten. Jeder Triple-Treffer ist wichtig in so einem Leg. Young macht aus fünf Punkten 125. „Barney" hat 241 Punkte Rest und wirft die letzte 180 seiner Karriere. 61 Punkte stehen noch zu Buche. „Big Daddy" Darin Young steht bei 178 Punkten und reagiert: Eine 45 lässt ihm noch satte 133 Punkte stehen. „Barney" trifft das runde grüne Feld, Single Bull, lässt sich 36 Punkte Rest. Die Doppel-18 ist eines seiner Lieblings-Doppelfelder, zwei Chancen zum Ausgleich in den Sätzen. Doch beide Darts sind ein, vielleicht zwei Millimeter daneben, der letzte Dart noch knapper als der zuvor. „Barney" senkt den Kopf, geht mit drei schweren Schritten die 2,37 Meter zum Board. Young trifft kein Triple: 20, 20, 19 lässt 74 Punkte Rest. Drei weitere Versuche also für van Barneveld, um im Match zu bleiben, sich diesen vierten Satz zu holen. Diesmal trifft er die große 18. Und anschließend die große 9. Macht neuen Punkte Rest – keine Chance zu checken. Die Fans im Ally Pally buhen. Young nimmt sich Zeit. Russ Bray bittet noch einmal um Ruhe: „Ladies and gentlemen, best of order, please. Thank you." 74 Punkte Rest. Young spielt es über die 18, 56 Rest. 16 für Tops. Und dieser erste Match-Dart landet tatsächlich im acht Millimeter schmalen Doppelfeld des 20er-Segments. Damit ist die großartige Karriere des Raymond van Barneveld beendet. Er winkt, er lächelt ein wenig und geht von der Bühne. Kein Blick mehr in den VIP-Bereich, wo sein Manager, seine Lebensgefährtin sitzen. „Direkt nach Niederlagen bist du ganz allein", hat van Barneveld einmal gesagt. „Diesen Moment musst du mit dir selbst ausmachen." Es war die 28. Weltmeisterschaft für den niederländischen Nationalhelden. Nur dreimal hatte es ihn schon zum Auftakt, in der ersten Runde, erwischt: 1991 bei seinem Debüt gegen den Australier Keith Sullivan, 2000, als er zum zweiten Mal als BDO-Titelverteidiger antrat und mit 1:3 Sätzen gegen Chris Mason in Runde eins ausschied, sowie zum Abschluss, bei der WM 2020.

Mit Stil ins WM-Finale: „The Power" tritt ab

Ganz anders Phil Taylor. „The Power" schaffte es, sich vor der WM 2018 die Last eines allerletzten Turniers zu nehmen. Er war so unemotional, wie du es eigentlich nicht sein kannst nach so einer einzigartigen Karriere. Das machte ihm die Sache deutlich leichter. Er hatte keine Angst vor dem Schritt, in Darts-Rente zu gehen, vor dem

Gedanken, jedes Match könne das letzte seiner Karriere sein. Und so redete er während des Turniers auch nicht viel über die WM und wenn, dann stapelte er tief und erzählte viel lieber von dem, was danach kommen würde. Und gewann eine Runde nach der anderen.

Ausschweifend ist so ein Gespräch mit Taylor über das letzte Match seiner Profikarriere, das WM-Finale 2018, nicht. Er setzt dann so ein verschmitztes Lächeln auf, spricht als Erstes über den 9-Darter, den er fast geworfen hätte. Acht perfekte Darts steckten zu Beginn des fünften Satzes im Board, aber eben nicht neun. Ein 9-Darter bei einer Weltmeisterschaft fehlte Taylor noch im illustren Lebenslauf. Es gibt nicht viele Dinge, die er im Rahmen seiner Laufbahn nicht erreicht hat; das perfekte Spiel bei einer WM ist eins davon. 22-mal gelang „The Power" insgesamt der 9er, aber nie in der Circus Tavern, der alten WM-Austragungsstätte, und nie im Alexandra Palace. „Dieser letzte Dart war so weit an der Doppel-12 vorbei", erinnert sich Taylor und deutet mit den Fingern an, wie weit – bestimmt drei Zentimeter – der Dart das Ziel verpasste. Das wäre für ihn das Sahnehäubchen gewesen. Der WM-Sieg musste es diesmal offenbar nicht sein. Vielleicht zum einzigen Mal in seiner Karriere wertete er schon das Erreichen des Finales als Erfolg.

Schaut man sich dieses Finale noch mal an, ist gut zu sehen, dass Taylor irgendwie die Anspannung, der Fokus, fehlte. Er gab während seines Walk-ons Autogramme – etwas, was er sonst nie getan hatte. Kleine Signale, die andeuten, dass Taylor dieses Match anders anging als sonst. In keinem seiner 19 PDC-WM-Finals war er derart chancenlos – „The Power" unterlag Cross mit 2:7 Sätzen. Und so endete auch die Karriere des erfolgreichsten Dartprofis aller Zeiten so wie die seines großen Rivalen van Barneveld – mit einer Niederlage.

Taylor war tatsächlich damals froh, dass es vorbei war. Wie „Barney" war er erleichtert, endlich keinen Erfolgsdruck mehr zu haben, endlich nicht mehr mit der Sorge leben zu müssen, dass die anderen ihm seinen Erfolg wegnehmen. „Wenn du ihnen den kleinen Finger reichst, werden sie dir den Arm aus der Schulter reißen!"

Phil Taylor und Raymond van Barneveld wird man auch die nächsten Jahre noch auf vielen Exhibitions erleben können. Seit Jahren gibt es die Idee einer Senior-Tour, die sich zuletzt zu konkretisieren schien. Entschieden ist da allerdings noch nichts. Wie sehr der Abschied dieser beiden Superstars der Tour geschadet hat? Da ist immer ein Abschiedsschmerz, wenn Legenden gehen. Doch ich finde, die PDC hat diesen Verlust verkraftet. Auch wenn mir Fans oft schreiben, dass sie vor allem Taylor vermissen und Darts seit seinem Abgang nicht mehr das sei, was es einmal war. Derart krass nehme ich das nicht wahr, dafür sind zu viele gute Typen nachgerückt. Dennoch: Die „Barney Army" wird sich bestimmt auch die nächsten Jahre noch melden und vom „Taylor Wonderland" werden Fans wahrscheinlich auch 2030 noch singen.

Tagebuch

19. April

Bin übermorgen zum Telefon-Interview mit Russ Bray verabredet, mit Keith Deller werde ich am Tag danach quatschen. Die Spieler, da halte ich den vorgeschriebenen Weg ein, frage ich über die PDC an. Na gut, mit Gaga Clemens mache ich das auf direktem Weg. Und mit Peter Wright wohl auch, das läuft immer über den „Boss", wie Peter sagt, seine Frau Joanne. Angefragt sind zunächst mal Gerwyn Price, Nathan Aspinall, Fallon Sherrock, Lisa Ashton.

20. April

Heute haben „Shorty" und ich die allererste Folge unseres neuen Podcasts *Game On!* aufgenommen. Hat echt Bock gemacht, die 45 Minuten sind wie im Flug vergangen. Wir nehmen es uns heraus, nicht nur über Darts zu reden, aber natürlich liegt dort unser Schwerpunkt. Haben die Community abgefeiert, weil sie für den Dartsport so wichtig ist. Wenn du im April 2020 mit einem Podcast um die Ecke kommst, bist du bestimmt kein Trendsetter. Müssen wir aber auch nicht sein. Wir werden das Projekt entspannt angehen, schauen mal, ob und wie viel Spaß uns dieser Podcast bereitet. Heute spielte uns gleich mal die Technik einen Streich, wir durften Folge eins zweimal aufnehmen. Bitte nicht weitersagen.

28. April

Russ Bray ist einfach ein guter Typ, immer ein Lachen im Gesicht. Wir haben heute einen Video-Call gemacht. Ich war noch nie bei ihm zu Hause, deshalb hat er mich erst mal auf einen kleinen Rundgang durchs Haus und in seinen Garten mitgenommen. Platz genug haben er und seine Frau, die Kinder sind längst aus dem Haus. Russ wohnt eineinhalb Autostunden von London entfernt, irgendwo ziemlich ab vom Schuss. Der Garten ist riesengroß, aber ich glaube, ihm ist es gerade etwas zu ruhig. „So viele Wochen am Stück war ich seit meinem

16. Lebensjahr nicht mehr zu Hause. Das bin ich überhaupt nicht gewohnt!", sagt er. Russ war ja Gerüstbauer, bevor er Mitte der 1990er-Jahre als professioneller Caller anfing.

Russ hat einen engen Draht zu den Spielern. Er hat die letzten Tage mit einigen gesprochen, die sich Sorgen machen, wie es weitergeht, wie lange die Pause ist. „Das ist für manche keine einfache Situation. Sie fangen an zu überlegen, ob sie in ihren alten Job zurückgehen sollen." Russ selbst macht sich finanziell keinen Kopf. Er hat neben der PDC noch Einnahmen durch Sponsoren und auch durch die Russ Bray App. Und wie gesagt: Das Häuschen sieht geräumig aus. Den Brays geht es gut.

29. April

Sich mit Keith Deller über die 1980er-Jahre zu unterhalten, ist ein einziger Spaß. Er hört überhaupt nicht auf, Anekdoten und Geschichten von damals zu erzählen. Corona bremst jetzt auch ihn aus. Deller war ja nicht nur 1983 Weltmeister, sondern hat sich später als Manager um Adrian Lewis gekümmert. Er ist ein umtriebiger Typ, viel auf Achse. Es gibt kein großes TV-Turnier, das von Sky Sport England übertragen wird, bei dem er nicht als sogenannter Spotter im Einsatz ist. Er sagt also dem TV-Regisseur an, auf welche Felder die Spieler werfen werden. Er kennt die individuellen Wege der Spieler. Ist halt auch seit über 30 Jahren dabei. „Ich bin auch gerade viel zu Hause. Keine Turniere, keine Exhibitions bedeuten, dass ich gerade nichts zu tun habe."

1. Mai

Gestern Abend um 23.20 Uhr ist das Finale der *Lonely Darts Club Show* zu Ende gegangen. Gewonnen hat das Team Gabriel Clemens. Im Entscheidungsspiel hatten der Profi und ein Fan aus dem Team jeweils die Aufgabe, so viele Bullseyes wie möglich zu treffen. Fünf Aufnahmen in Folge, 15 Darts also pro Spieler. Michael Smith trifft nicht ein einziges Mal den roten Knopf. Unglaublich. Er schreibt mir später noch einige WhatsApp-Nachrichten, weil er nicht glauben kann, dass die meisten Darts im Single Bull steckten. Er meint, er werde seinen Spitznamen „Bully Boy" in „25 Boy" ändern. Für die Entscheidung sorgte übrigens ein Fan, Martyna mit „Y". Sie benötigte mit ihrer letzten Aufnahme noch mindestens einen Treffer, um zu gewinnen. Der zweite Dart steckte im Single Bull, was bei den Fans als Treffer gewertet wurde. Und später sagte sie, ich würde immer betonen, dass es um nichts ginge, keine Preise für den Sieger. Dabei habe sie ganz viel gewonnen: jeden Donnerstag und Sonntag diese Ablenkung, sie habe neue Kontakte geknüpft und natürlich schätzt sie auch das Erlebnis, mit einem Profi gemeinsam im Team zu spielen.

Für mich persönlich war die EPLDCS offen gesagt auch ein bisschen Eigentherapie. Ich wollte aktiv sein, wollte nicht zu Hause sitzen und auf bessere Zeiten warten. Die Klickzahlen haben leider nicht so funktioniert, wie ich mir das erhofft hatte. Gestern Abend waren gut 1000 Fans live dabei, im Schnitt wurden die Videos von rund 3000 Zuschauern angesehen. Im Vorfeld dachte ich, dass gerade die Profis ihre Fans mit rüberziehen würden. Das passierte jedoch nicht. Wahrscheinlich, weil dem englischen Darts-Fan diese deutschen Gespräche zu langweilig waren.

2. Mai

Habe heute lange mit Rod Harrington telefoniert, per Video-Call. Rod räumte gerade sein Auto aus, als ich ihn erwischte, und dann ging er ins Büro und zeigte mir die alten Fotos, die dort an der Wand hängen. Bilder mit Taylor und „Barney".

Rod Harrington ist nicht nur eine ehemalige Nummer eins der PDC, sondern auch seit den 1990er-Jahren im Board of Directors der PDC vertreten. Natürlich gibt es in der aktuellen Lockdown-Situation regelmäßig Meetings, in denen die PDC für die nächsten Wochen und Monate plant. „Egal, wie lange die Pause sein wird", sagt Harrington, „gleichgültig, ob Sponsoren dem Sport die Treue halten oder nicht, es wird die Preisgelder nicht berühren. Die PDC hat genug Rücklagen, um die Preisgelder aufrechtzuerhalten." Das habe ich so auch noch von niemandem gehört. Es bedeutet, dass die PDC den Profis ihre Einnahmen garantieren kann. Was es jetzt also braucht, sind Turniere. Und sollten in Kürze, wenn auch ohne Zuschauer, erste Turniere ausgetragen werden, würde die PDC es schaffen, 95 Prozent der geplanten Veranstaltungen stattfinden zu lassen. Sagt Harrington. Die PDC versucht natürlich, Ruhe auszustrahlen, die Profis sollen nicht panisch werden. Bezüglich der Tour Card hat man wohl die Regelung getroffen, dass wenn 75 Prozent der Turniere gespielt werden, die Tour Card auch für die nächste Saison für die Top 64 gilt. „Jede Zeit", davon ist Harrington überzeugt, „hat seine Profiteure. Auch diese Corona-Krise. Ich glaube und hoffe, dass Darts gestärkt aus diesen Zeiten heraustreten wird." Harrington hat dabei folgenden Hintergedanken: Sollten große Firmen nicht mehr bereit sein, hohe Millionenbeträge in den Fußball oder andere internationale Sportarten wie Tennis oder Golf zu investieren, entscheiden sie sich vielleicht für andere Sportarten, bei denen sie für einen Bruchteil der Beträge eine wichtige Rolle spielen könnten. Der Optimismus, den Harrington versprüht, tut richtig gut. Er gehört wegen seiner Asthmaprobleme übrigens zur Risikogruppe. Doch er winkt ab und sagt: „Es ist mir egal. Ich schränke mich deshalb nicht noch mehr ein. Es kommt, wie es kommt."

Kapitel 3
Blick zurück –
Entwicklung des
Profi-Darts

Um eine Sportart wirklich zu verstehen und lieben zu können, musst du dich mit ihrer Geschichte auseinandersetzen. Für Darts gilt das in ganz besonderem Maße. Die Wege und Entwicklungen, die dieser Sport in den letzten fünf Jahrzehnten genommen hat, haben ihn geprägt und zu dem gemacht, was er heute ist. Etliche Regeln entstanden im Laufe der Zeit aus Erfahrungen: vom Alkohol- und Zigarettenverbot auf der Bühne über den Dresscode bis hin zu einem Turniersystem, das sich über Jahre entwickelt hat und die Grundvoraussetzung war für professionelles Dart, wie wir es heute erleben, mit rund 64 Profispielern und vielen Millionen Pfund Preisgeld. Der Weg dorthin ist spannend und gepflastert mit vielen wunderbaren Anekdoten, weil Dartprofi zu sein Ende der 1970er-Jahre und auch noch in den 1980ern etwas völlig anderes bedeutete als heute. Damals entstand der Begriff der Darts-Familie, die jedem Spieler irgendwie ein Zuhause gab, wenn er viel unterwegs war. Wer sein Match bei einem Turnier gespielt hatte, der machte sich auf den Weg in die Hotelbar, wissend, dass andere Spieler dort bereits warteten bzw. viele folgen würden. Der Absacker – manchmal waren es auch zwei oder drei – gehörte einfach mit zu diesem Sport, der seine Wurzeln in der Kneipe hat.

Damals gingen die meisten Tour-Spieler parallel einem Job nach. Nur die absolute Weltspitze konnte vom Darts leben. Jocky Wilson, der schottische Weltmeister von 1982 und 1989, jobbte immer wieder als Fischflossenabschneider, Alan Evans war Bierkutscher und Phil Taylor schraubte bekanntlich Toilettenpapier-Halterungen in einer Fabrikhalle in Stoke-on-Trent.

Die 1970er und 1980er – vom Taschengeld zum Sponsoren-Deal

Die Geschichte des Profidartsports beginnt in den 1970er-Jahren. Damals schaffte es die Darts-Show *Bullseye* ins Hauptprogramm der BBC. Bemerkenswerte Einschaltquoten halfen dem Pub-Spiel auf die Sprünge. Das World Masters 1974 war für die British Darts Organisation BDO, die im Jahr zuvor gegründet worden war, die Initialzündung, einen Profibereich aufzubauen. Cliff Inglis aus Plymouth, genannt „Ticker", schnappte sich die 400 Pfund Preisgeld, die es für den Sieger gab. Zu dieser Zeit konnte kaum ein Spieler ausschließlich vom Darts leben. Die Haupteinnahmequelle waren kleinere Pub-Turniere, bei denen du am Abend ein paar Pfund mit nach Hause nehmen konntest. Wenn es gut lief, auch ein paar hundert, das hing vom Startgeld ab, das jeder Spieler in den Pott warf. Eric Bristow ist vielleicht der Einzige, der beruflich nie etwas anderes getan oder auch gelernt hat außer Dartspielen. Das lag vor allem an seinem sehr guten Timing: Als es mit dem professionellen Darts so ganz allmählich losging, war der 1957 geborene 17 und entschied sich, neben den lokalen Ligen vermehrt Cash-Turniere zu spielen. Er wollte in die Super League, die höchste Spielklasse der BDO, er wollte ganz nach oben.

1978 fand die erste Weltmeisterschaft statt, Dart wurde größer und bekannter. Große Turniere wurden im Fernsehen übertragen, mit erstaunlich guten Einschaltquoten. Das Tour-Preisgeld blieb dennoch überschaubar. 1983 sahen zwar bis zu elf Millionen Briten das 6:5 im WM-Finale zwischen Keith Deller und Eric Bristow live bei der BBC, Dellers Sieger-Preisgeld betrug aber gerade mal 8000 Pfund. Die Weltmeisterschaft war mit nur 33 050 Pfund insgesamt dotiert und trotzdem das mit Abstand höchstdotierte Turnier im Jahr. Bei zahlreichen internationalen Turnieren, die zu dieser Zeit im Fernsehen live gezeigt wurden, gab es gar kein Preisgeld. Es ging also ausschließlich um die Trophäe, vielleicht noch um die Ehre, vor allem aber um Bekanntheit. Je bekannter du warst, desto größer war die Chance auf gute Sponsoren-Deals. Und auch wenn die BDO es nicht schaffte, die Preisgelder schneller anwachsen zu lassen, bekamen einzelne Spieler wunderbare Angebote. Große Geldgeber wie Brauereien steckten ihr Geld nicht in den Verband, sondern veranstalteten entweder selber große Exhibitions, von denen die Profis profitierten, oder sponsorten Turniere, wie beim ersten 9-Darter im

TV. Am 13. Oktober 1984 gelang John Lowe als erstem Spieler im Match gegen Keith Deller das perfekte Spiel vor laufender Kamera. 102 000 Pfund kassierte Lowe dafür. 100 000 Pfund für den 9er, 2000 Pfund extra, weil es vor TV-Kameras passierte, wenn auch nicht live im Fernsehen. Zudem gewann er das World Matchplay und räumte somit insgesamt 115 000 Pfund ab. Das war mehr, als der bestverdienende Fußballprofi von Manchester United damals in einer Saison verdiente, mehr als der Wimbledon-Champion von 1984, John McEnroe, mit in die USA nahm (100 000 Pfund) und mehr als das Doppelte von dem, was der Spanier Seve Ballesteros für seinen Erfolg auf dem Golfplatz bei der Open Championship 1984 kassierte (55 000 Pfund). 102 000 Pfund für zwei Minuten Perfektion, für neun präzise Pfeile in ein Dartboard.

Es gab also durchaus Möglichkeiten, sich abseits der Tour die Taschen vollzumachen, und so wuchs die Anzahl an Dartprofis zumindest in den zweistelligen Bereich. Ein gutes Beispiel ist Keith Deller: Mit dem Preisgeld seines WM-Sieges 1983 – wie gesagt 8000 Pfund – konnte er sich seinen Traum vom Haus mit Pool nicht verwirklichen. Deller kassierte aber 100 000 Pfund für eine von einer Brauerei gesponserte Exhibition-Tour, die mit dem aktuellen Weltmeister ein neues Bitter-Beer promoten wollte. Deller mochte noch nie Bitter, aber 100 000 Pfund schmeckten ziemlich gut, waren zu dieser Zeit unfassbar viel Geld. Er musste dafür an 32 Abenden in unterschiedlichen Pubs antreten und gegen ganze County-Mannschaften spielen, gegen einen Spieler nach dem anderen. Für ihn war es an solchen Abenden wichtig, seinen Nimbus zu wahren, also möglichst lang ungeschlagen zu bleiben, um den Marktwert hochzuhalten.

Diese Exhibitions waren für die Profis auch ein gutes Training, um im Turnierrhythmus zu bleiben. Zu Spitzenzeiten waren Deller, Bristow, George, Lowe & Co. rund 100 Tage im Jahr auf Exhibitions unterwegs. Dartprofis arbeiteten die meiste Zeit also in der Kneipe. Sie waren weniger Tour-Spieler, sondern vielmehr Unterhaltungskünstler, die in kleineren Kreisen ihr Können präsentierten. Dazu gehörte es auch, den Leuten einen witzigen Abend zu bescheren. Man musste Entertainer-Qualitäten besitzen, um als Profi gutes Geld zu verdienen. Und so erklärt sich auch, dass die Topstars der damaligen Zeit richtige Charaktere waren. Als introvertierter, zurückhaltender Spieler hättest du nicht als Profi überleben können. Typen wie Bristow oder Bobby George waren laut, großspurig, mit Ecken und Kanten, mit kernigen Sprüchen. Sich heute mit Spielern aus dieser Generation zu unterhalten, ist eine Freude, weil sie gelernt haben, Geschichten zu erzählen, ihr Publikum zu fesseln. Es fallen rhetorische Halbsätze wie: „Was ich dir jetzt erzähle, ist wirklich passiert …!" Oder: „Ich weiß nicht, ob ich dir das erzählen kann, aber …!" Und natürlich erzählt er dann die Geschichte, die gar nicht so spektakulär ist und vor allem nichts hat, was man nicht hätte erzählen dürfen. Eine Story, die Keith Deller mir mal erzählt hat, geht so: Deller machte in den 1990er-Jahren mit Eric Bristow Urlaub auf Teneriffa. Der „Crafty Cockney" Bristow nahm nie ein Taxi, um zum Hotel zurückzukommen, er fuhr Bus. Und so warteten die beiden Weltmeister Deller und Bristow eines Abends auf den Bus, es war schon recht spät. Der nächste Bus, der kam, war die Linie 138. Deller lachte und rief: „Schau mal, die 138!" – Mit diesem Finish hatte er Bristow im WM-Finale von 1983 besiegt. Bristow weigerte sich schlankweg, in den Bus einzusteigen. Er wollte partout nicht mit der Linie 138 fahren und so dauerte es noch eine ganze Weile, bis sie im Hotel ankamen. Deller liebt diese Geschichte, sein Gesicht strahlt. Dabei hat er sie schon mindestens hundertmal zum Besten gegeben. Doch er erzählt sie, als wenn ich der Erste wäre, der sie hören würde.

Wenn Krisen neue Möglichkeiten schaffen - die Gründung des WDC

1989 stürzte der Profidartsport in eine existenzbedrohende Krise. Nur die WM wurde im TV gezeigt, kein anderes Turnier. Das Image des Sports hatte extrem gelitten, weil es zu viele Geschichten über den Alkoholkonsum von Dartprofis gab. Sponsoren sprangen ab, TV-Sender zogen sich zurück. Der Hype der 1980er-Jahre war vorbei. Den Stein ins Rollen gebracht hatte das BBC-Satiremagazin *Not The Nine O'Clock News* mit einem Sketch über eine Partie Darts zwischen zwei (offensichtlich mit Kissen aufgepolsterten) dickbäuchigen Spielern namens Dai Fatbelly Gutbucket und Tommy Evenfatterbelly Belcher. Der Kommentator spricht vom entscheidenden Leg im Finale einer großen Meisterschaft. Fatbally und Evenfatterbelly werfen jedoch keine Darts, sie trinken pro Aufnahme drei hochprozentige Getränke (z. B. ein „double vodka" oder „single pint"), bierernst gecallt von einem Referee und in Milligramm statt Punkten auf der Anzeigetafel vermerkt. Das Match ist umkämpft, in der entscheidenden Aufnahme greift Evenfatterbelly nur nach einem kleinen Pint Bier. Er kann nicht mehr, stützt sich am Tisch ab, würgt und kotzt. Damals war das Gelächter über diesen Sketch groß, auch in der Dartszene selbst. Man hatte nicht begriffen, wie sehr man den Spiegel vorgehalten bekam.

Dadurch, dass 1989 das Tour-Preisgeld, mal abgesehen von der Weltmeisterschaft, nur noch bei rund 20 000 Pfund lag, war es für die Profis vor allem schmerzhaft, dass sie kaum TV-Auftritte hatten. Denn damit sanken ihr Bekanntheitsgrad und die Chancen auf gute Sponsoren-Deals. Darts musste wieder ins TV und gerade die Manager der Topspieler trauten das der BDO nicht zu. Tommy Cox (damaliger Manager von Taylor), Dick Allix (damaliger Manager von Bristow) und auch der immer gut gekleidete John Markovic (damaliger Manager von Weltmeister Bob Anderson) wirkten entscheidend bei der Gründung des World Darts Council im Januar 1992 mit, der späteren PDC. Außerdem mit im Boot waren die Familie Lowy (die 1937 die Darts-Artikel produzierende Firma Unicorn gegründet hatte) sowie ein gewisser Marcus Robertson. Robertson war ein PR-Stratege, der versuchen sollte, TV-Sender für Turnierübertragungen zu gewinnen, ein Schlüssel zum Erfolg des neugegründeten Verbands.

16 Topspieler schlossen sich also zusammen und gingen ihren eigenen Weg. Die BDO, die eingangs in die Pläne der Gründung des World Darts Council (WDC) involviert war, zog sich nicht nur zurück, sondern kämpfte von da an mit harten Bandagen gegen den neugegründeten Profiverband. Kein Spieler des WDC durfte an einem BDO-Turnier teilnehmen, sie waren gesperrt. Und das betraf auch den kompletten Ligabetrieb. Für Taylor, Priestley & Co. standen wirtschaftlich schwierige Zeiten an. Das WDC versuchte, neue Turniere ins Leben zu rufen, doch das ließ sich zunächst schleppend an: Im Gründungsjahr 1992 fand mit dem UK Masters nur ein einziges Turnier statt. Anglia Television, ein kleiner Regionalsender, übertrug diese Debütveranstaltung des WDC, die mit 23 000 Pfund dotiert war. Phil Taylor verlor sein Viertelfinale damals gegen Dennis Priestley mit 3:6 und musste sich mit 1250 Pfund begnügen. Der Sieger Mike Gregory setzte sich im Finale mit 8:5 gegen Priestley durch und kassierte immerhin 5000 Pfund. Die Profis waren in dieser Zeit also gezwungen, offene Pub-Turniere zu bestreiten oder ins Ausland zu reisen, wo die Regularien der BDO nicht mehr griffen. Bristow, Deller, Taylor fuhren damals häufig in die USA, nach Kanada oder Skandinavien, um ihrem Beruf nachgehen zu können.

Die Verantwortlichen des World Darts Council kämpften also um TV-Partner. Um höhere Summen von Turniersponsoren einfahren zu können, musste das WDC eine Fernsehübertragung garantieren können. Damals liefen die ersten Gespräche mit dem englischen Sender Sky, der bis heute der treue Fernsehpartner der PDC ist. Sky wusste sich damals in einer verdammt guten Verhandlungsposition und nahm Einfluss auf die Art und Weise, wie Turniere von da an stattfinden sollten. Sie wollten die Walk-on-Musik, sie wollten die Walk-on-Girls. Das kam gerade unter den Spielerfrauen nicht so wahnsinnig gut an. Rod Harrington (Gründungsmitglied des WDC) erinnert sich, dass er damals eine Menge Gespräche gerade auch mit den Ehefrauen führen musste, um die Mitglieder des WDC gesammelt hinter diesen Deal zu bekommen.

Was die Verhandlungspartner einte, war, dass alle wussten: Der Dartsport muss sich in Zukunft anders präsentieren. Die Zeiten, in denen es kaum Regeln für die Spieler gab, waren vorbei. Sie hatten rechtzeitig am Turnierort zu sein, der Dresscode wurde festgelegt: Es durfte nur noch in schwarzen Schuhen, schwarzer Hose und einem Darts-Shirt mit Kragen gespielt werden. Viele Ideen holte man sich aus anderen Individualsportarten, die seit Jahrzehnten eine Profitour durchführten – Tennis und auch Golf. Man wollte den Profibereich in der Sportart Darts ganz neu aufstellen, eine Tour kreieren, die es den Spielern ermöglichte, ihren Lebensunterhalt ausschließlich durch die eingespielten Preisgelder zu bestreiten.

Anfang der 1990er-Jahre war man davon noch meilenweit entfernt. Jeder einzelne Sponsoren-Deal war ein Erfolg, jede weitere Veranstaltung ein Segen, weil es den Spielern Möglichkeiten einräumte, Geld zu verdienen. Die Nachricht, dass Sky England den Vertrag für die erste WDC-Weltmeisterschaft 1994 unterschrieb, war nicht nur überlebenswichtig, sondern der Grundstein für alles Weitere.

Die 1990er-Jahre – Darts geht neue Wege und Barry Hearn riecht Geld

Die 1990er-Jahre waren ein bedeutendes Jahrzehnt für den Profidartsport. Zum einen wurde mit viel Geduld am Aufbau der Tour gearbeitet, zum anderen war mit Phil Taylor ein neuer Star geboren. Sein erster BDO-WM-Sieg 1990, als Taylor im Finale seinen Mentor und Förderer Eric Bristow schlug, war eine Art Wachablösung. Taylor sollte das Profidasein im Darts verändern, es weiterentwickeln, doch 1990 fehlte ihm noch die Konstanz, die er Mitte/Ende der 1990er-Jahre erreichte, mit der er auf ein ganz eigenes Level kam.

Phil Taylor begann mit Mitte 30, seinen Beruf, seine Profikarriere noch ernster zu nehmen. Ernster als alle anderen. Darts bedeutete für ihn nicht mehr nur, in die Kneipe zu gehen und gegen andere zu spielen, sondern er fing an, seinen Arbeitstag wie in jedem anderen Beruf zu strukturieren. „The Crafty Potter", wie er damals in Anlehnung an seinen Mentor Eric Bristow hieß, setzte sich feste Zeiten, zu denen er ans Practice Board ging. Er wollte ein kontinuierliches Pensum an Trainingsstunden am Board absolvieren und dadurch immer besser werden. Taylor, der Mann aus der Arbeiterklasse, „malochte" auch Darts. Mit einer unglaublichen Disziplin verbesserte er sein Spiel, indem er bis zu acht Stunden täglich trainierte, aufgeteilt in zwei, drei Einheiten.

Mit dieser Einstellung und seiner Herangehensweise brachte Taylor das professionelle Dartspiel auf ein neues Level, sie bilden den Grundstein seines großen sportlichen Erfolgs. Der Witz ist, dass die Konkurrenz davon lange Zeit nichts mitbekam. Taylor war schlitzohrig genug, um das nicht an die große Glocke zu hängen. Er wollte allen einen Schritt voraus sein, trainierte im stillen Kämmerlein und alle wunderten sich über viele Jahre, warum dieser Taylor nur so viel besser war als alle anderen.

Für das neu gegründete World Darts Council ging es, wie gesagt, jetzt darum, möglichst schnell viele Turniere umzusetzen. Dafür wurden dringend TV-Partner und große Sponsoren gesucht, ohne die ein großes Tour-Event für Profis nicht umsetzbar war. 1994 lud Dick Allix auch Barry Hearn zur Weltmeisterschaft in die Circus Tavern ein. Hearn, ein mit allen Wassern gewaschener Geschäftsmann, hatte sich bereits in den 1970er-Jahren mit Snooker einen Namen gemacht. Er kaufte eine wunderbare Spielstätte in Romford, polierte das verstaubte Image dieser Kneipensportart auf und brachte die BBC dazu, Snooker zu übertragen. Eine absolute Erfolgsgeschichte, und zwar für alle: den Sport, die Zuschauer, die TV-Station und natürlich auch für Barry Hearn. Er mag das Rockefeller-Zitat: „Wenn alle ein Stück Brot im Mund haben, dann ist es leicht, einen Deal zu kreieren." Hearn stellt sich gerne als Glückskind dar, der zur richtigen Zeit am richtigen Ort war. „Sie dachten alle, ich sei ein Genie, weil ich diese Idee mit Snooker hatte", sagt er. „Das stimmte nicht, ich hatte Glück. Aber natürlich habe ich sie in diesem Glauben gelassen."

Als er mit der WM 1994 sein allererstes Dartturnier besuchte, war er von Beginn an begeistert: „Ich habe es von Anfang an geliebt. Die Menschen hatten Spaß, sie tranken alle Bier, feierten gemeinsam eine Party. Es hatte so viel Soap-Opera, es war wunderbar." Hearn sollte für Darts dasselbe bewirken wie für Snooker: weitere Sponsoren finden und den Sport verstärkt ins TV bringen. Was Hearn an Darts liebte? „Jeder kann es ausüben", erklärt der heute 72-Jährige, „ob er dick oder dünn, groß oder klein, ob er arm ist oder reich – Darts kann jeder spielen. Jeder hat die Möglichkeit, sich ein Board in sein Schlafzimmer oder in die Garage zu hängen. Darts ist ein Sport, der von gewöhnlichen Menschen ausgeübt wird, die ungewöhnliche Fähigkeiten haben." Und Hearn war beeindruckt von den Spielern, die echte Persönlichkeiten waren. Auf diesem WM-Turnier 1994 fiel dann auch sein legendärer Satz: „I smell money!"

Mühsam, aber stetig vergrößerte das World Darts Council die Anzahl seiner Turniere. 1994 fanden immerhin sieben Veranstaltungen statt, das Tour-Preisgeld steigerte sich auf 173 000 Pfund. Es gab zudem einen Deal für die Spieler, die das WDC mitgegründet hatten. Sie verdienten zwei Prozent an den Einnahmen des WDC. Priestley erhielt vier Prozent, weil er die Tour durch all seine Erfolge prägte, Phil Taylor sechs Prozent. Und so wuchs die Turnierlandschaft des WDC, das sich ab 1997 Professional Darts Corporation (PDC) nannte, mit jedem Jahr Stück für Stück. 1999 konnte der Verband bereits 350 000 Pfund Preisgeld ausschütten, eine Verdopplung innerhalb von acht Jahren. Im Vergleich zu den 1980er-Jahren hatte die Anzahl an Profis deutlich zugenommen, wie das Teilnehmerfeld der WM 1999 zeigte: Erstmals bestand die WM aus 32 Spielern und die meisten von ihnen lebten tatsächlich von ihren Darts-Einnahmen.

Einmal im Jahr versammelte Barry Hearn alle PDC-Spieler bzw. die sogenannten Tour Card Holder, das macht er bis heute so. Es werden Entwicklungen auf der Tour besprochen, neue Regeln vorgestellt, Spieler können Fragen stellen, sind aufgefordert, Kritik zu üben. Keith Deller, der bis 2007 auf der PDC Tour dabei war, erzählt, dass bei diesen Treffen die meisten Spieler zu viel Respekt vor Hearn hatten, um wirklich kritische Fragen loszuwerden. Die Spieler wussten zunächst nicht, ob sie Barry Hearn trauen konnten, ob er für ihre Interessen eintrat oder ob es ihm lediglich um seinen eigenen Profit ging. Doch Hearn, der einfach auch ein großer Darts-Fan ist und jedes Turnierergebnis kennt, fing die Spieler einerseits durch seine Leidenschaft, seinen Enthusiasmus ein, andererseits war und ist er ein brillanter Verkäufer. Auf die Frage, wie sich das Preisgeld in den nächsten Jahren entwickeln würde, antwortete Hearn: „Ich werde euch zu Millionären machen!" Rod Harrington erinnert sich genau: „Nach diesem Satz war es war für einige Sekunden mucksmäuschenstill!" Das war 1998, als das Tour-Preisgeld bei insgesamt rund 200 000 Pfund lag, diese Aussage also völlig verrückt schien. Aber sie war ernst gemeint. Und Hearn, seit 2001 der Chairman der PDC, hielt sein Wort, machte tatsächlich aus einigen von ihnen Millionäre, aus anderen sogar Multimillionäre. Unter seiner Führung wurde aus der Professional Darts Corporation ein florierendes Wirtschaftsunternehmen, das viele Millionen Pfund jährlich umsetzt. „Sport", erklärt Barry Hearn, „kann zwei Dinge: Er unterhält die Menschen, er emotionalisiert sie und er kann Leben verändern. Und das macht ihn einzigartig." Diese Erkenntnis ist übrigens der Grund, weshalb Hearn das enorm hohe Preisgeld der Weltmeisterschaft so wichtig ist. Die WM ist seit 2019 mit 2,5 Millionen Pfund dotiert, der Sieger kassiert eine halbe Million Pfund für sechs aufeinanderfolgende Matchgewinne an einem Dartboard im Alexandra Palace. Es soll unbedingt das Turnier im Jahr sein, das Leben verändert. Und das schafft die WM immer wieder. Die aktuellsten Beispiele sind Rob Cross, Nathan Aspinall oder auch Michael Smith.

Die weiterhin sehr überschaubare Anzahl an Turnieren hatte allerdings Auswirkungen auf die Altersstruktur der Profis. Mehr als sechs bis acht PDC-Veranstaltungen pro Jahr kamen Mitte bis Ende der 1990er-Jahre nicht zusammen. Dadurch, dass es zu dieser Zeit keine Nachwuchsförderung bei der PDC gab, war kaum ein Tour-Spieler unter 30 Jahre alt. Ausnahmen gab es natürlich immer: In den 1970er-Jahren war es Eric Bristow, der mit 17 tatsächlich Profi wurde und sich durch offene Pub-Turniere kämpfte, in den 1980ern gewann Keith Deller mit 23 Jahren die BDO-WM. Bei der PDC war Ende der 1990er Alex Roy der einzige WM-Teilnehmer unter 30.

Wer sich zu dieser Zeit auf dem Profizirkus versuchte, kam aus einem anderen Beruf. Den Profi, der mit 16, 17 oder 18 Jahren alles auf eine Karte setzte, gab es noch nicht. Auch Phil Taylor schmiss erst mit 28 Jahren seinen Job in der Fabrikhalle, um Dartprofi zu werden. Raymond van Barneveld war 30, als er seinen Dienst als Postbote niederlegte, der zweimalige Weltmeister Dennis Priestley (und ehemalige Kohlenhändler) startete seine Profikarriere sogar erst mit 40.

Die ersten Spieler, die dieses Muster bei der PDC durchbrachen, waren James Wade und Adrian Lewis. Wade spielte 2002 mit 19 Jahren seine ersten PDC-Turniere. 2005 feierte er mit 21 sein Debüt bei der PDC-WM. Adrian Lewis bestritt 2006 im Alter von 20 Jahren seine erste WM und marschierte im Schlepptau von Phil Taylor, der ihn zumindest in dieser Zeit auf der Tour unter seine Fittiche nahm.

Der Einstieg von Lewis und Wade fand in etwa zu dem Zeitpunkt statt, als die letzten großen Helden sich nach und nach von der Profitour zurückzogen: Keith Deller 2007, John Lowe 2005, Rod Harrington spielte 2003 seine letzte WM. Priestley war zwar noch bis 2013 im Ally Pally mit dabei, konnte sich aber sportlich nicht mehr durchsetzen, sein letztes WM-Viertelfinale erreichte er zwölf Jahre zuvor, im Jahr 2001. Von einem Generationswechsel konnte man damals noch nicht sprechen, da die Anzahl an jungen Spielern noch zu gering war, aber es war zumindest eine Tendenz zu erkennen, die in den 1990er-Jahren überhaupt nicht in Sicht gewesen war.

2004 – Beginn einer neuen Ranglistenstruktur

2004 folgte der nächste wichtige Schritt: Die Pro Tour wurde ins Leben gerufen. Hatte die PDC zwei Jahre zuvor erste Qualifikationsturniere zu den UK Open veranstaltet, bei denen jeder Tour-Spieler spielberechtigt war, sollte jetzt eine Turnierserie aufgebaut werden.

Ein ganz entscheidender Baustein bei der Umsetzung des Plans, die Anzahl an Profispielern zu steigern.

Pro-Tour-Turniere finden ohne Fernsehkameras und Zuschauer statt und werden an einem einzigen Tag gespielt. 128 Spieler bestreiten ihre Matches an 16 Boards, macht 127 Matches insgesamt pro Tag. Diese Ranglistenturniere sind die Basis für Tour-Card-Inhaber, denn hier dürfen sie alle teilnehmen, ohne sich extra qualifizieren zu müssen. 2004 startete die Turnierserie mit fünf Veranstaltungen. 2019 konnte die PDC bereits 30 Starts bei Players-Championship-Turnieren garantieren. Selbst im Corona-Jahr 2020 – und das zeigt, wie wichtig diese Turniere für die Profis sind – wird man auf über 20 Pro-Tour-Turniere kommen. Das ist das Ziel der PDC, sie will ihren Spielern eine möglichst große Anzahl an Turnierstarts garantieren, um deren wirtschaftliches Risiko zu minimieren. Je mehr Turnierstarts ich habe, desto größer ist die Wahrscheinlichkeit, Preisgeld einzuspielen. Seit 2016 beträgt das Preisgeld für jedes einzelne Pro-Tour-Event 75 000 Pfund, der Sieger geht mit 10 000 Pfund nach Hause. Wer mindestens eine Runde gewinnt, verdient mindestens 500 Pfund. Immerhin.

Weil die Pro Tour unter Ausschluss der Öffentlichkeit stattfindet, gibt es dafür keine Sponsoren; die PDC muss über die Einnahmen ihrer TV-Turniere auch die Pro Tour finanzieren. Und so war es der nächste Coup von Barry Hearn, 2005 die Premier League Darts zu installieren. Sie startete mit sieben Spielern als Roadshow durch England. Sie ging über elf Wochen, der erste Sieger hieß natürlich Phil Taylor, der in dieser Eliteliga bis in die vierte Saison ungeschlagen blieb. Mit jedem Jahr wuchs die Premier League, wurde die Tour, wurden die Hallen größer, nahm später die Anzahl an Spielern zu und auch das Preisgeld stieg: 825 000 Pfund werden inzwischen verteilt. Die Premier League Darts ist heute nach der WM das zweithöchstdotierte Turnier des Jahres und der Goldesel der PDC, weil man inzwischen über 17 Wochen lang durch große Multifunktions-Arenen europaweit tourt, seit 2018 unter anderem ja auch nach Berlin.

Das Turniersystem der PDC wuchs und wurde stetig weiter ausgebaut. Neben Major- und TV-Turnieren sowie der Pro Tour kam 2012 die European Tour hinzu, der nächste Schritt für die PDC Europe, die als Veranstalter fungierte. Was 2007 mit ersten PDC-Players-Championship-Turnieren in Deutschland begann und über die GDC (German Darts Corporation) fortgesetzt wurde, fand jetzt europaweit einen wichtigen Platz im Turnierkalender der PDC. Start der European Tour waren Ende April die Austrian Darts Open 2012, die Justin Pipe im Finale gegen Dave Chisnall für sich entschied. Im ersten Jahr waren die European-Tour-Turniere mit knapp 80 000 Pfund dotiert. Acht Jahre später, 2020, werden 140 000 Pfund pro Veranstaltung ausgeschüttet.

Die European Tour ist aus drei Gründen ein wichtiger Turnierbaustein für die Spieler: Erstens: Man kann ohne Tour Card an den Qualifikationsturnieren teilnehmen und somit erste Erfahrungen sammeln. Das gilt vor allem für die deutschen Spieler bei den zahlreichen Veranstaltungen auf deutschem Boden. Zweitens: Obwohl die European Tour kein klassisches TV-Event ist, sondern lediglich im Livestream übertragen wird, fühlt sie sich für die Spieler wie ein Fernsehturnier an – angefangen von mehreren tausend Fans an jedem einzelnen Turniertag, über die Eventlocation mit großer Bühne, bis hin zum Walk-on, den es ausschließlich bei Großevents gibt. Immer wieder beschreiben Spieler die European Tour als die perfekte Generalprobe für TV-Turniere. Drittens: Das Preisgeld pro Event ist inzwischen so groß (fast doppelt so hoch wie auf der Pro Tour), dass durch einen einzigen Sieg die Ranglistenposition klar verbessert werden kann. Sprich: Jedes Event ist eine echte Chance für die Spieler aus der zweiten und dritten Reihe.

2013 ergänzte die PDC die Turnierlandschaft noch durch die World Series of Darts, um den Sport weltweit bekannter zu machen. Dabei treten die Topstars zunächst gegen die Besten aus dem jeweiligen Land an, um am Ende mit viel Spektakel gegeneinander zu spielen. Und sollte sich ein Lokalmatador durchsetzen, so wie beispielsweise Gabriel Clemens 2019 in Köln in der Lanxess-Arena, der erst im Finale von Peter Wright gestoppt wurde, dann ist es umso besser. Die World Series dienen sozusagen als Beweis, dass Darts ein überragender Sport ist und Darts-Events auch in Ländern außerhalb Großbritanniens und den Niederlanden funktionieren – eine Erkenntnis, die sich in vielen Ländern erst mühsam durchsetzen musste. Die erste World Series starteten mit zwei Turnieren unter freiem Himmel auf dem Tennis Centre Court von Dubai. Später ging es ins australische Sydney, um auch diesen für die PDC interessanten Markt zu bedienen. Deutschland kam 2017 als Austragungsort hinzu. 2018 stellte man mit 20 210 Zuschauern in der Arena auf Schalke einen Zuschauerrekord auf. Die World Series sorgten immer wieder für Schlagzeilen und hatten im Jahr 2017 mit acht Veranstaltungen ihren bisherigen Höhepunkt. 2020 hatte man eigentlich geplant, in den Madison Square Garden nach New York zu gehen. Wegen der Corona-Pandemie wurde dieses Highlight auf das Jahr 2021 verschoben.

Michael van Gerwen - der Typus des neuen Profis

Der Ausbau der Tour veränderte den Profidartsport fundamental. Die Anzahl an Turnierstarts nahm enorm zu. Lag man Mitte der 1990er-Jahre noch im einstelligen Bereich, waren es 2007 bereits über 30, 2012 über 40 Turniere. Damit nahm nicht nur die Belastung der Spieler zu, sie mussten auch ihr über Jahrzehnte gelebtes Geschäftsmodell überdenken. Die PDC Tour rückte in den Mittelpunkt des Profialltags. Andere Einnahmequellen wie Exhibitions existierten noch, verloren aber an Stellenwert. Das Angebot der PDC war irgendwann sogar so groß, dass Phil Taylor 2012, mit 52 Jahren, nicht mehr bereit war, alle Turniere zu spielen. Er stellte sich einen Turnierplan zusammen und konzentrierte sich auf 20 Starts. Für den erfolgshungrigen jungen Michael van Gerwen kam das nicht in Frage. Schon 2012 war er mit 45 Turnierstarts einer der Eifrigsten, 2016 spielte er sogar 47 Turniere. Nicht jeder PDC Tour Card Holder konnte und wollte diese Entwicklung mitgehen. Viele Spieler waren keine Vollzeitprofis und bekamen immer größere Probleme, ihre Turnierteilnahmen mit ihrem Beruf zu koordinieren. Auch wenn es bis heute vereinzelt Spieler aus den Top 30 gibt, die weiterhin parallel ihrem Job nachgehen, setzte die PDC über ihr Turniersystem damals einen Prozess in Gang, der dazu führte, dass sich Spieler verstärkt für eine Profikarriere entschieden. Gerade junge Spieler hatten nun die Möglichkeit, frühzeitig die Profilaufbahn einzuschlagen.

Michael van Gerwen war 2007 mit 18 Jahren einer der ersten jungen Spieler, die den Schritt zur PDC wagten. Gemeinsam mit dem jüngsten Weltmeister aller Zeiten, Jelle Klaasen, wechselte er von der BDO zur Professional Darts Corporation. Bis zum sportlichen Durchbruch sollte es allerdings noch fünf lange Jahre dauern – Jahre, in denen van Gerwen immer wieder mal andeutete, wie gut er ist, in denen ihm aber noch die Durchsetzungskraft fehlte. 2012 kam dann der Durchbruch, mit gerade mal 23 Jahren. MVG gewann nicht nur seinen allerersten PDC-Titel, es waren aus dem Nichts gleich acht an der Zahl. Unter anderem schnappte er sich mit dem Gewinn des World Grand Prix seinen ersten Major-Sieg. In diesem Jahr wurde er zu einem ernsthaften Herausforderer von Phil Taylor und gleichzeitig auch zum Anführer einer neuen Generation. Das ist rückblickend deshalb so interessant, weil man damals eigentlich glaubte, „Jackpot" Adrian Lewis könne die Rolle des Taylor-Erben übernehmen. 2012 verteidigte Adrian Lewis seinen WM-Titel im Finale gegen Andy Hamilton. Er ist nur vier Jahre älter als van Gerwen und zählte zu der Zeit zu den Top Fünf der Weltrangliste. Er hatte neun Pro-Tour-Siege eingefahren, zusammen mit seinem Förderer Phil Taylor den World Cup zum ersten Mal gewonnen, stand 2011 im Finale der Premier League. 2012 war er drauf und dran, sich ganz nach vorne in die Rolle eines Tour-Leaders zu spielen. Er war Michael van Gerwen mindestens einen Entwicklungsschritt voraus. Was man aber nicht ahnte, war, dass Adrian Lewis sich damals offenbar am Limit bewegte. Er ist nicht der eiserne Arbeiter, der über einen langen Zeitraum eine Dominanz aufbauen kann, sondern eher das Genie, das große Talent, dem aber die notwendige Konstanz fehlt, um eine Ära zu prägen. Ihm fehlte die Ausdauer, vielleicht auch die Skrupellosigkeit, um über Jahre hinweg immer und immer wieder eng umkämpfte Momente zu überstehen.

Wohin Michael van Gerwens Weg führen würde, konnte man 2012 noch nicht ahnen. Aber er deutete bereits sein Durchsetzungsvermögen an und strahlte ein unglaubliches Selbstbewusstsein aus.

Turniere für den Nachwuchs

Über viele Jahre sah sich die PDC als Profiverband, der ausschließlich Turniere für die Besten der Besten veranstaltete, am liebsten in Kombination mit einer TV-Übertragung. Doch irgendwann hatte man verstanden, dass man sich auch um den Nachwuchs kümmern muss, um die Stars von morgen aufzubauen. Was passiert mit den Spielern, die sich keine Tour Card sichern können? Was macht man mit jungen Talenten, die noch nicht bereit sind für die große PDC Tour? Lange Zeit fielen diese Spieler aus dem Raster, es war völlig normal, dass sie zur Konkurrenz, zur BDO, gingen, um dort über Jugendturniere oder unterschiedliche Ligen aufgebaut zu werden.

2011 entstand die PDC Youth Tour, an der Spieler zwischen 14 und 21 Jahren, die keine Tour Card besaßen, teilnehmen dürfen. Aus der Youth Tour wurde die Development Tour, zu der inzwischen 16 Turniere europaweit gehören. Eine wichtige und wunderbare Chance für junge, ehrgeizige Spieler, Matchpraxis zu sammeln, um irgendwann für den Profizirkus gewappnet zu sein.

2013 kam die Challenge Tour hinzu, die für Spieler zwischen 16 und 23 Jahren gedacht ist. Sie ist nicht nur einfach die zweite Liga der PDC, sondern eine Plattform, in der Talente ihr Selbstvertrauen aufbauen können, auf der sie lernen können zu gewinnen. Die Vergangenheit hat gezeigt, dass dieses Turniersystem funktioniert. Weltmeister Rob Cross kam genauso von der Challenge Tour wie Nathan Aspinall, Dimitri van den Bergh, Max Hopp oder auch Martin

Schindler. Für diese Spieler sollte Michael van Gerwen zum Anführer und auch zum Vorbild werden. Wer über einen Zeitraum von knapp sieben Jahren ununterbrochen die Nummer eins der Welt ist, wird sehr genau analysiert, weil er offenbar einiges richtig macht. MVG prägt nicht nur einen neuen Qualitätsstandard am Board, sondern auch einen neuen Stil. Seine Art und Weise, Darts zu spielen, gab es vorher nicht: aggressiv, mit hohem Tempo und angsteinflößender Körpersprache.

Generationswechsel – van Gerwen fordert Taylor heraus

Ende 2012 sah den Beginn eines besonderen Konkurrenzkampfs zwischen Michael van Gerwen und Phil Taylor. Die Dominanz dieser beiden Spieler war irgendwann so groß, dass für die anderen Spieler auf der Tour wenig übrigblieb. Natürlich waren da die Ausreißer des Doppelweltmeisters Gary Anderson, das große Talent Michael Smith machte immer wieder mal auf sich aufmerksam und es gibt ein paar besondere Momente von Peter Wright oder auch von Adrian Lewis. Insgesamt aber spielten Taylor und van Gerwen über einige Jahre hinweg in einer Liga für sich. Es war sozusagen die nächste große Rivalität nach der zwischen Taylor und van Barneveld. Nur diesmal trat symbolisch die alte gegen die neue Spielergeneration an.

Michael van Gerwen drängte der Tour eine neue Darts-Etikette auf, zu der auch eine gewisse Respektlosigkeit vor etablierten Spielern gehörte – zum Missfallen der alten Darts-Generation: MVG hat sich nicht geduckt, wenn Phil Taylor kam. Natürlich trug auch der Altersunterschied zur Faszination bei: Taylor war 29 Jahre älter als der junge, aufstrebende van Gerwen, hätte also sein Vater sein können. Mit 52 Jahren – so alt war Taylor 2012 – biegt man auch im Darts, einem Sport ohne Ablaufdatum, langsam, aber sicher auf die Zielgerade seiner Karriere ein. Bis hierhin hatte „The Power" ausnahmslos jede große Rivalität in seiner über 30 Jahre andauernden Karriere für sich entschieden: in den 1990ern gegen Dennis Priestley, Anfang der 2000er gegen John Part, Kevin Painter und natürlich gegen Raymond van Barneveld. Niemand – und das gilt unterm Strich auch für MVG – hat gegen Taylor eine positive Matchbilanz. Aber zum Ende seiner Karriere fiel es Phil Taylor schwer, sich gegen das dominante Spiel von „Mighty Mike" zur Wehr zu setzen. Bis 2012 verlor van Gerwen 15-mal in Folge gegen Taylor. Im November 2012 konnte er ihn erstmals beim Grand Slam of Darts auf einer großen TV-Bühne besiegen. Damit war das direkte Duell eröffnet. Zwischen März 2015 und Mai 2016 gewann van Gerwen als Nummer eins der Welt 11 der 13 Matches gegen die Legende. Im letzten Karrierejahr des erfolgreichsten Spielers aller Zeiten gewann dann „The Power" wieder die Überhand. Es war ein Hin und Her, am Ende lag Taylor nach 62 Partien mit 34 Siegen knapp vorne.

Wie sehr die beiden das Teilnehmerfeld beherrschten, lässt sich an der Anzahl der Turniersiege und der Höhe der gespielten Averages ablesen: 2012 holen sich van Gerwen und Taylor je acht Turniererfolge. Van Gerwen wirft seinen ersten 9-Darter bei einem PDC-Major-Turnier, dem World Matchplay, gewinnt den World Grand Prix, erreicht beim Grand Slam of Darts ein weiteres Major-Finale. „The Power" gewinnt mit der Premier League, dem World Matchplay und den Players Championship Finals drei große TV-Veranstaltungen. Erster Höhepunkt: Bei der Weltmeisterschaft 2013 begegnen sie sich erstmals in einem WM-Finale, das „The Power" mit 7:4-Sätzen für sich entscheidet. Eine Niederlage, an der van Gerwen längere Zeit zu knabbern hat, weil er dachte, er wäre schon so weit, um Taylor im wichtigsten Match des Jahres in die Schranken zu weisen. 2013 steigert sich van Gerwen auf zwölf Turniersiege. 2015 sind es bereits 18. 2016 stellt MVG mit 26 Turniererfolgen innerhalb eines Jahres einen Rekord auf. Damit überflügelt er Taylor bei weitem, der zwar noch regelmäßig Highlights setzt, aber dieses Tempo und diese Masse an Turnierstarts nicht mitgehen kann. In seinem letzten Tour-Jahr 2017 ist Phil Taylor, mit 57 Jahren, bei 17

Veranstaltungen dabei. Van Gerwen reduziert erstmals die Anzahl an Turnieren, spielt aber weiterhin 39 Events, gewinnt davon 19, also rund jedes zweite. Und er spielt vor allem den höchsten Standard von allen, die höchsten Averages. Nach den 103,00 Punkten im Schnitt pro Aufnahme im Jahr 2016, legt er 2017 einen Jahres-Average von 102,82 Punkten nach. Taylor (98,53 Punkte im Schnitt) liegt ebenfalls deutlich über dem Durchschnitt der anderen Tour-Spieler (92,62 Punkte), lässt aber ein wenig nach.

Michael van Gerwen ist der erste und einzige Spieler in der Darts-Geschichte, der Phil Taylor auf Dauer hinter sich lassen konnte – zumindest, was die Weltranglistenposition betrifft und vor allem auch die Averages. Gerade 2016 legt MVG ein spielerisches Niveau hin wie nie einer zuvor: In 42 Turnieren, in 236 Partien (ohne World Grand Prix und World Cup) spielt er einen Average von 103 Punkten im Schnitt. Eine atemberaubende Konstanz. 103 Punkte im Schnitt über knapp 240 Matches – das ist krank. Michael van Gerwen benötigt über ein gesamtes Jahr im Schnitt fünf oder weniger Aufnahmen, um ein Leg zu checken. Immer und immer wieder.

Um die Taylor-Fans zu beruhigen: Was die Anzahl an Turniersiegen insgesamt betrifft oder die Sammlung an WM-Titeln, stehen die Chancen für „The Power" nicht schlecht, für immer unerreicht zu bleiben. Man muss sich vorstellen: MVG müsste bis 2033 in jedem Jahr Weltmeister werden, um Taylors Rekord einzustellen. Dann wäre der Mann aus dem kleinen niederländischen Städtchen Boxtel 44 Jahre alt. Ob er dann noch Darts spielt? Außerdem: Phil Taylor legte (zwar bei deutlich weniger Matches, aber immerhin 26 Turnieren) einen Average von 101,15 Punkten hin, was auch nicht von schlechten Eltern ist. Nur mal zum Vergleich: Im Durchschnitt erzielten alle Spieler zusammengerechnet bei Bühnen-Matches im Jahr 2016 einen Schnitt von 92,38 Punkten. Das sind rund zehn Punkte Differenz bei jeder einzelnen Aufnahme – dazwischen liegen Darts-Welten.

Man kann an diesen Averages gut erkennen, dass die neue Generation 2017 noch nicht so weit war. Gary Anderson konnte dagegenhalten, Cross spielte sein starkes erstes Tour-Jahr, aber Gerwyn Price stand beispielsweise bei 94 Punkten im Schnitt, Nathan Aspinall bei 92 Punkten. Taylor war ein Platzhirsch, der den Weg versperrte. Erst mit seinem Abgang Ende 2017 entstanden Lücken und Freiräume für eine neue Generation, die „jungen Wilden". Seit 2018 herrscht auf dem PDC Circuit eine Menge Bewegung.

Tagebuch

3. Mai

Im Rahmen des neuen Podcasts *Game On!* entstand die Idee, einen Live-Auftritt in einem Autokino stattfinden zu lassen. Ich bin von dieser Idee ehrlich gesagt ganz schön angefixt. Es wäre nach mehr als drei Monaten endlich wieder eine Veranstaltung vor Zuschauern. Das Autokino ist aktuell wohl der einzige Weg, Events umzusetzen, da dort Social Distancing eingehalten werden kann. Comedians, Bands und Kabarettisten stehen bereits auf Autokino-Bühnen. Was mag das für ein Blick sein, in 200, 300 Autoscheinwerfer-Paare? Ich habe gleich mal ein paar Autokinos gegoogelt, manche haben Platz für über 1000 Autos. Man dürfte sogar zu viert im PKW anreisen, wenn alle aus demselben Haushalt kommen. Für Kinder, die auf der Rückbank dabei wären, entfiele der Eintritt. Die Agentur checkt jetzt jedenfalls erst mal, ob sich dieses Vorhaben umsetzen lässt.

4. Mai

Michael van Gerwen macht sich Sorgen um seinen Sport. In einem Interview mit der *WELT* spricht er von einem langen und steinigen Weg. Geisterspiele sind für ihn nicht die Lösung, aber vielleicht die einzige Möglichkeit, dass es weitergeht. Er hat sein Training auf vier Stunden täglich angehoben, weil er natürlich fit sein will, wenn die Tour wieder losgeht. Aber für die Motivation sei es brutal, nicht zu wissen, für welchen Tag er trainiere.

Bei den van Gerwens ist einiges los: Am 1. April 2020 kam Sohnemann Mike zur Welt. Weil sie wegen Corona Probleme hatten, einen Krankenhausplatz zu finden, entschieden sich die van Gerwens kurzerhand für eine Hausgeburt. Die Home Tour hat MVG abgesagt. „Bei drei Hunden und jetzt zwei Kindern kann ich nicht garantieren, dass es während des Matches wirklich ruhig ist", erklärt Michael. Diese Bedingung hatte die PDC formuliert, weil es ansonsten große

Tonprobleme bei der Übertragung geben würde. Für mich klingt das eher wie eine kleine MVG-Ausrede.

5. Mai

Wir kauen weiter auf der Autokino-Veranstaltung herum. Wäre das nicht vielleicht auch eine Möglichkeit für einen Darts-Abend? Van Gerwen gegen Peter Wright auf einer Autokino-Bühne. Klingt gut. Und dann wären nicht nur die Fans, sondern auch die Autos verkleidet. Vermute mal, ans Hupen würden sich Dartspieler schnell gewöhnen. Die Agentur hat kurz mit Werner von Moltke von der PDC Europe gequatscht. Er findet die Idee klasse.

6. Mai

Hoffnung kommt auf. Angela Merkel und die Ministerpräsidenten einigen sich auf erhebliche Lockerungen des Lockdowns. Die Bundesliga soll unter anderem am 15. Mai weitergehen, die Saison soll zu Ende gespielt werden. Dabei hat der Herthaner Kalou gerade erst für Kopfschütteln gesorgt: Bei seinem Live-Video auf Facebook klatscht er beim Gang in die Kabine völlig entspannt mit seinen Mitspielern ab. So viel zum Thema Abstandsregeln. Ganz ehrlich, auch wenn ich mir nicht ganz sicher bin, ob die Bundesliga diese Sonderrolle erhalten sollte und darf, bei mir wächst ein bisschen Hoffnung, dass in absehbarer Zeit auch andere Veranstaltungen in welchem Umfeld auch immer, stattfinden werden.

13. Mai

Die PDC Europe Super League wird ab dem 16. Mai live im TV gespielt. Das ist das deutsche WM-Qualifikations-Turnier, der Sieger startet bei der Weltmeisterschaft 2021. Es ist neben der Fußballbundesliga das erste Sportevent, das nach dem Veranstaltungsverbot wieder ausgetragen wird. Diese Ankündigung kommt ziemlich kurzfristig. Robert Marijanovic und Martin Schindler haben ihre Teilnahmen abgesagt. Marijanovic hat in seiner Familie Personen, die zur Risikogruppe gehören, und möchte kein Risiko eingehen. Martin Schindler leidet unter einem sogenannten Belastungsasthma. Weil Schindler dadurch eine weitere Nichtteilnahme bei der WM droht, könnte er aus den Top 64 fallen und somit seine Spielberechtigung bei der PDC verlieren. Nachrücker sind Steffen Siepmann und Michael Unterbuchner. Aus Spielerkreisen ist zu hören, dass einiges noch unklar ist. Ein Preisgeld wird es jedenfalls nicht geben, die Reisekosten müssen von den Spielern selbst übernommen werden. Für die meisten Akteure der Super League ist die Veranstaltung natürlich eine Riesenchance, sich im TV zu präsentieren.

17. Mai

Ich lese gerade, dass Heimwerker Peter Wright die Corona-Zeit nutzt und an einem Gewächshaus schraubt: Zwölf mal sechs Meter groß. Beim Kauf hieß es wohl, das Häuschen wäre in zwei Tagen aufgebaut. Peter werkelt seit Wochen. Er sagt: „Jo und ich hatten zu Beginn des Jahres überlegt, ob wir mal eine sechsmonatige Pause einlegen wollen, um die Batterien wieder aufzuladen. Der Wunsch wurde offenbar gehört: Es hätten halt gern andere Umstände sein dürfen."

Kapitel 4
Die jungen Wilden – Beginn einer neuen Ära

Auch ohne dominante Superstars und legendäre Rivalitäten erleben wir derzeit im Profidartsport die spannendste Zeit seit Gründung der PDC Anfang der 1990er-Jahre. Das Niveau ist nicht nur durch Michael van Gerwen in der Spitze angehoben worden, die Qualität ist inzwischen auch in die Breite gegangen. Immer häufiger werden Averages von über 100 auch von Spielern außerhalb der Top 32 gespielt. Aus den Top 50 der Welt kann tatsächlich jeder jeden schlagen. Das gab es bisher noch nie.

Die Nummer eins der Welt, Michael van Gerwen, kassierte in der ersten Jahreshälfte von 2020 drei Niederlagen gegen Spieler außerhalb der Top 70: gegen den Paderborner Christian Bunse, gegen Maik Kuivenhoven und Joe Murnan. Gegen die Nummer 44 der Welt, Ryan Searle, verlor er im Februar 2020 ein Finale auf der Pro Tour. Lange Zeit waren solche Ergebnisse undenkbar. Überraschungen gegen Phil Taylor gab es früher zwar auch, aber sie waren die absolute Ausnahme.

Die zweite Reihe der PDC hat ein neues Selbstvertrauen gewonnen, die Anzahl an Turnier-Überraschungen hat seit 2018 auffällig zugenommen: Dimitri van den Bergh gewinnt als Nummer 26 der Welt das World Matchplay 2020. Nathan Aspinall erreicht als 500:1-Außenseiter das Halbfinale bei der WM 2019. Der Pole Krzysztof Ratajski gewinnt 2018 ohne Tour Card, mit einer Ranglistenposition außerhalb der Top 64, seine ersten beiden PDC-Titel. Max Hopp schreibt deutsche Darts-Geschichte und holt sich im April 2018 seinen ersten PDC-Sieg, als Nummer 38 der Welt. Auf dem Weg besiegt er drei Top-Ten-Spieler, unter anderem den aktuellen Weltmeister Rob Cross.

Wir leben in einer Zeit, in der im Darts verdammt viel möglich ist. Die Tour ist unberechenbarer geworden und schreibt gerade deshalb ganz wunderbare Geschichten, zu der man getrost auch den WM-Sieg von Peter Wright hinzuzählen darf, weil Gerwyn Price und Michael van Gerwen in den Wochen zuvor derart dominant waren. Und niemand wäre vor der letzten Weltmeisterschaft auf die Idee gekommen, dass Fallon Sherrock die „Queen of the Palace" werden und eine solche Welle der Euphorie auslösen würde.

Neue Wege für junge Spieler

Es gibt mehrere Gründe, weshalb das alles genau jetzt passiert. Ein entscheidender ist, dass die neue Spielergeneration in den meisten Fällen durch Management-Agenturen betreut wird. Durch das gestiegene Preisgeld bei der PDC ist allen klar, dass mit Darts richtig Geld zu verdienen ist. Das lässt Manager hellhörig werden. Und so versuchen Agenturen, junge Spieler langfristig an sich zu binden, in der Hoffnung, dass irgendwann der große Erfolg kommt. Auch Mentaltrainer und Ernährungsberater – das hat es im Darts lange Zeit wenn überhaupt nur ganz vereinzelt gegeben – sind inzwischen gerade bei vielen jungen Spielern Normalität. Trainingspläne werden abgearbeitet, der Trainingsumfang wird gesteigert.

Der neuen Profigeneration geht es nicht mehr darum, Teil der Darts-Familie zu sein. Die Spieler reisen gut vorbereitet zu Turnieren und wollen Geld verdienen. Wer verliert, reist ab. Wer gewinnt, versucht seinen Erfolg möglichst gut darzustellen. Sei es durch zig Interviews mit Zeitungen, Radio- oder TV-Stationen oder über Social Media. Die Außendarstellung ist wichtig und kann bei der Suche nach großen, finanzstarken Sponsoren helfen.

Darts ist auch internationaler geworden und damit führen viele Wege zum Ruhm. Den klassischen Weg, dass ein Junge aus der Arbeiterklasse mit dem Papa in den Pub geht, um sich dort den Feinschliff zu holen, gibt es nur noch selten. Mit Gerwyn Price ist ein Rugbyspieler sozusagen auf dem zweiten Bildungsweg zum Darts gekommen. Nathan Aspinall fing auch erst mit 16 Jahren mit Darts an, als er merkte, dass es zur Fußballerkarriere nicht reichen würde. Max Hopp entdeckte Darts über die Live-Übertragungen im Fernsehen und legte dann los.

In den Niederlanden ist Darts teilweise nicht nur Schulfach, es gibt seit Jahren Leistungszentren und Darts-Akademien, in denen junge Talente gefördert werden. Der Ex-Profi Steve Brown baut in England Strukturen für den Darts-Nachwuchs auf und kooperiert eng mit der PDC, die die Junior Darts Corporation ins Leben gerufen hat. Seit 2019 hat man die Möglichkeit, Coaching-Pakete zu erwerben. Trainer im Darts sind auch noch relativ neu, die gab es früher nicht in einem „Kneipensport".

Auch der Abgang des erfolgreichsten Spielers aller Zeiten, Phil Taylor, Ende 2017, hat, wie bereits geschildert, Raum für neue Sieger geschaffen. Das darauf folgende Jahr 2018 wird eines der verrücktesten Jahre auf dem PDC Circuit und ist bezeichnend für diese neue Ära.

Das Jahr 2018

Rückblickend erscheint gleich das erste Turnier des Jahres 2018 wie ein Wegweiser. Es ist die Weltmeisterschaft, die vom Debütanten Rob Cross gewonnen wird, im Finale gegen Phil Taylor. Ein Duell mit Symbolcharakter, das für den Wandel steht. Aber es ist nicht nur dieser überraschende WM-Triumph von Rob Cross. Die Weltmeisterschaft 2018 ist insgesamt eine WM der Überraschungen: Zwölf gesetzte Spieler verlieren ihr Auftaktmatch, darunter die Nummer elf der Setzliste, James Wade, und auch die Nummer sieben, Adrian Lewis, der Doppelweltmeister, der gegen den Deutschen Kevin Münch mit 1:3 ausscheidet. Im Achtelfinale sind noch sieben ungesetzte Akteure dabei, im Viertelfinale immerhin noch zwei mit dem 23-jährigen Belgier Dimitri van den Bergh und Jamie Lewis aus Wales. Lewis hatte sich mit viel Dusel als letzter Spieler für die WM qualifiziert und spielt das Turnier seines Lebens.

Zwei ungesetzte Spieler in der Runde der letzten acht hatte es in der Geschichte der Weltmeisterschaft zuletzt 2010 gegeben, allerdings mit ganz anderen Vorzeichen: Der Australier Simon Whitlock kam als BDO-WM-Finalist 2010 zur PDC und spielte eine starke erste WM im Ally Pally. Der BDO-Weltmeister von 2009, Mark Webster, war zu diesem Zeitpunkt zwar noch nicht gesetzt, aber bei weitem keine Überraschung, man wusste um seine Qualität.

2018 ist vieles anders und so krönt der 28-jährige Lewis, der eine miserable Saison 2017 gespielt hatte, diese verrückte Weltmeisterschaft, indem er sein Viertelfinale mit 5:0! gegen Darren Webster gewinnt und damit sogar den Schritt ins Halbfinale schafft. Seine Familie reist aus Wales an, weil er ein letztes Mal gegen Phil Taylor spielen darf. Im Halbfinale ist van Gerwen übrigens der einzige Akteur aus den Top Fünf der Welt – auch das hatte es jahrelang nicht gegeben. Van Gerwen verliert ein irres Halbfinale gegen „Voltage" Rob Cross, obwohl er sechs Match-Darts hat.

Aus dieser Weltmeisterschaft entwickelt sich ein Jahr 2018 mit unglaublichen 21 Siegern aus elf unterschiedlichen Nationen. Rekord! Bei den Major-Turnieren sind es sechs verschiedene Champions in einem Jahr: Weltmeister Rob Cross, Gary Anderson, Michael van Gerwen, James Wade, Gerwyn Price und Daryl Gurney. Nur mal zum Vergleich: 2017 gab es vier verschiedene Major-Sieger, 2016 lediglich zwei – van Gerwen und Taylor.

Das Jahr 2018 wird zum Startschuss einiger Karrieren: Nathan Aspinall und Gerwyn Price starten richtig durch, eine Reihe anderer Spieler macht ebenfalls auf sich aufmerksam: Chris Dobey zum Beispiel, Luke Humphries, Krzysztof Ratajski oder auch Max Hopp. Es ist der Beginn einer neuen Ära im Profidartsport.

Tagebuch

18. Mai
Das erste TV-Sport-Wochenende nach über 60 Tagen ist heute um 23 Uhr zu Ende gegangen. Neben dem Restart der Bundesliga, die am Samstag für einen Zuschauerrekord bei Sky sorgt (über sechs Millionen Zuschauer) gab es bei SPORT1 die PDC Europe Superleague zu sehen. Natürlich ohne Zuschauer. Man nutzt die Eventlocation „ziegelei 101", in der aktuell auch wegen der Corona-Krise der Fußballstammtisch *Doppelpass* produziert wird. Höchste Priorität hatte die Einhaltung der Abstands- und Hygieneregeln. Bei den Offiziellen wird auf die Schreiber verzichtet, so wie es inzwischen längst auch auf der Pro Tour gang und gäbe ist. Neu ist der „Lollypop man", wie ihn die Engländer in den Social Media schnell tauften: Er hat eine Kelle in der Hand, die er auf Rot oder Grün dreht, um dem wartenden Spieler anzuzeigen, wann er ans Oche treten darf. Das Wochenende ist insgesamt ein Erfolg: keine Vorkommnisse bezüglich Covid-19. Dass es sich für die Spieler teilweise ungewohnt anfühlt, sieht man auch an der Qualität der Spiele, die erst am Sonntag besser werden. Die Superleague könnte tatsächlich zum Vorbild für Dartveranstaltungen in Großbritannien werden. Da wird Anfang Juni entschieden, was man mit dem World Matchplay macht, das ja traditionell Ende Juli stattfindet.

19. Mai
Habe heute über eine Stunde lang mit Fallon Sherrock telefoniert. Sie wollte keinen Video-Call machen, weil sie noch nicht unter der Dusche war. Sachen gibt's. Fallon gehört wegen ihrer Nierenprobleme zur Corona-Risikogruppe. „Ich habe in den letzten Wochen nur ein einziges Mal das Haus verlassen", erzählt sie. „Und es war schlimm, mich belastet die Sorge sehr, mich eventuell im Supermarkt an der Kasse oder sonst wo anzustecken." Ihre Mutter Sue übernimmt die

Einkäufe, da sie ohnehin in einem Lebensmittelladen in Milton Keynes arbeitet.

Neben allen Problemen und Umstellungen hat die Corona-Krise Fallon aber auch Zeit gegeben, mal sacken zu lassen, was da bei der WM und in den Wochen danach passiert ist. „Ich muss ganz ehrlich sagen, ich habe die Aufmerksamkeit, den Trubel sehr genossen. Und trotzdem: Wenn es jetzt vorbei wäre, weil Darts einen ganz anderen Weg einschlägt, dann wäre es okay", sagt sie. „Für mich würde das Leben letztlich so weitergehen, wie es vor der Weltmeisterschaft war. Das kenne ich, es macht mir keine Angst." Das Jahr 2020 war durchgeplant mit vielen Exhibitions, der Challenge Tour, der World Series. Sie hatte die wunderbare Gelegenheit, die Welt zu bereisen. Es sollte nach Australien gehen, nach Neuseeland, Dänemark, New York. Vor allem auf das US Darts Masters im Madison Square Garden hatte sie sich gefreut. Sie war noch nie im Big Apple und hätte Billy Jean King getroffen, die ihre Erfolge bei der WM mit großem Interesse verfolgt hat und mit der sie seitdem in Kontakt steht.

Auch Fallon fällt es momentan schwer, sich für das Training zu motivieren. Sie spielt in der Online-Liga „The Icons of Darts" mit Phil Taylor, Barney & Co. Das größte Problem dabei, erzählt sie, ist ihren sechsjährigen Sohn Rory und den Hund aus dem Zimmer zu halten.

20. Mai

Absolut irre, wie viele Online-Ligen und -Turniere durch Corona entstanden sind. Klar, die gab es auch vorher, aber nicht in diesem Ausmaß. Und ich denke, dass sich die Online-Spiele auch nach der Pandemie weiter etablieren werden. Es ist einfach der perfekte Weg, um von zu Hause aus mit jemandem Darts zu spielen, ohne irgendwo hinfahren zu müssen. Auf der anderen Seite, so ganz ohne sozialen Kontakt – eine Dauerlösung wäre das für mich nicht.

21. Mai

Gerwyn Price hat keine Lust mehr zu warten. Im Interview heute hat er viel über seine Rugby-Zeit geredet, aber natürlich auch über die aktuelle Situation: „Ich kann nicht alleine am Dartboard stehen und stundenlang mit Intensität trainieren!" Gerwyn ist genervt. Die Home Tour sei auch nichts für ihn, da konnte er irgendwie nicht mit der richtigen Einstellung, mit der notwendigen Emotion spielen. „Das ist einfach nicht meine Art, Darts zu spielen. Da komme ich nicht wie sonst in meinen Konzentrationsmodus rein."

2020 hätte ein richtig gutes Jahr für ihn werden können. Price hatte nach dem WM-Halbfinale 2020 drei Finals erreicht und zwei Turniersiege gefeiert und gehofft, sich in der Weltrangliste noch näher an Peter Wright und Michael van Gerwen heranspielen zu können. Ob sich diese Möglichkeit so schnell wieder bietet, weiß niemand. „Das gute Gefühl ist weg, das ist im Darts natürlich wichtig", sagt er. „Nur Siege bringen Selbstvertrauen und es ist mühsam, sich erneut in diesen Zustand zu bringen."

Eines steht fest: Die Wettkampfpause war definitiv zu lang, um einfach weitermachen zu können. Der Rhythmus ist futsch. Sollte es im Juli mit ersten PDC-Turnieren weitergehen, werden sich einige umschauen müssen. Zumindest hat Gerwyn Price die Corona-Zeit genutzt, um viel im Garten und am Haus zu tun. Da blieb in den letzten ein, zwei Jahren einiges liegen.

26. Mai

Heute hätte unser Live-Podcast im Autokino von Köln Porz stattfinden sollen. Wir mussten die Veranstaltung wegen zu geringen Interesses am Montag aber leider absagen. Es gab im Vorfeld mit dem Veranstalter den Deal, dass man bei unter 100 verkauften Tickets die Notbremse zieht. Am Ende wurden 85 Tickets verkauft. Wir waren uns natürlich bewusst, dass diese Aktion ein Schnellschuss ist. Wir hatten nur gut zwei Wochen Zeit, fanden die Idee aber einfach geil und haben uns gesagt: Wir machen das, auch wenn das Risiko einer Absage besteht. Im Podcast am Dienstag haben wir einfach den Fans die Schuld in die Schuhe geschoben. Damit sind „Shorty" und ich raus aus der Nummer – NICHT. Die Folge sechs hatte den Titel: „Eine Straßenbahn hat mehr Anhänger – die traurigste Podcast-Folge von *Game On!*". Ja, ich hatte mich natürlich darauf gefreut. Nun war die ganze Aktion für die Katz. Trotzdem: Dieses Event zu planen und herumzuspinnen, was man alles machen könne, hat, wenn auch keine Kohle, so doch ein bisschen Normalität in mein Berufsleben gebracht. Wir sparen uns also die Reise nach Köln und ich werde leider meine Eltern, Geschwister, Nichten und Neffen nicht sehen, die alle in bzw. bei Köln leben.

Kapitel 5
Gerwyn Price - der Grinch

7. Mai 2012. Millennium Stadium, Cardiff. Die Spieler von Cross Keys wissen gar nicht, wohin mit ihrer Freude. Sie reißen die Arme hoch, jubeln, umarmen sich. Betreuer, Ersatzspieler, alle rennen auf den Rasen und feiern den ersten großen Erfolg in der 127-jährigen Geschichte dieses traditionsreichen Rugby and Football Clubs. Die Keys gewinnen zum ersten Mal den SWALEC Cup, den wichtigsten Rugby-Wettbewerb im Südwesten von Wales. Mit 32:19 triumphieren sie gegen Pontypridd, obwohl der Lokalrivale favorisiert war und sie nach dem ersten Viertel mit 0:10 zurücklagen, zur Halbzeit mit 6:13. Doch dann folgte eine überragende zweite Hälfte der Keys, in der unter anderem dem Hooker Gerwyn Price ein sogenannter Try gelingt, im Football wäre das ein Touchdown. Ein Hooker (Hakler) wird so genannt, weil er versucht, sich den Ball im Gedränge mit dem Fuß zu hakeln. Er ist also einer der Offensivspieler, die körperlich nicht ganz so massiv sind. In der 60. Minute läuft Price allen davon, trägt den Rugbyball über 30 Meter, um ihn in das Malfeld zu legen. Damit drehen die Keys dieses Finale, das im wichtigsten Rugbystadion des Landes ausgetragen wird. Das Millennium Stadium ist das Zuhause der Nationalmannschaft, die alle wegen des walisischen Wappens „Red Dragons" nennen. Jedes Heimspiel der Dragons wird hier gespielt, vor über 70 000 Zuschauern. Rugby ist in Wales Nationalsport Nummer eins, vor Fußball, vor Cricket, vor Darts. Und wenn du als kleiner Junge von einer Profi-Rugbykarriere träumst, dann stellst du dir vor, dass du einmal auf diesem Rasen spielen wirst, für die Red Dragons.

Zum Finale des SWALEC Cups waren an diesem Montagnachmittag 15 000 Fans gekommen, unter ihnen auch Fußballsuperstar Gareth Bale. Der Coach der Cross Keys, Greg Woods, stellt später fest: „Du brauchst besondere Momente, um solche Spiele zu gewinnen. Was Price da gemacht hat, war überragend. Price ist der beste Hooker der Liga in dieser Saison." Nach dem Spiel feiert das gesamte Team die Nacht hindurch bis in die Morgenstunden eine wilde Party, anfangs im Vereinsheim, später in irgendwelchen Bars und Clubs in Cardiff. Wenn Gerwyn Price heute davon erzählt, dann lacht er viel, seine Augen strahlen und er weigert sich, ins Detail zu gehen. Price war damals 27 Jahre alt. Es sollte sein letzter Erfolg als Rugbyspieler werden.

Zum Rugbyspielen geboren

Gerwyn Price wird am 7. März 1985 in der walisischen Hauptstadt Cardiff geboren und wächst im nicht weit entfernten Markham auf. Bei den Prices gibt es eigentlich nur ein Thema: Rugby. Seine beiden Brüder spielen Rugby und sein Vater war früher auch ein guter Rugbyspieler. „Die Frage, wer in der Familie der beste Rugbyspieler war oder ist, wird bis heute lebhaft bei uns diskutiert", erzählt Gerwyn lachend. Er und sein Vater reklamieren diesen Titel für sich. Doch im Unterschied zu seinem Vater schaffte Gerwyn es in einen Profiverein, zu den Glasgow Warriors. Das ist im Februar 2013. Völlig überraschend kommt es kurzfristig zu dieser Verpflichtung, weil die Warriors große Verletzungssorgen haben. Es ist die Chance, auf die Price sein gesamtes Rugby-Leben lang gewartet hat, der Schritt in die Profiliga Pro14. Eine Liga, in der die besten 14 Teams aus Schottland, Wales, England, Irland, Italien und Südafrika spielen. Mit Ende 20 ist Price nicht mehr der Jüngste und es passiert genau das, was nicht passieren darf: Price verletzt sich am rechten Handgelenk. Eigentlich nichts Dramatisches, aber spielen kann er nicht mit dieser Verletzung. Für die Glasgow Warriors ist er damit keine Hilfe, er verlässt sie bereits nach knapp vier Wochen, ohne dass er ein einziges Mal in der Pro14 auf dem Feld gestanden hat. Price kehrt nach Wales zurück und weil er auf eine zweite Chance hofft, trainiert er für sieben Wochen unbezahlt bei den Profis der Newport Dragons mit, um körperlich fit zu bleiben. Doch es gibt keine zweite Chance und so endet der Ausflug nach Glasgow dort, wo er begonnen hatte: bei den Cross Keys, die froh sind, ihren Hooker wiederzuhaben.

Die Enttäuschung ist riesig. So sehr hatte Price auf diese Chance hingearbeitet, jahrelang spielte er für die walisische Jugend-Nationalmannschaft, war für die U21 noch beim Four-Nations-Turnier dabei, dem wichtigsten Rugby-Event überhaupt. Doch am Ende kommt der talentierte Hooker Price nicht über die zweite Liga, die Welsh Premier Division, hinaus. Dort hat Price über Jahre hinweg für verschiedene Vereine gespielt. Es ist eine semiprofessionelle Liga, bei der zwar ein ordentlicher Nebenverdienst möglich ist, die Spieler aber einem regulären Hauptberuf nachgehen. Gerwyn Price ist gelernter Installateur. Er hat dreimal die Woche Training und dann Spiele am Wochenende, das lässt sich mit seinem Beruf vereinbaren. Später jobbt er noch in einem Pub in der Nähe von Bargoed, teilweise als Türsteher. Die Narben in seinem Gesicht sind nicht vom Rugby, wie man vermuten könnte: 2010 wird er von einem Gast, den er nicht in den Pub lassen möchte, zusammengeschlagen und schwer am Kopf verletzt. 42 Stiche im Gesicht sind notwendig, um die aufgeplatzte Haut wieder zusammenzuflicken, fünf weitere Stiche am Kinn.

Start der Darts-Laufbahn

2012 beginnt Price mit Darts. Er spielt zunächst „just for fun" mit Freunden im Markham Welfare Club, einer bodenständigen Kneipe mit alten karierten Fliesen in Rostbraun und Weiß, mit einer Holztheke, einfachen Holztischen und zwei Dartboards. Dadurch, dass die Spiele seines Rugbyteams immer am Wochenende stattfinden, hat er freitagabends Zeit, mit seinen Kumpels in einer Pub-Liga zu spielen.

Im Frühjahr 2013, nachdem klar ist, dass Price den Schritt in ein Profi-Rugbyteam nicht schaffen wird, ändern sich seine Prioritäten. „Ich bin in der Zeit auch aus der Enttäuschung heraus ganz schön viel mit meinen Kumpels unterwegs gewesen", erinnert sich Price. Dabei wurde nicht nur die ein oder andere Kaltschale getrunken, sondern auch immer mehr Darts gespielt. Darts schleicht sich immer mehr in sein Leben. Price fängt an, regelmäßig zu trainieren. Relativ bald wechselt er in die höchste britische Pub-Liga, die Super League, und spielt in einem Nachbarort von Markham.

Inzwischen nimmt er auch an offenen Pub-Turnieren teil, macht sich jetzt auch als Dartspieler einen Namen in der Region. Wo er hinkommt, kennt man ihn aber in erster Linie als Rugbyspieler, den Hooker, der regelmäßig mit seinem Team in Zeitungsartikeln auftaucht. Die Welsh Premier Division hat gerade im Südwesten von Wales einen hohen Stellenwert.

2013 lernt Price Barrie Bates kennen, der ebenfalls aus der Region stammt. Bates hat auch 2020 noch eine PDC Tour Card, findet sich so gerade unter den Top 100 der Welt. In seinem fünften Tour-Jahr, 2006, stand er überraschend im UK-Open-Finale, das er gegen Raymond van Barneveld verlor. In diesem Jahr wurde er außerdem zum besten „floor player" gewählt und erhielt einen PDC Award. Bates leidet jedoch stark an Gicht, was seine Leistung seit 2012 enorm beeinträchtigt. Aber Bates kennt die PDC Tour, kennt das Niveau, das dort gespielt wird, und motiviert Gerwyn Price 2014, sich bei der PDC Qualifying School anzumelden. „Ohne Barrie hätte ich diesen Schritt nicht gewagt, zumindest nicht zu diesem Zeitpunkt", erinnert sich Price. Die Qualifying School besteht aus vier Turnieren. Wer in das Halbfinale eines Turniers einzieht, erhält automatisch die Tour Card für zwei Jahre. Die andere Möglichkeit ist, durch ein turniereigenes Ranglistensystem über konstant gute Leistungen an die Tour Card zu kommen. An Tag zwei gewinnt Price sechs Matches in Folge, besiegt in der entscheidenden Partie, im Viertelfinale, den Österreicher Rowby-John Rodriguez mit 5:3 Legs. Es ist die Eintrittskarte für die Profitour der PDC.

Abschied vom Rugby

Mit dem Erhalt der Tour Card endet im Januar 2014 endgültig Prices aktive Rugbyzeit. In den 18 Monaten zuvor konnte er noch beide

Sportarten gut verbinden. Er hatte die Einnahmen durch den Rugbyverein, rund 25 000 Pfund pro Saison, und parallel flogen immer häufiger die Pfeile. Für seinen Verein, die Cross Keys, war es in dieser Zeit in Ordnung, dass Price hin und wieder an einzelnen Spieltagen fehlte, weil größere regionale Dartturniere anstanden.

Doch nun ist es Zeit, einen Schnitt zu machen. Es fällt Price nicht leicht, seine „erste Liebe" Rugby hinter sich zu lassen. Die Profi-Rugbylaufbahn damit endgültig nicht geschafft zu haben, ist eine herbe Niederlage in seinem Leben. Vor allem, weil er sich immer sicher war, das Potenzial zu besitzen, gut genug gewesen zu sein. „Du brauchst jemanden, der an dich glaubt und dir irgendwann die Möglichkeit gibt, dir Spielzeit gibt, dich zu beweisen", sagt er ein wenig bitter. Diese Chance habe ich im Profiteam nie bekommen."

Auch wenn die Sportarten Rugby und Darts sehr wenig gemein haben, sich Mannschafts- und Einzelsportarten in vielen Dingen grundlegend unterscheiden: Gerwyn Price hat viele Lehren aus seiner Rugbyzeit mit in den Profidarts-Zirkus nehmen können. Er profitiert von der Erfahrung, Leistungssportler gewesen zu sein, und begeht die Fehler, die er damals gemacht hat, kein zweites Mal. Er hat gelernt, mit Erfolgsdruck umzugehen. „Darts", sagt Price, „ist am Ende viel ehrlicher als Rugby. Wenn du im Darts gut bist und Matches oder Turniere gewinnst, kommst du ganz nach oben. Du brauchst niemanden, der dir hilft, der dich eventuell in einem Verein unterbringt." Das ist die eine Seite. Was Gerwyn im Darts noch lernen musste, ist, mit der Einsamkeit eines Einzelsportlers umzugehen. Gerade in Niederlagen, in schwierigen Momenten, in denen du ganz allein bist und mit dir selber zurechtkommen musst. Seine erste Premier-League-Saison 2018 war eine harte Bewährungsprobe, da hatte er erstmals echte Motivationsprobleme, weil er einfach nur zu Hause bei seiner Familie sein wollte. Sogar in erfolgreichen Momenten ist man in einem Einzelsport manchmal einsam. „Als ich 2018 den Grand Slam of Darts im Finale gegen Gary Anderson gewonnen hatte", erinnert sich Price, „da hab ich mich nach dem Sieg ins Auto gesetzt und bin nach Hause gefahren. Das war's." Dabei ist dieser

Erfolg für ihn der Durchbruch in die Weltspitze, sein allererster Major-Sieg. Price vermisst in solchen Momenten sein Team, den gemeinsamen Erfolg, so wie damals beim Gewinn des SWALEC Cups 2012 im Millennium Stadium.

Der Grinch des Dartsports

Wahrscheinlich ist Gerwyn Prices Verhalten auf der Dartprofitour auch eine Art Gegenreaktion. Das Gefühl, für sich allein verantwortlich für sein, für seinen eigenen Erfolg. ohne dabei die Hilfe weder von Mitspielern noch vom Coach zu erfahren, lässt ihn umso konsequenter seine Ziele verfolgen. Er geht allen Widerständen zum Trotz unbeirrt seinen Weg, ob es anderen gefällt oder nicht, ist nach seiner Rugby-Karriere zum Einzelkämpfer mutiert. Auch wenn er damit lieb gewonnene Verhaltensregeln und Traditionen seines neuen Sports verletzt, die seit Jahrzehnten gepflegt werden. Man sagt den Walisern ja generell eine gewisse Dickköpfigkeit nach, allein aus ihrer Geschichte heraus. So wie sie ihre autonome Regierung pflegen und sich nicht komplett von der britischen Regierung vereinnahmen lassen, so möchte offenbar auch Price seinen eigenen, extravaganten Weg gehen. Er sieht sich selber in einer Ausnahmerolle und sagt offen heraus: „Ja, ich bin egoistisch. Und das musst du sein!" Dieser Karriereweg vom semiprofessionellen Mannschaftssportler zum Dartprofi ist neu, den gab es bisher nicht. Price ist Quereinsteiger und wirkt vielleicht deshalb teilweise ein wenig fremd oder anders: seine Muskeln, seine Statur, seine Unerschrockenheit, seine Geradlinigkeit. „Vor ein paar Jahren war ich noch Rugbyspieler, heute ziehe ich den Dartprofis das Geld aus der Tasche", sagte er 2018. Das klang damals so, als würde er sich gar nicht zum Kreis der Dartprofis zählen, als wäre er immer noch Rugbyspieler. Price sagt von sich selbst: „Ich bin der Grinch des Darts!" Und lacht dabei. Ihm gefällt diese Vorstellung. Falls irgendjemand außer mir den Kinofilm (oder das Buch, auf dem der Film basiert) bislang nicht kennt: Der Grinch ist eine fiktive Kreatur mit grünem Fell. Er mag kein Weihnachten, weil er als Kind so schlechte Erfahrungen gemacht hat. Und so stiehlt er als Weihnachtsmann verkleidet die Geschenke der Bewohner des Nachbarorts. So ein bisschen passt diese Geschichte tatsächlich zu Price. Die schlechten Erfahrungen holte er sich als Möchtegern-Rugbyprofi. Und jetzt ist er sauer und klaut den Dartprofis die Geschenke, das Preisgeld.

Eines unterscheidet Price von den allermeisten Profis: Für ihn war es nie der große Traum, auf dem PDC-Circuit unterwegs zu sein. Er hat dadurch eine gewisse emotionale Distanz zu seinem Spiel, einfach aus seiner persönlichen Lebensgeschichte heraus, weil Rugby seine große Liebe ist. Man darf nicht vergessen: Darts hat ihn die meiste Zeit seines Lebens kaum oder gar nicht interessiert. Darts fand im Hause Price einfach nicht statt. Manchmal ist es gut, eine „Scheißegal"-Einstellung zu haben und sich keinen Kopf über irgendwelche Umstände zu machen. Das verhindert, dass man etablierten Spielern mit zu viel Respekt begegnet, um sie besiegen zu können.

Der „Iceman" wird geboren

Als Price auf die Tour kommt, kennt er zwar Phil Taylor und Raymond van Barneveld, aber von den anderen Größen der 1980er- und 1990er-Jahre hatte er nie gehört. Schon gar nicht von Alan Warriner-Little, dessen Spitzname „The Iceman" er einfach übernommen hat, ohne es zu wissen. Normalerweise ein No-Go. So etwas gehört sich nicht, und Warriner-Little war auch nicht irgendjemand, sondern die erste Nummer eins der PDC, ein Major-Champion. Er beendete seine PDC-Karriere 2009. Price kam erst fünf Jahre später auf die Tour, es gab also keine Dopplung des Spitznamens, ansonsten hätte auch die PDC ihr Veto eingelegt. Dennoch: Viele Spieler und auch Warriner-Little selbst empfanden das Verhalten von Price damals respektlos. Vor allem, weil der World-Grand-Prix-Sieger von 2001 seit Jahren in führender Funktion bei der PDPA, der Spielergewerkschaft, aktiv ist. Der „Iceman" war jedem Darts-Romantiker ein Begriff und jetzt wurde er einfach ausgetauscht. Ein Identitätsdiebstahl, der für Warriner-Little zur Folge haben wird, dass er beim gemeinen Darts-Fan leichter in Vergessenheit gerät. Schon ein bisschen bitter.

Gerwyn Price entschuldigt sich bis heute damit, dass nicht er, sondern seine Kumpels ihm den Spitznamen „The Iceman" sehr früh gegeben hätten. Die Möglichkeit, ihn aus Respekt wieder abzulegen, zog er offenbar nicht in Erwägung. Das hätte vielleicht auch nicht zu einem „Iceman" gepasst. Aber wenigstens kam Price mit einem anderen Walk-on-Song um die Ecke: Anstelle *Cold as Ice* von Foreigner zu benutzen wie Warriner-Little, entschied Price sich für *Ice Ice Baby* von Vanilla Ice.

2014 und 2015: die ersten Jahre auf der Tour

Gerwyn Price ist ein Energiebolzen. Die Wucht, mit der er von Anfang an auf der Profitour unterwegs ist, entspricht der Kraft seiner Körpersprache. Nur elf Monate nach Erhalt der Tour Card ist er zum ersten Mal für die Weltmeisterschaft qualifiziert. Damit belohnt er sich für ein verdammt konstantes Rookie-Jahr, in dem er mehr Matches gewinnt als verliert. 43 zu 35 Siege heißt am Ende die Bilanz. Nach gut einem Monat erreicht er sein erstes Achtelfinale. Später folgen eine Viertel- sowie eine Halbfinalteilnahme. Durch seine Rugbykarriere ist das Kraftpaket in recht hohem Alter auf den Profi-Circuit gekommen, mit 29 Jahren. Doch er wirkt umso entschlossener, auch im Kampf gegen die Topspieler. Gary Anderson bezwingt er beispielsweise im November 2014 zum ersten Mal. Trotz des Erstrunden-Aus bei der WM steht er in der Weltrangliste nach zwölf Monaten unter den Top 100, auf Platz 76.

Darauf lässt sich aufbauen. Neue Tour-Spieler haben auf dem PDC Circuit folgendes Problem: Die PDC-Weltrangliste ist eine sogenannte Order of Merit, eine Geldrangliste, die sich auf die letzten zwei Jahre bezieht. Wer also in den vergangenen zwei Jahren am meisten Geld eingespielt hat, steht an Position eins. Komme ich neu auf die Tour, werden meine ersten Preisgelder mit denen verglichen, die andere Spieler in zwei Jahren eingeholt haben. Um mich in der Weltrangliste nach oben zu arbeiten, muss ich folglich in viel kürzerer Zeit vergleichbare Summen verdienen, und das geht letztlich nur über die höher dotierten TV- bzw. Major-Turniere, für die ich mich allerdings erst mal qualifizieren muss. Ein Karriereschritt, für den einige Spieler Jahre brauchen, der anderen überhaupt nicht gelingt. Gerwyn Price geht diesen Schritt in seinem zweiten Karrierejahr: 2015. Abgesehen von der Weltmeisterschaft ist er bei fünf großen TV-Veranstaltungen dabei. Das ist sensationell. Allein diese fünf Turniere bringen ihm ein Preisgeld von 33 500 Pfund, was knapp die Hälfte des insgesamt eingespielten Preisgelds im gesamten Jahr darstellt. Allein für das Erreichen des Viertelfinales beim traditionsreichen World Matchplay gibt es einen Scheck in Höhe von 17 500 Pfund. Die zwei Siege dort gegen Michael Smith und Adrian Lewis sind damit 7500 Pfund mehr wert als ein Turniersieg auf der Pro Tour. Price verfünffacht im Vergleich zum Einstiegsjahr seine Tour-Einnahmen: 67 500 Pfund bedeuten den Sprung in die Top 32.

2016 und 2017: die ersten PDC-Titel

2016 geht es mit Volldampf weiter. Noch fehlt eine Finalteilnahme, die im Februar folgt, beim fünften UK Open Qualifier des Jahres. Price wird lediglich von Michael van Gerwen gestoppt. Zehn Wochen später gewinnt der „Iceman" seinen allerersten PDC-Titel auf der Pro Tour. Knapp zweieinhalb Jahre nach dem Gewinn der Tour Card besiegt Price am 1. Mai 2016 Peter Wright im Finale mit 6:3 Legs. Drei Wochenenden später folgt gleich der zweite Erfolg, mit einem 108er Average im Finale gegen Jamie Caven. Im Jahr 2016 kann der ehemalige Rugbyspieler erstmals die 100 000-Pfund-Preisgeld-Barriere knacken. Er spielt 118 500 Pfund ein und springt nach der WM auf Rang 20.

Spätestens jetzt beginnt normalerweise ein ganz besonderer und teilweise äußerst schwieriger Kampf: der gegen die guten Resultate der Vergangenheit. Ergebnisse müssen mindestens bestätigt werden, um Boden gutzumachen. Häufig kommt es in dieser Phase zum ersten Karriereknick, weil der Leistungsdruck zu groß wird, weil man nicht nur sich, sondern auch der Konkurrenz zeigen möchte, dass die bisherige Entwicklung kein Zufall war.

UK Open 2017

Und das ist sie offensichtlich nicht bei Gerwyn Price. Anfang März 2017 erreicht er sein erstes Major-Finale. Die UK Open sind ein irres Turnier für den Waliser, im Viertelfinale liegt er scheinbar ausweglos zurück. Es ist ein Match Best of 19 Legs. Ian „The Diamond" White führt 9:8, benötigt noch ein Leg, um in das allererste Major-Halbfinale seiner Karriere einzuziehen. White steht bei 70 Punkten Rest. Trifft er die Triple-18, hat er zwei Match-Darts, trifft er die große 18, kann er 20, D16 spielen. Doch sein Dart landet ein großes Feld darunter in der 4. Jetzt sind es 66 Punkte Rest, die große 16 würde ihm zumindest einen Match-Dart auf Bullseye bringen, die Triple-16 den Match-Dart auf der Doppel-9. Diesmal landet sein Dart ein großes Feld darüber, in der 8. White bekommt keinen einzigen Match-Dart. Price hat 50 Punkte Rest und geht seinen üblichen Weg: 10 für die Doppel-20. Er gleicht aus zum 9:9 und schreit ein lautes „Boooommm" in Richtung Publikum.

Zwei Minuten später. Das Entscheidungs-Leg dieses Viertelfinales läuft. Ian White, zu diesem Zeitpunkt immerhin ein siebenfacher PDC-Champion, steht bei 200 Punkten und wirft die letzte 180 der Partie, macht 20 Punkte Rest. Price stellt sich mit einer lausigen 43er-Aufnahme eines der höchstmöglichen Finishes: 160 Punkte. Es gibt die Match-Darts für White auf der Doppel-10. Und gerade nach seiner zuvor erzielten 180 scheint die Partie erneut gelaufen. Doch

White verzieht den ersten Dart knapp nach links in die Doppel-15. „No score!", ruft Caller George Noble. Der 46-Jährige überwirft sich, bleibt kurz am Oche stehen, schaut nach oben, kratzt sich verlegen an der Nase. 160 Punkte Rest. T20, T20 für die D20, diesen Weg wird Price jetzt versuchen, unter dem Raunen der knapp 5000 Zuschauer im riesigen Pavillon von Minehead. Und tatsächlich, er schafft es. Cool, wie ein „Iceman" eben, spielt er im entscheidenden Moment das vierthöchste Finish im Darts, um zum ersten Mal in das Halbfinale eines Major-Turniers einzuziehen. Ein Aufschrei. Nicht zu glauben, dass White seine Chance nicht nutzen kann und Price zu dieser Höchstleistung imstande ist.

Er steht im Halbfinale gegen Alan „Chuck" Norris, den BDO-WM-Finalisten aus dem Jahr 2014. Best of 21 Legs. Price gibt seine 9:7-Führung zwar noch mal aus den Händen, fängt sich aber rechtzeitig, schnappt sich beim Stand von 9:9 dann doch noch die letzten beiden Legs, indem er abschließend die Doppel-10 trifft. Price steht im Finale. Vor allem seiner Frau Bethan sieht man die Intensität dieser Partien dieses Turniertages an.

Die Pause bis zum Finale beträgt gerade mal 20 Minuten, so besagt es das Regelwerk. Das ist zu wenig Zeit für den unerfahrenen Gerwyn Price. Er findet nicht die richtige innere Einstellung, bekommt zu keinem Zeitpunkt Zugriff auf dieses Finale gegen Peter Wright und so verläuft die Partie von Anfang an einseitig: Wright sichert sich die ersten drei Legs und gibt die Führung nicht mehr aus der Hand. 6:11 steht es am Ende aus der Sicht von Gerwyn Price. Wright gewinnt seinen ersten Major-Titel und dennoch sind diese UK Open natürlich auch für Price ein Meilenstein. Es ist sein bislang größter Erfolg in der Karriere und zudem kassiert er sein bislang höchstes Preisgeld von 35 000 Pfund.

Etikettenbruch

Mit diesen Auftritten macht Price auf sich aufmerksam – auch bei den Verantwortlichen der PDC. Sie wissen genau, dass die Tour Typen wie ihn braucht, weil er polarisiert, weil Fans und Zuschauer sich an ihm reiben. Darts-Etiketten zu brechen, scheint für Gerwyn Price kein großes Ding zu sein. Er macht das einfach. Und das betrifft nicht nur den Namensklau von „The Iceman", sondern sein gesamter Auftritt ist letztlich ein einziger Etikettenbruch: angefangen von einer gewissen Respektlosigkeit gegenüber den Gegnern über die ungewöhnlich emotionale Art, Darts zu spielen, bis hin zu Kleinigkeiten wie den Sieger-Interviews, bei denen er die ungeschriebene Regel missachtet, nach dem Sieg dem Gegner wenigstens ein paar nette, warme, aufbauende Worte mit auf den Weg zu geben. Price macht das nur dann, wenn der Gegner ihn wirklich beeindruckt hat. Ihm sind diese Darts-Verhaltensregeln fremd, er kommt aus einem anderen Sport. Es geht ihm nicht darum, andere zu verärgern oder zu düpieren, er möchte einfach seinen Weg gehen und nimmt dabei Irritationen in Kauf.

Bei den Matches von Gerwyn Price bleibt niemand unbeteiligt. Entweder liebst du sein Spiel, oder du hasst es und bist von seiner zur Schau gestellten Emotionalität, den lauten Schreien auf der Bühne genervt. Die PDC unterstützt seine Entwicklung, lädt ihn im Mai 2017 erstmals zur World Series ein, der Turnierserie, mit der sich der Verband weltweit präsentiert – für die Emotionsbombe eine Bestätigung, dass seine Art, Darts zu spielen, nicht nur geduldet, sondern gemocht wird. Er darf Mitte Mai mit nach Dubai, später im Juli nach Las Vegas. Vor allem für den Ausflug in die Vereinigten Arabischen Emirate gibt es wunderbare Antrittsprämien, so etwas mag der Grinch.

Das Jahr beendet Price auch erstmals mit einem guten Auftritt bei der Weltmeisterschaft. Er ist zum vierten Mal am Start, gewinnt gegen den jungen Ted Evetts sein allererstes Match im Ally Pally. Anschließend bezwingt er Ian White mit 4:1 Sätzen und wird erst im Achtelfinale von der Nummer eins der Welt gestoppt, von Michael van Gerwen. Das Aus in der Runde der letzten 16 bedeutet 27 000 Pfund Preisgeld. Damit schafft der Waliser erstmals den Sprung in die Top 15, auf Weltranglistenplatz 13, und wird für die Premier League nominiert. Die nächste Sprosse auf der Karriereleiter.

Das Jahr 2018 – eine Achterbahnfahrt

Im November 2018 findet der Grand Slam of Darts zum ersten Mal nicht in der alten Civic Hall von Wolverhampton statt. Die PDC hatte sich nach elf Jahren entschieden, von der schon ziemlich heruntergekommenen Stadthalle ins Aldersley Leisure Village zu wechseln. Gerwyn Price ist zum dritten Mal dabei, hatte sich zwei Jahre zuvor als Gruppensieger für das Achtelfinale qualifizieren können, verlor dann aber knapp mit 9:10 gegen den Nordiren Brendan Dolan. 2017 kam das Aus bereits in der Gruppenphase. Das will er 2018 besser machen. Die erste Jahreshälfte ist geprägt von seiner katastrophalen ersten Premier-League-Saison, in der er nicht nur keinen Erfolg hat, sondern auch erstmals in seiner noch jungen Darts-Karriere Motivationsprobleme auftreten. Sosehr es für Spieler normalerweise eine Ehre ist, Premier League zu spielen und einer der zehn auserwählten Spieler zu sein, Price kommt mit dem häufigen Alleinsein einfach nicht zurecht. Premier League spielen bedeutet, rund fünf Tage die Woche unterwegs zu sein, idealerweise über 17 Wochen. Er ist zu oft von seiner Familie getrennt. „Permanent unterwegs und in Hotels zu sein, das hat mich aus der Bahn geworfen", erkennt er rückblickend.

Das Muskelpaket Price wirkt kraftlos, auch wenn er das eine oder andere gute Ergebnis erzielt. Er hatte vor, in diesem Jahr 2018 die Top 20 zu knacken, dafür fehlt ihm jedoch in den ersten sieben Monaten die Konstanz. „Das Problem bei der Premier League ist, dass sie dich runterzieht, wenn es nicht läuft", erklärt Price. „Das hat dann auch Einfluss auf die Pro-Tour-Events. Dein Selbstvertrauen leidet enorm, wenn du auf großen Bühnen derart eingehst." Ende April erreicht der Waliser sein einziges Finale der ersten Jahreshälfte bei den Austrian Darts Open von Graz, bei 13 Turnieren kommt er nicht über die dritte Runde hinaus. In der gesamten Premier-League-Saison gewinnt er nicht eine einzige Partie. Seine Körpersprache hat an Power verloren, er ist irgendwann nur noch froh, dass diese Liga bald ein Ende hat. Und dann das: Mitte Juni verletzt er sich beim Joggen an der linken Achillessehne. Die Ärzte raten ihm zu einer baldigen OP, doch

Gerwyn möchte bis nach dem World Matchplay warten, denn dafür ist er qualifiziert. Die 7000 Pfund Preisgeld für eine Erstrundenniederlage möchte er sich nicht entgehen lassen. In den Winter Gardens von Blackpool ist er chancenlos gegen Joe Cullen. Es folgen die OP und danach einige Wochen absolute Spielpause.

Diese Unterbrechung bringt ihn zurück auf die Spur – manchmal hilft in einem Mentalsport einfach etwas Abstand. Anfang September hat er wieder Lust, sich zu messen, und ist motiviert für die letzten vier Monate des Jahres, in denen noch viele große und wichtige TV-Turniere anstehen. Mitte September, also nur zwei Wochen nach dem Comeback, gewinnt Gerwyn Price aus dem Nichts heraus das European-Tour-Turnier von Riesa, die International Darts Open. Es ist sein allererster Erfolg auf der European Tour. Mit allem hatte er auf dem Weg nach Riesa gerechnet, aber nicht damit, seinen dritten PDC-Sieg einzufahren, den ersten nach über zwei Jahren.

Für diesen Triumph hätte es kein besseres Timing geben können. Es ist die ersehnte Wende in einem bis dahin ziemlich mauen Jahr 2018. Price saugt den Sieg förmlich auf, der ihm neues Selbstvertrauen gibt. Kurz darauf steht er im Viertelfinale des World Grand Prix, im Viertelfinale der European Darts Championship, erreicht das Halbfinale bei den World Series Finals im österreichischen Schwechat. Als Nächstes steht der Grand Slam of Darts an. „Ich bin mit einer Menge Selbstvertrauen dahin gereist", erinnert sich Price. Im Darts können einige wenige Momente den Gemütszustand eines Spielers entscheidend verändern. Positiv wie negativ. Häufig auch innerhalb eines Matches. Die innere Überzeugung, gewinnen zu können, verdrängt Versagensängste, macht dich zum erfolgreichen Spieler. Price hatte es innerhalb von knapp zwei Monaten in 20 Matches geschafft, die Selbstzweifel zu beseitigen, die ihn von Februar bis Juli 2018 begleitet hatten. Er gewann 14 der 20 Partien. Und gerade jetzt, in dieser Phase des Comebacks, setzt er seine Emotion besonders effektiv ein, kann er sich mit Hilfe seiner aggressiven Körpersprache immer wieder in den gewünschten Gemütszustand versetzen. Und natürlich auch die Gegner nerven.

2018 Eklat beim Grand Slam of Darts – Gerwyn Price wird zum Bad Boy des Darts

Beim Grand Slam of Darts 2018 wird Gerwyn Price in die Gruppe von Simon Whitlock gelost. Nach seinen Siegen über Andrew Gilding und BDO-Weltmeister Glen Durrant ist er frühzeitig fürs Achtelfinale qualifiziert. Sein letztes Gruppenspiel verliert er gegen den Australier Simon Whitlock im Entscheidungs-Leg mit 4:5. Durch seinen Sieg gegen den jungen Josh Payne übersteht er zum ersten Mal in seiner Karriere das Achtelfinale beim GSOD.

Viertelfinale gegen Simon Whitlock

Im Viertelfinale, der Runde der letzten acht, bei der Distanz Best of 31 Legs, muss er wieder gegen Simon Whitlock antreten. Price liegt mit 6:9 Legs zurück. Von Beginn an hat der „Iceman" Schwierigkeiten, in diese Partie zu kommen. Aber er wartet geduldig auf seine Chance, die jetzt, nach knapp einer halben Stunde Spielzeit, gekommen zu sein scheint. Price stürzt sich auf diesen Moment. Er kämpft, wird emotional, plustert sich mit jeder guten Aufnahme auf. Bei der Möglichkeit, auf 8:9 zu verkürzen, ruft ihm Whitlock, während er seine Darts aus dem Board holt und Richtung Tisch geht, offenbar irgendetwas zu. Price steht bei 40 Punkten Rest, setzt noch einmal ab, geht zum Tisch, schaut irritiert. Von außen hat man den Eindruck, jemand habe sich verrechnet, doch dem ist nicht so. Was Whitlock in diesem Moment zu Price gesagt hat, wissen bis heute nur die beiden. Price stellt sich erneut ans Oche – und checkt, 8:9. Es ist ein Fight, ein mentaler Krieg, bei dem die Zuschauer mitgerissen werden. Immer wieder dreht sich der Waliser zum Publikum, schreit lauthals, ballt die Faust. Die Fans jubeln, sie pfeifen, sie buhen, sie reiben sich an Gerwyn Price. Er schafft eine Atmosphäre, wie er sie mag, der Gegner meist nicht so sehr. 15:15, das Entscheidungs-Leg läuft. Bis hierhin hat Price noch kein einziges Mal in dieser Partie geführt. Whitlock hatte schon vier Match-Darts, steht jetzt bei 73 Punkten Rest. Er trifft die 19, macht 54 Rest. Spielt 18 für die D18.

Doch auch dieser Match-Dart verpasst sein Ziel, um drei, vielleicht auch vier Millimeter. Und dann bekommt Price die Chance, 39 Punkte zum Sieg zu löschen. Obwohl er permanent über die Doppel-10 erfolgreich war, spielt er diesmal 15 für die Doppel-12. Der erste Match-Dart sitzt, Price steht im Halbfinale. Er geht an Whitlock vorbei in Richtung Bühnenkante zu den Fans, breitet seine Arme aus, als wären es Flügel, um dann ohne Blickkontakt Whitlock die Hand zu reichen. Jetzt feiern ihn die Fans, weil er zu keinem Zeitpunkt aufgegeben hatte, durchweg aus dem Rückstand heraus dagegenhielt. Solche Matchverläufe sind Gold wert für das Selbstvertrauen.

Finale gegen Gary Anderson

Sonntagnachmittag, 18. November 2018. Gerwyn Price gewinnt das Halbfinale gegen Mensur Suljovic mit 16:12 Legs. Er hält sein gutes Niveau, spielt einen Average von 97 Punkten und zieht zum zweiten Mal in seiner Karriere in ein Major-Finale ein. Dieses insgesamt zwölfte Finale in der Geschichte des Grand Slam of Darts wird noch am Abend gespielt, so wie immer bei diesem Turnier.

Favorit ist eindeutig Doppelweltmeister Gary Anderson, der sich bis hierhin souverän durchgesetzt hat. Der Schotte gewann nicht nur glatt im Achtel- und Viertelfinale gegen Wesley Harms sowie den Deutschen Michael Unterbuchner, er schaltete im Halbfinale auch den topgesetzten Michael van Gerwen aus, mit 16:12 Legs. Und man darf nicht vergessen: Price gehörte zu Turnierbeginn mit einer Wettquote von 40:1 zu den Außenseitern. Es ist das neunte Duell zwischen Price und Anderson. Anderson führt den direkten Vergleich mit 6:2-Siegen an, hat seit Oktober 2015, also seit über drei Jahren, nicht mehr gegen den Waliser verloren.

Gerwyn Price weiß, dass er einen guten Start in dieses Finale erwischen muss. Wenn derart viel im Vorfeld für deine Niederlage spricht, kann nur ein starker Beginn die Gedankenmuster zerstören. Beim Gegner, aber auch bei dir selbst. Es braucht Signale, die zeigen, dass diese Partie anders verlaufen wird als die vier letzten

Begegnungen, die für Price allesamt mit einer Niederlage endeten. Ein 120er High Finish im allerersten Leg zum Beispiel. Das Match ist keine drei Minuten alt und Price emotional bereits auf Betriebstemperatur: alles auf Angriff. Doch Anderson pariert. Der Schotte ist erfahren genug, um zu wissen, dass er sofort dagegenhalten muss. Zum zwölften Mal ist der „Flying Scotsman" bei diesem Turnier dabei, stand 2011 schon mal im Finale, das er damals klar und deutlich gegen Phil Taylor mit 4:16 Legs verlor. Anderson führt 5:3, liegt zur zweiten Pause mit 6:4 in Führung. Man weiß, dass ihm Gerwyn Prices Art, Darts zu spielen, extrem missfällt. Er hasst diese emotionalen Ausbrüche, sie haben beim Dart seiner Meinung nach nichts verloren. Und so entsteht von Beginn an eine ungewöhnliche Spannung auf der Bühne, die beim Stand von 7:7 durch ein paar Worte von Price an Anderson gesteigert wird. Es ist ein Psychokrieg. Immer wieder lässt der „Iceman" Dampf ab, teilweise auch nach gar nicht so guten Aufnahmen. Dadurch nimmt er Tempo aus dem Spiel. Häufig wartet Anderson bereits am Oche, während Price noch jubelt und die Darts aus dem Board ziehen muss. Momente, in denen sich beide auch körperlich ungewöhnlich nahe kommen.

Anderson führt 12:10 in dieser Best-of-31-Partie. Vier Legs trennen ihn noch vom Sieger-Preisgeld in Höhe von 110 000 Pfund. Price hat dennoch seinen Plan umsetzen können, den Druck auf Tour-Veteran Anderson über das gesamte Finale aufrechtzuerhalten. Er hofft, dass dem „Flying Scotsman" dadurch gerade jetzt in der entscheidenden Phase Fehler unterlaufen. Normalerweise schafft es Anderson, so etwas auszublenden, gar nicht an sich herankommen zu lassen, aber an diesem Sonntagabend verliert er seine Linie. Plötzlich dreht auch er sich nach guten Aufnahmen zum Publikum, um es anzustacheln. Die über 2000 Fans stehen komplett hinter dem 47-jährigen Schotten. Immer wieder stimmen sie die Gary-Anderson-Gesänge an. Anderson liegt weiter mit einem Break in Führung. Price trifft die Doppel-5 und bringt seinen Anwurf durch: 12:13.

Die letzte Pause dieses Finales steht an. Danach tun sich beide schwer, Price punktet jedoch besser, checkt am Ende über die Doppel-1 zum 13:13. Er holt sich das 14:13 und geht damit erstmals seit langer Zeit, seit dem 2:1, in Führung. Jede gute Aufnahme begleitet er mit einem Emotionsausbruch, um ihr noch mehr Wichtigkeit zugeben, um sie nachhallen zu lassen. Bei 364 Punkten Rest wirft Price eine perfekte 174er-Aufnahme mit T20, T19, T19. Jetzt bleibt er noch länger stehen, um sich selber abzufeiern. Anderson steht längst wieder am Oche, um das Spiel fortzusetzen, schubst ihn jetzt leicht in Richtung Board, weil er ihn auffordern möchte, die Darts aus dem Board zu holen und das Match fortzusetzen. Referee Paul Hinks greift nicht ein. Für sämtliche Beobachter, für die Zuschauer, Fans, TV-Kommentatoren, ist es nicht leicht abzuwägen, wer sich hier nicht mehr regelkonform verhält. Ist es Price, der zu viel Emotion zeigt und sich damit unsportlich verhält, oder ist es Anderson, der zu früh ans Oche geht und „handgreiflich" geworden ist, den Gegner berührt hat?

Die Fans buhen von jetzt an bei jeder Aufnahme des Walisers. Immer wieder versuchen sie, sein Spiel negativ zu beeinflussen, doch sie bewirken das Gegenteil: Price stacheln die Pfiffe an. Er hat ein großes Grinsen im Gesicht, checkt über die Doppel-20 zum 15:13, gewinnt damit sein viertes Leg in Folge. Und weil er weiß, wie sehr er mit seinen Aktionen den Nerv des Gegners trifft, nimmt er sich wieder Zeit, jubelt, posiert in die Buhrufe der Fans hinein. Er lässt Anderson 38 Sekunden lang warten, bis er das 29. Leg eröffnet. Das ist gefühlt eine Ewigkeit. Und dann hat er 60 Punkte Rest, trifft die 20 und mit dem ersten Championship-Dart die Doppel-20. Price holt sich den ersten Major-Sieg seiner Karriere. Anstatt gleich zum Shakehands auf Gary Anderson zuzugehen, kümmert er sich erst mal um die Fans, woraufhin der Unterlegene relativ bald die Bühne verlässt. Das Händeschütteln, das eigentlich zur Etikette dieses Sports gehört, entfällt. Bei der Siegerehrung, als Price die Eric Bristow Trophy überreicht bekommt, fehlt der Schotte. „Wenn ich der Erste sein muss, der auf diesem Weg gewinnt, dann ist das so", sagt Price im Sieger-Interview kurz nach dem Triumph. „Ich werfe meine Darts, dann muss er warten, bis ich fertig bin. Er mag das nicht? Pech für ihn! Er kommt mit Typen wie mir nicht zurecht. Er sollte sich lieber auf sein Spiel konzentrieren."

Die 21 500 Pfund Strafe, die Gerwyn Price im Januar 2019 zahlen soll, setzen sich wie folgt zusammen: 12 000 Pfund für sein Verhalten im Finale gegen Anderson, 8000 Pfund für sein Verhalten im Viertelfinale gegen Simon Whitlock und 1500 Pfund für anschließende Tweets zum Finale in den sozialen Netzwerken. Price geht mit seinem Anwalt juristisch dagegen vor, er ist nicht bereit, diese hohe Summe zu zahlen. Die DRA (Darts Regulation Authority) reduziert die Strafe dann irgendwann auf 11 500 Pfund – ein erstaunliches Prozedere, das einmal mehr unterstreicht, dass die Regeln der DRA zu ungenau sind, dass sie zu viel Interpretationsspielraum zulassen.

Mit diesem Sieg beim Grand Slam of Darts wird Gerwyn Price zum neuen „bad boy" der Dartszene.

Die PDC geht zu Price auf Distanz. Sie lässt die DRA über die Höhe der Strafe entscheiden, wissend, dass jeder Spieler, der sich bei der Spielergewerkschaft PDPA registriert (was Voraussetzung ist, um bei der PDC zu spielen), sich verpflichtet hat, die Entscheidungen der DRA zu akzeptieren. Price ist der erste PDC-Profi, der sich dieser Abmachung widersetzt, juristisch dagegen vorgeht und damit die Strafe nach monatelangem Hin und Her um beinahe die Hälfte des Betrags reduziert.

Aber nicht nur die PDC geht auf Distanz, sondern vor allem die Fans überschütten Gerwyn, egal, wohin er kommt, mit Häme, mit Pfiffen mit Abneigung. Zudem erhält seine Tochter via Twitter Drohungen, womit der Spaß natürlich endgültig aufhört. Und das alles nur, weil er Emotionen ins Spiel bringt.

Das Wechselwirkungsprinzip

Gerwyn Prices Wirkung bei diesem Turnier lässt sich gut mit dem Prinzip der Wechselwirkung erklären. In der Psychologie und auch der Soziologie ist mit Wechselwirkung das aufeinander bezogene Handeln zweier Personen gemeint. Person A agiert und beeinflusst damit das Verhalten von Person B. In der Physik spricht man von Actio und Reactio, wenn zwei Körper sich wechselwirkend beeinflussen. Gerade in Einzelsportarten ist dieses Phänomen deutlich sichtbar, allen voran im Darts, wo Kontrahenten sehr eng beieinanderstehen und sich permanent beeinflussen.

Die entscheidende Frage bei einem Match ist immer, wer im jeweiligen Moment die Oberhand hat. Wer ist der dominante Spieler? Wer hat die Macht am Oche? Welcher Spieler erlangt das Momentum, das ihm zum Sieg verhilft? Bei einem Duell eins gegen eins kann nur einer die Oberhand haben. Es werden niemals beide Spieler zum selben Zeitpunkt das Gefühl verspüren, ein Match diktieren zu können. Es ist also ein Wechselspiel zwischen beiden Protagonisten. Der eine agiert und dominiert, der andere reagiert und wird in eine passive Rolle gedrängt. Besonders spannend sind Matchverläufe, bei denen das Momentum hin- und herspringt, weil die Begegnung derart ausgeglichen ist. Mal lebt der eine seine Dominanz und plötzlich, weil dem Gegner ein guter Moment gelingt, übernimmt der Gegner. Es ist dann ein permanenter Rollentausch.

Spieler haben unterschiedliche Methoden, die Führung in einem Match zu demonstrieren. Für Gerwyn Price kam wegen seiner Rugby-Vergangenheit nur ein Weg in Frage: der emotionale Ausbruch. Das Spiel mit der Körpersprache entfaltete jedoch erst mit dem zunehmenden Erfolg seine Wirkung, erst als er auch bei Duellen gegen Topspieler spielerisch mithalten konnte.

Zur Veranschaulichung ein Beispiel, das die meisten Hobbyspieler wahrscheinlich kennen: Ich spiele gegen jemanden, der mir deutlich unterlegen ist, sich aber trotzdem emotional extrem abfeiert. Ich gewinne haushoch und empfinde das Verhalten des Gegners eher albern. Es berührt mich nicht, weil ich den Ton angebe, weil ich meinem Gegner das Spiel aufzwänge und er ausschließlich auf mich reagiert. Das identische Verhalten des Gegners nehme ich komplett anders wahr, sobald er mir spielerisch überlegen ist. Dann reagiere ich auf ihn, dann besitzt sein emotionales Spiel eine ganz andere Wucht. Es ist immer die Frage, wer agiert und wer reagiert.

Solange der „Iceman" also dominiert wurde und nur auf den Gegner reagierte, spielte seine Art kaum eine Rolle. Die Wirkung der emotionalen Körpersprache entfaltete sich erst mit seiner spielerischen Dominanz. Erst als Price zum aktiven Part in diesem Rollensystem wurde, mussten sich Gegner notgedrungen mit ihm und seiner Emotion auseinandersetzen. Erst zu diesem Zeitpunkt beeinflusste er das Spiel entscheidend. Und so rechtfertigt sich Price im Januar 2019, nachdem die DRA ihm eine saftige Geldstrafe aufgebrummt hat, mit folgender Aussage: „Ich habe mich genauso verhalten wie vorher! Ich sehe nicht ein, dieses Geld zu zahlen."

Und er hat Recht. Price verhielt sich so wie immer, die Gegner, allen voran Gary Anderson, nahmen seine Körpersprache jedoch anders wahr. Phil Taylor, der zu dieser Zeit bereits in Rente verweilte, sah das übrigens genauso: „Wenn Sie mich fragen, hat Gerwyn nichts Falsches getan. Er hat das gemacht, was viele andere auch immer wieder tun: Michael van Gerwen, Adrian Lewis, Kim Huybrechts, Andy Hamilton, selbst Gary Anderson kann emotional sein. Wenn ich Gerwyn wäre, würde ich diese Strafe nicht bezahlen. Keine Chance. Die PDC erwartet auf der einen Seite, dass die Spieler Entertainer sind. Und dann ist er Entertainer und wird bestraft."

2019 - jede Serie hat irgendwann ein Ende, auch die gegen MVG

Auch zu Beginn des Jahres 2019 steht fest: Mit jedem Jahr verbessert sich Price in der Weltrangliste. Anfang Januar, gleich nach der WM, steht er jedes Jahr im Ranking besser da als im Jahr zuvor. Das ist ungewöhnlich nach sechs Jahren im Profidartsport.

Januar 2015: Nummer 76, Januar 2016: Nummer 31, Januar 2017: Nummer 20, Januar 2018: Nummer 13, Januar 2019: Nummer 7, Januar 2020: Nummer 3.

Gerwyn Price ist kein Jasager, eher ein Querkopf mit eigener Meinung. Ein walisischer Sturkopf eben. Und offenbar gelingt es ihm, die Kritik und die Diskussionen um seine Person größtenteils aus seinem Spiel herauszuhalten. Die Buhrufe der Fans 2019 haben ihn aber teilweise schon gestört. So verweigerte er auf der European Tour einige Male nach einem Sieg das obligatorische Interview, weil die Fans durchweg gegen ihn waren. Dann ist er einfach runter von der Bühne. Wenn Spielerkollegen sich kritisch äußern, ist ihm das ziemlich egal, weil es, gerade im Fall Gary Anderson, um eine komplett unterschiedliche Grundauffassung von Darts geht. Anderson, der sich öffentlich normalerweise eher zurückhaltend äußert, schlug bei der WM 2019 auf den Tisch: „Was hier in den letzten Monaten passiert ist, ist ein Witz. Das ist nicht mehr das Spiel, das ich vor 24 Jahren begonnen habe. Lasst uns einfach wieder Darts spielen, der Bessere soll gewinnen. So einfach ist das." Gerwyn Price könnte niemals „einfach" nur Darts spielen. Er braucht die Emotion, um in seinen Fokus zu kommen. Wenn er das sein ließe, würde seine spielerische Qualität darunter leiden.

Das Jahr 2019 wird das bislang erfolgreichste Jahr in der Karriere des Walisers. Von Beginn an verfolgt er das große Ziel, seinen Titel beim Grand Slam of Darts zu verteidigen. Der erneute Triumph soll seine Antwort auf die permanente Diskussion um das Finale 2018 sein, mit dem er noch ein bisschen mehr in die Sonderrolle des Einzelgängers gedrängt wurde. 2019 legt er spielerisch derart zu, dass kein Darts-Fan an ihm vorbeikommt. Anfangs sind es die guten Turnierergebnisse, die starke Premier-League-Saison, die begeistern. Ab September ist es vor allem das Duell mit Michael van Gerwen. Sie agieren beide auf einem Niveau, das in der zweiten Jahreshälfte kaum ein anderer Spieler erreicht. Nach der Titelverteidigung auf der European Tour, bei den International Darts Open von Riesa, kann Price den Weltranglistenersten dann endlich zum ersten Mal besiegen, im Halbfinale des Grand Slam of Darts.

17. November 2019. Es ist der sage und schreibe 20. Anlauf von Price, endlich die Nummer eins der Welt zu besiegen. Von den letzten

fünf Duellen des Jahres 2019 verlor Price vier im Entscheidungs-Leg, in der Premier League trennten sie sich 7:7 unentschieden. 14 Tage zuvor gab es die letzte Begegnung der beiden, im Achtelfinale der World Series Finals, als van Gerwen 6:5 gewann. Doch diesmal nimmt die Begegnung einen anderen Verlauf. Price kann endlich mal ein Match gegen van Gerwen von vorne spielen. Nach knapp einer Viertelstunde führt er mit 4:1, später, zur zweiten Pause, mit 6:4 Legs. Dabei steht van Gerwen bei einem 108er-Average, er hält die Intensität in dieser Partie hoch und häufig ist es nur eine Frage der Zeit, wann der Gegner unter van Gerwens Druck einbricht. Vor allem bei dieser Distanz, die im Halbfinale des Grand Slam of Darts gespielt wird: Best of 31.

Auch wenn MVG zwischenzeitlich zum 9:9 ausgleicht: Price hält dagegen, behauptet sich in diesem bemerkenswerten Schlagabtausch, führt 12:10 und 14:11. Van Gerwen bekommt jetzt noch mal eine Gelegenheit, kann aber 87 Punkte zum Break nicht checken. Das 15:11 hält Price so fest in seinen Händen wie früher das Rugby-Ei, wenn er auf dem Weg war, den nächsten Try zu spielen. 56 Punkte sind übrig, es ist seine erste Chance zum Sieg. Doch Price verpasst. Den ersten Match-Dart wirft er unterhalb der Doppel-20, den zweiten oberhalb der Doppel-10. Van Gerwen macht es besser, trifft die Doppel-10 zum 12:15. Und jetzt spüren beide den Druck, sie werden ungenauer. Bei 242 Punkten Rest, trifft Price endlich zwei Triples mit einer Aufnahme: 102 Punkte Rest. MVG steht bei 152 Punkten. Price spielt T20, 2 für Tops: nächster Match-Dart. Wieder denkbar knapp vorbei, diesmal oberhalb der Doppel-20. Price schüttelt den Kopf, führt ein kurzes Selbstgespräch. Und auch wenn van Gerwen die 152 Punkte nicht checkt, trifft er zwei Triples, stellt sich die Doppel-6. Nächste Chance für Price, endlich diesen Sieg gegen van Gerwen perfekt zu machen. Er steht am Oche, konzentriert sich und setzt gleich den ersten Dart in die Doppel-20. Es ist geschafft. Im 20. Versuch besiegt Price den mächtigen Michael van Gerwen. Er springt wie ein Flummi auf der Bühne herum, geht zum Gegner, der ihm anerkennend zunickt und offenbar freundliche Worte spricht.

Damit zieht der „Iceman" erneut in das Finale des Grand Slam of Darts ein. Was folgt, ist ein überragendes Match gegen Peter Wright, bei dem er sich noch einmal steigert: 107,86 Punkte im Schnitt über 22 Legs. Mit diesem Sieg klettert Price um zwei Weltranglistenplätze nach vorne und ist zum ersten Mal die Nummer drei der Welt. Jetzt sehnen sich alle nach diesem Duell von Price und van Gerwen, die dann auch gleich in der Woche darauf, bei der Generalprobe auf die WM, den Players Championship Finals, das Finale bestreiten, das MVG mit 11:9 gewinnt. Viele Fans hoffen auf die Begegnung der beiden besten Spieler im Jahr 2019 im größten Finale des Jahres bei der Weltmeisterschaft im Alexandra Palace. Doch dazu kommt es nicht, weil Peter Wright die WM seines Lebens spielt und sich im Halbfinale gegen Price mit 6:3 Sätzen durchsetzt.

Dennoch krönt das WM-Halbfinale für Gerwyn Price ein bemerkenswertes Jahr. Er gewinnt insgesamt fünf Turniere, steht mit den European Championships sowie den Players Championship Finals im Finale zweier TV-Events und spielt über eine halbe Million Pfund ein: 540 250 Pfund genau. Dazu kommen die 100 000 Pfund Preisgeld von der WM 2020. Damit festigt der Grinch seine Position in den Top Fünf der Welt.

Price ist ein Gewinn für die Tour

Gleichgültig, ob man sein Spiel mag oder nicht: Gerwyn Price ist eine Bereicherung für die Profidartszene. Er ist als ehemaliger Rugbyspieler einen ungewöhnlichen Weg gegangen. Dart, das letztlich erst durch Phil Taylor in den 1990er-Jahren zum Leistungssport wurde, hat noch viele unentdeckte Möglichkeiten. Wir werden in den nächsten Jahren noch ganz andere Wege und Typen kennenlernen, die sich in der Weltspitze festsetzen. Und das liegt daran, dass dieser Sport bei weitem nicht ausgereizt ist, auch die Topspieler haben die Grenze des Machbaren noch nicht erreicht. Das Niveau auf der Profitour, da sind sich alle Spieler einig, wird weiter steigen.

Ob es im Profidartsport dann noch Quereinsteiger wie Gerwyn Price geben wird? Eher unwahrscheinlich. Wie bei Sportarten, die schon viel länger professionell und wissenschaftlich an der Verbesserung der Fähigkeiten der Sportler arbeiten, zum Beispiel Fußball, Tennis, Handball oder Basketball, werden irgendwann auch Dartspieler eine jahrzehntelange Ausbildung brauchen, um Weltspitzenniveau zu erreichen und zu halten. Was bedeutet, dass man sich diese speziellen Fähigkeiten sehr früh aneignen muss, schon als Kind oder Jugendlicher, um später konkurrenzfähig zu sein.

Gerwyn Price hat 2014 die Gunst der Stunde genutzt. Und wenn er sich heute neu für eine Profikarriere entscheiden müsste? Da muss der ehemalige Hooker nicht lange nachdenken: Er würde sich immer für die Rugby-Laufbahn entscheiden.

Tagebuch

28. Mai

Was für ein großartiges Telefonat mit Nathan Aspinall. Auch ich wusste bislang viel zu wenig über ihn und sein bewegtes Leben. Über eine Stunde lang hat das Gespräch gedauert und wenn es etwas gibt, was jeder von Nathan Aspinall lernen kann, dann an sich zu glauben.

Zum Thema Corona-Krise und Pause auf der Tour: Er hat richtig Angst zurückzukommen. Ähnlich wie Gerwyn Price fällt es ihm extrem schwer zu trainieren. Nathan glaubt, dass das Niveau beim World Matchplay, sollte es denn im Juli stattfinden, miserabel sein wird. Laut seinen Informationen hofft die PDC, dass in rund drei Wochen, das erste Pro-Tour-Event stattfinden kann. Und sobald das Signal rausgeht, wird er ans Trainingsboard gehen und viele Stunden täglich arbeiten. So wie er das früher getan hat. „Ich bin in letzter Zeit zu Hause am Trainingsboard ziemlich faul geworden, weil die Anzahl an Turnieren so hoch ist", bekennt er. Wenn Nathan mal zu Hause ist, dann genießt er die Zeit mit seiner Frau und den Töchtern. Also, davon gibt es jetzt reichlich.

28. Mai

Michael van Gerwen hat sich heute auf seinem YouTube-Kanal gemeldet. Wenn dieser Ausnahmezustand etwas Positives habe, dann die Erkenntnis, dass er seinen Sport, die Tour, die Kollegen echt vermisse. „Wenn man so viele Tage im Jahr auf Turnieren unterwegs ist, vergisst man, wie besonders das ist, wird dieses privilegierte Leben zur Normalität." Sein Sieg bei den UK Open liegt jetzt fast drei Monate zurück. Er zwinge sich regelrecht, ans Board zu gehen und zu trainieren, aber einfach sei das nicht. Was vor allem fehlt, sind die Matches. „Die Trainingsroutine ist schnell zurückgekommen, Übungen beispielsweise auf die Doppelfelder laufen wie immer", sagt

MVG, „aber das ersetzt die Matchpraxis nicht. Das Agieren unter mentalem Druck kannst du im Training nicht simulieren." Und so trainiert er jetzt verstärkt mit seinem Kumpel Vincent van der Voort.

Michaels Tochter geht wieder in den Kindergarten und wundert sich, dass Papa durchweg zu Hause ist. Sohn Mike kam im April zur Welt „Er hat anfangs viel geschrien", erzählt Michael, „die Nächte waren unruhig". Im Tour-Modus hätte van Gerwen das nur aus Erzählungen seiner Frau Daphne gehört und tief und fest in irgendeinem Hotelbett irgendwo in Großbritannien oder Europa geschlafen.

5. Juni

Heute wurde bekanntgegeben, dass das World Matchplay am ursprünglichen Termin stattfinden wird: 18.–26. Juli 2020. Ganz ehrlich, ich freue mich riesig über diese Nachricht, weil damit auch feststeht, dass ich im Juli neun Tage arbeiten kann. Natürlich vorausgesetzt, DAZN überträgt, aber davon ist wohl auszugehen. Unklar ist noch, ob das Turnier mit oder ohne Zuschauer stattfindet, dazu will sich die PDC am 4. Juli äußern. Das große Problem ist und bleibt für Veranstalter, dass niemand vorhersagen kann, wie die Situation in den nächsten Monaten sein wird. Gäbe es seitens der Politik eine Zusage für ein Zuschauer-Event im November, hätte man den Turniertermin verschoben. So aber möchte man zumindest den traditionellen Juli-Termin des World Matchplay wahren, das ja immer als Gegenpol zur Weltmeisterschaft im Sommer stattfand. Sollten im Juli keine Zuschauer erlaubt sein, würde man das Turnier zum ersten Mal in seiner Geschichte nicht im Empress Ballroom von Blackpool austragen. Was ein Jammer wäre, da dieses Ambiente den Charme der Veranstaltung enorm geprägt hat. Der Empress Ballroom ist einer der größten und ältesten Festsäle der Welt, die goldene Decke immer wieder ein Hingucker.

Auch die PDC ist erleichtert, weil damit feststeht, dass sie ab Juli wieder Turniere austragen kann. Zwischenzeitlich bestand tatsächlich die Sorge, dass bis November gar nichts geht.

5. Juni

Nach 43 Turniertagen hat die PDC Home Tour ihren Sieger gekürt: Nathan Aspinall. „The Asp" hat sich am Finalabend gegen Jelle Klaasen, Gary Anderson und Jonny Clayton durchgesetzt. Es war ehrlich gesagt der einzige Spieltag der Home Tour, den ich mir komplett angesehen habe. Auf Dauer möchte ich schon den Wurf eines Spielers sehen, seine Reaktion. Das ist ja entscheidend in einem Mentalsport. Die Kameras der Spieler waren ausschließlich auf das Board gerichtet. Auch im Finale wurde in einer Viererruppe jeder gegen jeden gespielt. Das Niveau war Weltklasse, Aspinall hat alle drei Matches gewonnen. Es war ja ein Turnier, bei dem kein Preisgeld ausgeschüttet wurde. Dafür zahlte die PDC jedem Spieler eine Antrittsgage. Der größte Gewinner dieses Turniers, finanziell gesehen, müsste Gary Anderson gewesen sein. Nachdem er zunächst seine Teilnahme abgesagt hatte, weil seine WLAN-Verbindung zu schlecht war, meldete sich ein Telefonanbieter und so hatte Anderson nun nicht nur eine wunderbare Internetverbindung, sondern auch noch einen neuen Sponsor. Perfekt. Game on!

Eine »180« auf Union Berlin. Wenn es zeitlich passt, bin ich gerne zu Besuch in der Alten Försterei. © privat

WM-Finale 2018 mit Rekordeinschaltquote. Phil Taylor verliert zum Abschluss seiner Karriere im WM-Finale gegen Rob Cross. Es ist mein letzter Übertragungstag für SPORT1, bei dem wir mit Max Hopp und Shorty Seyler ein kleines Kapitel deutsche Darts-Geschichte schreiben: bis zu 2,7 Mio Zuschauer sitzen vor den TV-Geräten. © privat

Lederhose meets Darts. Peter Wright bekommt sein allererstes Wiesn-Outfit. Der German Darts Grand Prix in Münchens Zenith steht an. Ich darf die drei Tage in Tracht moderieren. © privat

Ein Lebenstraum wird wahr. Peter Wright gewinnt die WM 2020. An seiner Seite posiert Ehefrau Joanne, die immer an ihn und seinen Erfolg geglaubt hat. © privat

Ein letztes, langes Interview mit Phil Taylor vor der WM 2018. Er war damals bereit, sich vom Profi-Darts zu verabschieden. © privat

Die »Queen of the Palace«, Fallon Sherrock, schreibt Dartsgeschichte und löst ein weltweites Interesse aus. Sie ist die erste Frau, die bei der PDC-WM gegen einen Mann gewinnen kann.
© Lawrence Lustig/PDC

Joe Cullen gewinnt 2019 das European Matchplay von Mannheim. Es ist sein erster Sieg auf der European Tour.   © privat

Selfie mit Darts-Legende John Lowe. Im Oktober 1984 warf er den ersten 9-Darter im TV und kassierte 102.000 Pfund.   © privat

Medientag im Vorfeld der Premier League Saison 2019. Einer der angenehmsten Gesprächspartner auf der Tour, Raymond van Barneveld, vor seiner letzten Premier League Saison.
© privat

Gerwyn Price feiert mit seinen beiden Töchtern seinen Sieg beim Grand Slam of Darts 2019.   © Lawrence Lustig/PDC

Caller George Noble und Peter Wright im Jahr 1980. In der Kneipe von George Nobles Vater begann die Karriere von Peter Wright.
© George Noble

Bereit zum Baumfällen. Die Road to Ally Pally 2016 startet bei den Wrights. Gleich beginnt die Suche nach dem geeigneten Weihnachtsbaum.   © privat

World Cup of Darts. Die Team-WM war für Max Hopp & Co bis 2019 immer ein Heimspiel auf deutschem Boden. © Lawrence Lustig/PDC

Treffen auf der European Tour, Players Lounge. Kurz auf Foto-Jagd. Martin Schindler während der Vorbereitung auf sein Match. © privat

Phil Taylor auf seiner Lieblingsbühne im Empress Ballroom des World Matchplay. © Lawrence Lustig / PDC

Dimitri »Dreammaker« van den Bergh erfüllt sich mit »Corona-Bart« einen Riesentraum und gewinnt das World Matchplay. Es ist eine der großen Überraschungen im Ausnahmejahr 2020.
© Lawrence Lustig / PDC

Kapitel 6
Nathan Aspinall – der Believer

Es muss im Herbst 2017 gewesen sein, Nathan Aspinall erinnert sich nicht mehr an den genauen Tag, als seine Großeltern ihn zum Abendessen luden, weil sie mit ihm etwas besprechen wollten. Die Einladung entpuppte sich als der nächste Versuch, Nathan von seinem Vorhaben abzubringen, Dartprofi zu werden. Die Familie machte sich Sorgen, alle dachten, er würde sich in einem Wunschtraum verirren. Jetzt, mit 26 Jahren, sollte er seine Energie in die wichtigen Dinge stecken. Nathan war gerade zum zweiten Mal Vater geworden und machte eine Ausbildung zum Buchhalter, weil er mit Zahlen umgehen konnte und einfach Geld brauchte. Das Konto war leer.

Der Traum vom Fußballprofi

Als Kind liebte Nathan Fußball. Er spielte jeden Tag, stand immer im Tor. „Ich habe zwei linke Füße, deshalb wollte ich immer Torwart sein", sagt er. Er galt als Talent und Fußball lenkte ihn damals auch von der Trennung seiner Eltern ab, mit der er sich schwer tat. „Das war keine gute Zeit, meine Eltern stritten sich oft, da bin ich immer wieder auf den Fußballplatz." Zu Hause waren sie vier Kinder. Nathan wollte Fußballprofi werden wie die meisten Jungs in England. Mit neun Jahren entdeckten ihn die Talentscouts von den „Hatters", dem traditionsreichen Verein Stockport County FC. Sie luden ihn zu einem Sichtungslehrgang ein, doch am Ende durfte er wieder nach Hause gehen, er wurde nicht genommen. Drei Jahre später, als er zwölf war, entschied sich dann ein viel größerer Club für ihn: Manchester United.

Wer wie Aspinall in Stockport aufwächst, dessen Herz schlägt in der Regel für ManU. Das für seine Hutindustrie bekannte Stockport liegt etwa zehn Kilometer südöstlich von Manchester. Aspinall lebt bis heute mit seiner Familie in seiner Geburtsstadt. Manchester United war in dieser Zeit das Nonplusultra der englischen Premier League. Hin und wieder ging Nathan mit seinem Vater ins Old Trafford, das legendäre Stadion von ManU. Doch mit 15, 16 Jahren endete der Traum vom Profifußballer. Nathan wurde aus dem ManU-Kader aussortiert, weil er angeblich für die Torwart-Position nicht groß genug war. Es gab andere Angebote, von den Glasgow Rangers beispielsweise, aber diesen Schritt nach Schottland wollte die Familie nicht gehen. Er spielte noch ein, zwei Spielzeiten auf semiprofessionellem Niveau, doch am Ende war die Enttäuschung zu groß. Aspinall hängte die Fußballschuhe an den Nagel.

Trotzdem gibt ihm der Sport auch später in seinem Leben irgendwie immer Halt. Nathan kann sich einfach auf sein Talent verlassen, wenn es um Bälle, Schläger, Werfen, Schießen oder sonst was geht. Ob im Tischtennis, auf dem Tennis- oder dem Golfplatz: Er lernt schnell, hat eine gute Hand-Auge-Koordination. Golf ist bis heute seine zweite große Leidenschaft neben Darts. Sein Vater nahm ihn früh mit auf den Golfplatz, er bekam Trainerstunden, spielte am Wochenende regelmäßig Turniere. Bis heute hält er sein einstelliges Handicap. Sein Lieblings-Eisen ist die 7, mit dem er knapp 160 m weit schlägt. Das spricht schon für sich. Wenn es passt und ein Golfplatz in der Nähe ist, schlägt er auch in einer PDC-Turnier-Woche gerne ein paar Bälle ab. Beim World Grand Prix in Dublin beispielsweise, wo zum Hotel ein wunderschönes Golf Resort gehört mit zwei 18-Loch-Plätzen, auf dem internationale Profiturniere wie das Irish Masters ausgetragen werden. Da sieht man einige Dartprofis oder Offizielle, die regelmäßig Golf spielen, angefangen vom Caller Russ Bray, Wayne Mardle, Rod Harrington, Paul Nicholson, Mervyn King. Und während Aspinall davon erzählt, fällt auch der Satz, dass er von allen Dartspielern der Beste im Golf sei. Irgendwie ist ihm diese Aussage wichtig. Sie zeigt ganz gut, wie er tickt: Nathan Aspinall hat einen unbändigen Ehrgeiz und Willen, mit dem er es trotz vieler Widrigkeiten und entgegen wohlgemeinten Ratschlägen in die Weltspitze der PDC geschafft hat.

Ein Schulabgänger mit unsauberem Wurf

Nathan ist kein guter Schüler. Im Jahr 2007, mit 16, geht er von der Schule ab und hängt mit den falschen Leuten ab. „Ich habe ganz schön oft Mist gebaut", sagt er heute. Er hat keine Perspektive, trinkt auch öfter mal ein paar Bier zu viel in „The Fingerpost", einem typisch britischen Pub mit drei kleineren Räumen. Es gibt einen Billardtisch und zwei Dartboards, die in der Ecke hängen. Obwohl sein Vater und sein Großvater gute Dartspieler sind, hatte Nathan bis dahin nie einen Dart in die Hand genommen. Er sah sich auch keine TV-Übertragungen an, nicht mal die WM. Von den Stars der 1980er- oder 1990er-Jahre kannte er niemanden. Spieler wie Jocky Wilson oder Lazarenko? Nie gehört.

So wie in den meisten anderen Sportarten wird Nathan auch im Dart ziemlich schnell gut, spielt erste kleinere Turniere, gewinnt hier und da ein paar Pfund. Stockport ist ähnlich wie Stoke-on-Trent eine Darts-Hochburg. Nicht nur, weil Weltklassespieler wie Tony O'Shea, Darryl Fitton oder Mark McGeeney von hier sind. Die Stadt mit über 100 000 Einwohnern, hat 36 Dartteams und eine große Tradition. Spieler kommen von außerhalb, um immer am Dienstagabend am Turnier teilnehmen zu können. Das Niveau auch in der Liga ist ungewöhnlich hoch. Nathan muss sich von Anfang an gegen gute Pub-Spieler durchsetzen. Er erkennt sein Talent, trainiert, spürt, dass er Fortschritte macht, will besser werden. Und es dauert tatsächlich nur ein paar Monate, bis er für eines der Teams spielen kann und kurze Zeit später sogar die Individuals von Stockport gewinnt, das Einzelturnier. Das war sein erster bemerkenswerter Sieg, weil er sich dabei gegen etablierte Spieler aus der Region durchsetzte. Schon damals hatte er diesen sehr eigenen Wurfstil, mit dem Impuls aus dem rechten Sprunggelenk. „Mich schreiben häufig Fans an und fragen, wie sie an ihrer Technik arbeiten können", erzählt Nathan. „Ich antworte ihnen dann immer: Macht es einfach anders als ich. Ich habe einen unsauberen Wurf." Damals war seine Wurftechnik aber noch deutlich wilder als heute. Er lehnte sich weit nach vorne, hatte diese große Unruhe im Körper. Jeder Wurf war ein kleiner Sprung. Später arbeitet er sogar mit Gewichten, die ihn am Boden halten sollen, um den Impuls aus dem Sprunggelenk einzudämmen. Wer sich Aufnahmen von Aspinalls allererstem Bühnenmatch anschaut, im Juni 2015 auf der European Tour, in den Niederlanden gegen Jamie Robinson, kann gut erkennen, wie sehr der Mann aus Stockport an seiner Technik gefeilt hat. Aber auch wenn seine Wurfbewegung es wohl nicht in ein Darts-Lehrbuch schaffen würde: Im Dart ist alles erlaubt, solange dir der Erfolg recht gibt. Doch bis dahin war es für „The Asp" noch ein ziemlich langer Weg.

Ein Vermieter mit Herz für Darts

2011 werden Nathan und seine Freundin Kirsty-Louise zum ersten Mal Eltern, ihre Tochter Brooke kommt zur Welt. Nathan ist da gerade mal 19 Jahre alt. So wirklich weiß er nicht, wohin die Reise geht, welchen Weg sein Leben nehmen soll. Und so versucht er sich im April 2012 zum ersten Mal auf der PDC Development Tour. Die reine Neugier treibt ihn zu diesem Nachwuchsturnier der PDC. Er möchte wissen, auf welchem Niveau dort gespielt wird. Das hat nichts, aber auch gar nichts mit irgendwelchen Plänen hinsichtlich einer Profilaufbahn zu tun, daran verschwendet er zu diesem Zeitpunkt noch überhaupt keinen Gedanken. Bei sieben Starts in 2012 erreicht Aspinall einmal die dritte Runde, das war's. Aber er hat Blut geleckt. Diese Veranstaltungen des Profiverbands machen ihm Spaß, weil sie international besetzt sind. Er kommt damit auch raus aus Stockport. So lässt er 2013 kein einziges Event der PDC-Challenge Tour aus, der zweiten Liga der PDC. Und es kommen auch erste kleinere Erfolge: Mit inzwischen 22 Jahren steht er in seinem ersten Halbfinale der Challenge Tour, unterliegt einem gewissen Max Hopp aus Deutschland mit 2:4. Hopp scheitert anschließend im Finale an Matthew Dennant. Aspinall sammelt in dieser Zeit zwar wichtige Erfahrungen, Geld verdienen lässt sich für den Vater einer jungen Tochter mit dem Dartspiel jedoch nicht. Die Challenge Tour Events sind mit gerade mal 3000 Pfund dotiert, als Sieger erhältst du ein Preisgeld von 500 Pfund. Aspinall spielt im Jahr 2013 auf der PDC Challenge Tour insgesamt 550 Pfund ein. Und dennoch ist es irgendwie ein Einstieg in Richtung Profidart.

Wie es der Zufall will: Aspinalls Vermieter ist kein sonderlich guter, aber ein begeisterter Dartspieler. Er spielt die Pub-Turniere in Stockport regelmäßig mit, verfolgt Nathans Ausflüge auf dem PDC-Circuit. Anfang Januar 2014 möchte er wissen, ob Nathan sich jetzt auch für die Qualifying School angemeldet habe. Nathan verneint, er ist zu dieser Zeit völlig blank, hat die nötigen 450 Pfund dafür einfach nicht. Doch diese Chance möchte sein „Landlord" ihm gerne ermöglichen. Er übernimmt die Startgebühr und so versucht sich Nathan erstmals an der Qualifying School. Es geht darum, sich durch gutes Abschneiden bei vier aufeinanderfolgenden Turnieren eine Tour Card zu sichern. Aspinall kommt nicht einmal über die Runde der letzten 64 hinaus. Aber die in der Q-School gesammelte Erfahrung hilft ihm ein Jahr später.

Mit Opa auf der Tour

2015 kann Nathan sich zum ersten Mal die ersehnte Tour Card erkämpfen. Damit ist er für die gesamte Pro Tour qualifiziert. Zusätzlich spielt er die Development Tour. „The Asp" will so viel Matchpraxis wie möglich sammeln. Er qualifiziert sich zum ersten Mal für die UK Open und nimmt Anfang März seinen Großvater mit nach Minehead zum Turnier. Das liegt im Südwesten Englands, rund vier Autostunden entfernt von Stockport. Die UK Open sind sein allererstes PDC-Major-Turnier. Aspinall unterliegt in der vierten Runde an einem Nebenboard gegen James Wade. Aber er hat es immerhin in die erste Abendsession geschafft – ein durchaus gutes Resultat, für das es 3000 Pfund Preisgeld gibt. Nathan hatte gehofft, vielleicht ein Match auf der Hauptbühne spielen zu können, im TV, doch dazu kommt es nicht. Und dennoch: Er genießt es so sehr, Teil des Turniers zu sein, dass Opa Alan und er noch einen Tag dranhängen, als Zuschauer auf der Hauptbühne. „Mein Opa ist sparsam", sagt Aspinall grinsend, „wir saßen irgendwo hinten im letzten Eck." Seiner Euphorie tat das keinen Abbruch. Nathan verspricht seinem Großvater an diesem Tag, dass er dieses Turnier einmal gewinnen wird. Für den Opa klingt das im März 2015 wie Spinnerei, doch Nathan meint es sehr ernst.

2015 ist ein gutes, das bis dahin beste Jahr für Nathan Aspinall auf dem PDC Circuit. Im Juni zieht er erstmals ins Achtelfinale der European Tour ein. In den Niederlanden besiegt er unter anderem Lokalmatador Vincent van der Voort. Durch diese Erfolge realisiert er, dass eine Profikarriere tatsächlich möglich ist. Sein großer Traum nimmt Konturen an. Und weil er parallel auch die Development Tour spielt, verbringt er viel Zeit mit anderen hoffnungsvollen Talenten, anderen Träumern wie Max Hopp, Keegan Brown, Adam Hunt, Luke Humphries, dem Belgier Dimitri van den Bergh. Sie alle schnuppern Profi-Luft, bekommen mit, was es auch finanziell bedeuten kann, den Sprung in die Weltspitze zu schaffen. Sie hören Geschichten über die Topstars, die ihnen den Mund wässrig machen. 2015 erreicht Nathan Aspinall dann das Finale der World Youth Championship. Er hat im Viertelfinale Josh Payne bezwungen, im Halbfinale den Österreicher Roxy-James Rodriguez, den älteren Bruder von Rowby-John. Im Finale trifft er erneut auf Max Hopp.

Finale der World Youth Championship gegen Hopp

Das Finale der World Youth Championship wird zwischen dem Halbfinale und Finale der Players Championship Finals gespielt, in Minehead, wo er im März die UK Open bestritt. Diesmal darf er auf die Hauptbühne, es wird sein allererstes Match im englischen Fernsehen. Wenn Aspinall daran zurückdenkt, erinnert er sich, dass Max Hopp damals auch in England als großes Talent galt und viel erfahrener war. Hopp wusste, wie es sich anfühlt, auf einer solchen Bühne zu stehen, vor über 4000 Zuschauern. Er hatte WM-Erfahrung im Ally Pally gesammelt, den World Cup für Deutschland in Deutschland gespielt. Und auch schon Fernsehinterviews gegeben. Für Nathan ist das alles neu, dieses Finale hat eine neue Dimension. Es geht nicht nur um den Sieg in diesem Finale, um den Titel des World Youth Champions, es geht für ihn vor allem darum, sich zum ersten Mal für den Alexandra Palace zu qualifizieren, denn nur der Sieger kommt zur WM nach London. Viel fehlt am Ende nicht. Beim Stand von 4:4 checkt Aspinall 90 Punkte Rest über das Bullseye. Es wird die Distanz Best of 11 Legs gespielt. Max gleicht zum 5:5 aus. Die Partie ist unglaublich umkämpft. Max Hopp wirft im Entscheidungs-Leg eine 180 und eine 140, lässt aber seine ersten Match-Darts liegen. Und dann hat Aspinall die Chance bei 101 Punkten Rest. Er trifft die T20, geht über die 9 und hat einen Championship-Dart. Doch der verpasst ziemlich deutlich die D16. Aspinall schlägt die Hände über dem Kopf zusammen, so wie er es auch heute noch nach vergebenen Möglichkeiten tut. Die Anspannung ist ihm ins Gesicht geschrieben. Und Max checkt über die D5 zum Sieg. Diese Niederlage tat richtig weh, erzählt Aspinall, er hatte ein halbes Jahr lang daran zu knabbern. Immer wieder dachte er an diese eine Chance zurück, die er nicht nutzen konnte. Er war einen einzigen Dart entfernt von der Teilnahme bei der Weltmeisterschaft. Aber so ist Darts. Es geht darum, in wichtigen Momenten, millimetergenau zu werfen. Du hast eine Chance, die dir weitere Möglichkeiten bringt oder dich, wenn du sie vergibst, ins Abseits katapultiert.

Morgens Buchhalter, abends Darttraining

Anfang 2017 verliert Nathan Aspinall seine Tour Card. Es ist ein Schock, vor allem für die Familie, für seine Eltern, seine Großeltern. Doch im Gegensatz zu ihnen ist Nathan weiterhin fest davon überzeugt, dass er es als Dartprofi schaffen kann. Er geht eine Doppelbelastung ein: Einerseits will er die Ausbildung zum Buchhalter durchziehen, andererseits das Training nicht vernachlässigen. So trainiert er abends nach der Arbeit täglich noch einige Stunden. Mehr als vier, fünf Stunden Schlaf findet er in dieser Zeit nicht. Die Belastung über Wochen und Monate ist immens. Und hat zur Folge, dass sein Dartspiel leidet. Immer wieder bitten oder flehen ihn die Eltern und Großeltern förmlich an, seinen Traum abzuhaken, damit er sich mehr um seine Freundin und seine Tochter kümmern kann. Er solle sich auf seine Ausbildung zum Buchhalter konzentrieren. Für Aspinall ist das keine Option.

Auch ohne Tour Card kann er die Challenge Tour spielen. Er qualifiziert sich zudem für einige European-Tour-Turniere, was finanziell zu einem wichtigen Faktor wird. Doch diese Wochenenden, an denen er immer wieder enttäuscht und ohne Preisgeld nach Hause kommt, kosten Kraft, nagen nicht nur an seinem Selbstvertrauen, sondern haben immer wieder zur Folge, dass sich die Sinnfrage stellt, ob die Profitour das Richtige ist für ihn. 2017 tritt Nathan 28-mal bei einem PDC-Turnier an, ohne Preisgeld mit nach Hause zu bringen. Von Januar bis Mitte April spielt er in dreieinhalb Monaten 1100 Pfund ein. Davon kann niemand leben, schon gar keine Familie. Es ist unglaublich, wie Aspinall all diese sportlichen Tiefschläge wegsteckt. Im Boxen würde man von Nehmerqualitäten sprechen, weil der Gegner immer wieder harte Treffer landet, die aber nicht zum K. o. führen. Er ist angewiesen auf das maue Gehalt seines Arbeitgebers, knapp 2000 Pfund brutto monatlich. Aber zum Glück gibt es auch kleine Lichtblicke, wie den ersten Challenge-Tour-Sieg im Mai 2017. Daran krallt der 25-Jährige sich fest, richtet sich daran auf. Im Juni qualifiziert er sich für die European Tour. Es geht nach Hamburg, wo er gegen den unbekannten Chris Quantock gewinnt, in Runde zwei aber mit 5:6 am Spanier Cristo Reyes scheitert. Für das Erreichen der zweiten Runde kassiert „The Asp" zwar stolze 2000 Pfund, aber wenn er den Match-Dart gegen Reyes verwertet hätte, wären es mindestens 3000 Pfund gewesen. Aspinall erzählt, dass er sich im Match bewusst wird, welche Auswirkung das Verpassen einzelner Darts hat. Checke ich und kassiere die 1000 Pfund extra, mit denen zumindest die Monatsmiete gesichert wäre, oder eben nicht. Das sind existenzielle Ängste, mit denen du enorme Drucksituationen, wie ein Mentalsport sie ja ohnehin mitbringt, eigentlich nicht bestehen kannst. Deshalb sehen die Managements von Spielern es als eine ihrer Grundaufgaben an, Sponsoren zu finden, um dem Spieler eine finanzielle Grundlage zu gewährleisten.

Eine einzelne Partie Darts darf nicht über deine Lebenssituation entscheiden.

Diese Belastung ist zu groß. Doch Aspinall muss sich ihr stellen. Noch. Umso erstaunlicher, dass er sich im Jahr 2017 drei weitere Male für die European Tour qualifizieren kann. Deren Turniere sind mit 135 000 Pfund dotiert. Man hat die Chance, durch ein gutes Wochenende ein paar tausend Pfund zu gewinnen. Nathans Freundin ist inzwischen mit der zweiten Tochter schwanger, die Verantwortung und finanzielle Belastung wächst. Das Jahr, das mit dem Verlust der Tour Card begann, bekommt ein paar Glanzpunkte: Im September erreicht Nathan zwei Achtelfinals in zwei aufeinanderfolgenden Turnieren der European Tour. Es ist der bis dahin bestbezahlte Monat in 2017: 6500 Pfund Preisgeld. Natürlich abzüglich Steuern und abzüglich der Reise- und Hotelkosten. Aber es hilft, um Millys Geburt Anfang Oktober etwas sorgenfreier genießen zu können. Und sportlich bringen ihn diese Ergebnisse zum nächsten Major-Event, der European Darts Championship. 24 500 Pfund bekommt Aspinall am Ende des Jahres 2017 über Preisgelder zusammen. The Asp und seine Familie kommen mit diesen Einnahmen so gerade über die Runden, sind aber noch weit entfernt vom privilegierten Leben eines PDC-Topstars. Vor allem ist es eine berufliche Situation, die wahnsinnig viele Risiken birgt, mit der du nicht planen, bei der du auch kein Geld zur Seite legen kannst. Aspinall steht weiterhin außerhalb der Top 64, war noch nie bei der Weltmeisterschaft und kann von den Einnahmen durch den Dartsport allein schlichtweg nicht leben. Aber dafür lebt seine unbändige Hoffnung. Die zweite Jahreshälfte hat Aspinall Mut gemacht. So viel Mut, dass er bereit ist, alles auf eine Karte zu setzen.

Der Schritt zum Profi

Ende 2017 tritt Nathans Vater einen neuen Job an, bei einem Telefonanbieter. Wie sich schnell herausstellt, ist sein neuer Chef ein großer

Darts-Fan. Wenn Nathan zu dieser Geschichte ansetzt, erscheint ein ungläubiges Grinsen in seinem Gesicht. Er sagt dann so was wie: „Das sollte wohl so sein" oder „Ist schon verrückt!" Der Boss von Nathans Vater ist nicht nur bereit, den Betrag für die Qualifying School zu zahlen, er bietet ihm auch an, als Sponsor zu fungieren. Zudem will er andere Geldgeber finden, um den Betrag zu kompensieren, den Nathan in seiner Ausbildung als Buchhalter verdient. Die Idee ist, dass Nathan seinen Job hinwirft und sich voll und ganz auf Darts konzentriert. Grundvoraussetzung für diesen Schritt ist jedoch der Erhalt der Tour Card. Ohne die Berechtigung, an Pro-Tour-Turnieren teilzunehmen, macht ein Profidasein keinen Sinn, weil die garantierte Anzahl an Turnierstarts viel zu gering wäre.

Ein wegweisendes Wochenende wartet Ende Januar 2018 auf Nathan. Nachdem er im vergangenen Jahr die Tour Card abgeben musste, steht diesmal umso mehr auf dem Spiel. Der Druck mit dem er nach Wigan in die Robin Park Arena zur Qualifying School reist, ist riesig. Seine Familie weiß noch nichts davon, dass er, wenn alles gut läuft, sein erstes Profi-Jahr angehen möchte.

In der Qualifying School werden an einem verlängerten Wochenende an vier Tagen vier Turniere gespielt. Erreicht man das Finale eines Tages-Events, gibt es sofort die Tour Card. 15 weitere Tour Cards werden durch ein Punktesystem vergeben. Es ist wichtig, konstant zu sein. Nathan kann zwar keinen Turniersieg einfahren, er beendet die Q-School jedoch als Ranglistenerster. Gleich am ersten Tag fehlt ihm nur ein einziger Sieg, er scheitert im Halbfinale dieses 512 Spieler starken Teilnehmerfelds am 56-jährigen Eddie Dootson. Das bedeutet: Er hat sechs Turnierrunden überstanden und sich eine gute Ausgangsposition verschafft. Durch ein weiteres Viertel- sowie Achtelfinale hat er die Tour Card sicher.

Drei Tage später kommt die Nachricht, dass weitere Sponsoren gefunden wurden. Der Betrag von rund 25 000 Pfund liegt bereit. Und Nathan Aspinall entscheidet sich im Alter von 26 Jahren tatsächlich zum Schritt in den Profidartsport. Er ist davon überzeugt, dass ihm die Zeit, die er jetzt – ohne Buchhalter-Job – für das

Darttraining hat, enorm helfen wird, sein Spiel zu verbessern. Nur so kann er sein Ziel erreichen.

Kontostand: 21,98 Pfund

Aspinall weiß, dass 2018 von den Preisgeld-Einnahmen her mindestens so gut werden muss wie das Jahr zuvor. Es wird ein Jahr sein, bei dem er an viel mehr Wochenenden unterwegs ist. Die Anzahl an Turnieren nimmt deutlich zu, weil die Tour Card ihn berechtigt, alle PDC-Turniere zu spielen. Dadurch verbringt er weniger Zeit zu Hause bei seinen Kindern und seiner Freundin. Kirsty-Louise ist jetzt noch mehr auf sich alleine gestellt, und das mit zwei kleinen Kindern. Partnerin eines Profisportlers zu sein, das mag verlockend klingen, bringt aber auch enorme Opfer mit sich. Vor allem, wenn die finanzielle Situation angespannt ist, wenn alles auf Kante genäht ist so wie bei den Aspinalls.

Nach dem souveränen Auftritt in der Q-School läuft das Jahr 2018 schleppend an. Eine Achtelfinalteilnahme bei einem der UK Open Qualifier im Februar. Ein knappes 8:10 gegen den aufstrebenden Rob Cross in Runde drei der UK Open. Bis Anfang April hat „The Asp" gut 7000 Pfund eingespielt. Zu 18 Turnieren ist er gefahren, sechsmal kam er ohne Preisgeld nach Hause. Es fällt ihm, der so hungrig auf Erfolg ist, verdammt schwer, geduldig zu bleiben, nicht durchzudrehen. Ja, er glaubt an sich und ist überzeugt, dass seine Chance kommen wird. Andererseits: Zu lange darf der Erfolg nicht mehr auf sich warten lassen, ansonsten muss er zurück in seinen Beruf, die Ausbildung als Buchhalter abschließen.

Im September hat Aspinall bereits 17 Players-Championship-Turniere gespielt, es gab nicht viele Veranstaltungen, bei denen er die zweite Runde überstanden hat. Er hat alle European Tour Qualifiers mitgenommen, sich aber nur zweimal qualifiziert. Beide Male verlor er sein Auftaktmatch. Seit April gab es weitere zwölf Veranstaltungen, bei denen er leer ausging. Am Samstag, den 4. September, dem erste Tag eines Players-Championship-Wochenendes in Barnsley, knapp zwei Autostunden von zu Hause entfernt, erlebt er sein nächstes Erstrunden-Aus: ein 3:6 gegen Ryan Searle, dem Spieler mit den schwersten Darts auf dem Circuit (32 Gramm wiegen sie). Nathan übernachtet im Holiday Inn Hotel und weil er am Abend noch ein Bier trinken will, muss er zum Bankautomaten, denn das Portemonnaie ist leer. Er schiebt die Bankkarte in den Schlitz und sieht sein Guthaben: 21,98 Pfund. „Ich weiß es noch ganz genau", erzählt er, „weil die Bankgebühr 1,99 Pfund betrug. Und dann habe ich einen Cent überwiesen, damit ich die 20 Pfund abheben konnte."

Siegprämie: 10 000 Pfund

Der Sonntag beginnt so wie immer auf der Pro Tour. Zwischen 9 und 10 Uhr schlägt Aspinall in Barnsley im Metrodome am Austragungsort auf. Er spielt sich rund drei Stunden lang ein, bestreitet sein erstes Match an Board eins gegen den Brasilianer Diogo Portela. Und es läuft verdammt gut. Aspinall setzt sich nicht nur mit 6:1 Legs durch, er spielt einen Average von 100,6 Punkten. Damit ist er am oberen Limit seines Leistungsvermögens. Danny Noppert ist der nächste Gegner, ein BDO-WM-Finalist aus dem Vorjahr, der seine erste PDC-Saison spielt – Aspinall gewinnt 6:4. „Es hatte sich angefühlt, als wäre ich für das Training der letzten sechs Monate belohnt worden", erzählt Nathan später. „Endlich spielte ich das Niveau, das ich zu Hause beim Training permanent hinbekam." Ritchie Edhouse, James Wilson – es sind erfahrene, etablierte Spieler, gegen die er sich durchsetzen muss. Gegen den „Bronzed Adonis" Steve Beaton spielt er sein erstes Viertelfinale seit der Q-School, auf der Tour liegt die letzte Viertelfinalteilnahme über ein Jahr zurück. Es ist ein brillantes und vor allem spannendes Match. Aspinall kann endlich im entscheidenden Moment zupacken, gewinnt knapp mit 6:5 und beide haben am Ende ein Average von über 102 Punkten im Schnitt pro

Aufnahme. Das ist Weltklasse. Aspinall steht im Halbfinale, ein Preisgeld von 3000 Pfund hat er damit sicher.

Nächster Gegner ist Ian White, der das vorletzte Pro-Tour-Event gewinnen konnte. Wieder geht es in das entscheidende elfte Leg und zum ersten Mal an diesem Sonntag gewinnt Aspinall ein Match, bei dem er vom Average her mit sechs Punkten hinten liegt. Seine Doppelquote ist gut, endlich funktionieren unter Druck auch die Würfe auf die Doppelfelder. Das war 2018 bisher ein großes Manko in seinem Spiel. Immer wieder hatte er es versäumt, die Legs dichtzumachen.

Nach seinen Siegen auf der Development Tour 2015 sowie auf der Challenge Tour 2017 spielt er jetzt sein erstes Pro-Tour-Finale. Sein allererstes Finale bei den Profis. Und er bekommt es mit einem anderen Finaldebütanten zu tun, mit dem Spieler, der ihm tags zuvor das bittere Erstrunden-Aus beschert hatte: Ryan Searle, vier Jahr älter als Aspinall und selber ein ziemlich neues Gesicht auf der Tour. Es geht unter anderem natürlich auch darum, das Preisgeld durch einen Sieg auf 10 000 Pfund zu verdoppeln. Nathan erwischt einen nervösen Start, Searle geht schnell mit 2:0 in Führung. „The Asp" fängt sich aber schnell, kann dieses Finale mit 6:4 für sich entscheiden. Die Erleichterung ist riesig. „Das bedeutet mir und meiner Familie so viel", sagt er später im Interview. „Mir haben so viele Menschen immer wieder bestätigt, dass ich ein großes Potenzial habe, aber es hatte nie gereicht. Ich wusste, ich habe das Spiel, um Turniere zu gewinnen, und heute konnte ich es beweisen." Nathan Aspinall hat es geschafft. Am Tag nachdem er die letzten 20 Pfund von seinem Konto abhob, gewinnt er seinen ersten PDC-Titel und damit 10 000 Pfund. „Das mag jetzt nicht nach wahnsinnig viel Geld klingen", sagt er eineinhalb Jahre nach dem Erfolg, „für meine Freundin und mich war es aber unfassbar. Diese 10 000 Pfund haben uns enorm geholfen, die nächsten drei, vier Monate waren damit gesichert. Und endlich hatte ich auch meiner gesamten Familie gezeigt, dass ich Recht hatte. Dieser Sieg hat mir unglaublich viel Selbstvertrauen gegeben. Damit begann eine ganz neue Zeit für mich, das war der Start des neuen Nathan."

Der neue Nathan – die erste WM

Durch diesen Erfolg hat Nathan zum allerersten Mal einen Startplatz bei der Weltmeisterschaft sicher. Knapp drei Jahre, nachdem er den Match-Dart im Finale der World Youth Championship gegen Max Hopp vergeigt, erreicht er endlich eines seiner großen Ziele: den Ally Pally. Er ist zehn Turniere von seinem WM-Debüt entfernt, wo er der ganzen Welt zeigen will, wie gut er ist. Aspinall fährt im Dezember 2018 mit der Erwartung zum Alexandra Palace, die erste Runde überstehen zu können. Das hätte immerhin das höchste Preisgeld seiner Karriere zur Folge: 15 000 Pfund.

Erste Runde gegen Geert Nentjes

Die Auslosung beschert ihm den 19 Jahre jungen Geert Nentjes aus den Niederlanden, dort zwar ein gefeiertes Talent, aber auch noch ganz schön grün hinter den Ohren. Er ist genauso wie Aspinall WM-Debütant, dazu einer mit deutlich weniger PDC-Erfahrung als der Brite. Nathan ist klar, dass dieses Match an WM-Tag sieben derjenige gewinnen wird, der seine Nerven besser im Griff hat. Der sich an die Atmosphäre, die gewaltige Bühne im Ally Pally schneller gewöhnt. Er ist froh, dass er gleich das allererste Match des Nachmittags bestreitet. Dadurch ist die Vorbereitung planbarer. Du kennst die exakte Uhrzeit, weißt, wann es losgeht. Und vor allem ist es um 12.30 Uhr noch nicht ganz so laut, spielen die Fans noch keine Rolle, und damit besteht zumindest nicht die Gefahr, durch Gesänge, Buhrufe oder was auch immer aus der Konzentration gerissen zu werden.

Aspinall gewinnt mit 3:0 Sätzen. Und das ist auch das Beste an dieser Partie. Er ist unzufrieden mit seiner Leistung, vor allem mit seinem Scoring, weil er zu wenige Triple-Felder getroffen hat. Er sagt, dass er sich selber zu viel Druck gemacht hat, mit seinen eigenen Erwartungen zu kämpfen hatte. Doch er hat Glück, denn seinem Gegner macht diese neue WM-Situation noch viel mehr zu schaffen. Nentjes spielt einen 78er-Average, den niedrigsten Erstrunden-Average eines Europäers bei dieser WM. Und so geht es für

Nathan schnell darum, dieses Spiel hinter sich zu lassen. Er hat gewonnen, er hat 15 000 Pfund sicher, steht in Runde 2. Nur das zählt. Alles andere versucht er auszublenden, kündigt in der anschließenden Pressekonferenz auch gleich an, dass es am übernächsten Tag gegen Gerwyn Price ein ganz anderes, ein besseres Match wird.

Zweite Runde gegen Gerwyn Price

Und das wird es. Diese Partie gegen Price, der einen Monat zuvor den Grand Slam of Darts gewinnen konnte, ist ein Schlüsselerlebnis, ein Meilenstein in Aspinalls Karriere. Aspinall gewinnt das allererste Leg, doch Price macht Druck, wird seiner Favoritenrolle gerecht. Der „Iceman" holt sich den ersten Satz, dreht Durchgang 2, nachdem er 1:2 in Legs hinten lag. Keine Frage, Nathan spielt deutlich besser als in seiner Auftaktpartie gegen Nentjes, aber er kann die wichtigen Momente nicht für sich entscheiden. Bis zum 2:2 in Satz 3. Das Entscheidungs-Leg des dritten Satzes läuft, Aspinall hat 91 Punkte Rest. Er trifft das Bullseye, macht 41 Rest. 9 für die D16. Damit schnappt sich „The Asp" seinen ersten Satz. Und plötzlich wird es laut im Ally Pally. Die Fans realisieren, dass hier für den englischen Underdog eventuell noch etwas gehen könnte. Solche Geschichten liebt der Alexandra Palace. Wenn Spieler schier aussichtslos zurückliegen und plötzlich eine Aufholjagd starten, dann werden sie wach, springen auf, dann wissen sie, dass sie zum Faktor werden können. Außerdem ist Price seit dem Grand Slam of Darts nicht gerade ein Publikumsliebling. Aspinall gleicht in den Sätzen aus. Er schafft das Break im Entscheidungssatz zur 2:0-Führung in den Legs. Price hat 40 Punkte Rest, drei Möglichkeiten, sich das Break zurückzuholen. Er verpasst die D20, die Fans jubeln. Er verpasst die D10, sie jubeln lauter und auch die Doppel-5 lässt er liegen. Drei Match-Darts warten damit auf Nathan Aspinall, nach einem unglaublichen Comeback. Der Ally Pally steht Kopf und Nathan behält einen kühlen Kopf, lässt das alles nicht an sich ran. 32 Punkte Rest und gleich der erste Match-Dart steckt in der D16. Aspinall dreht sich ungläubig um, reicht Price die Hand und erst danach erkennt man, wie viel

Druck, welch große Last auf seinen Schultern lag. Er richtet sich auf, reckt die Brust, streckt die Arme aus als wolle er die über 3000 Fans umarmen. Und dann blickt er runter zu Kirsty-Louise, seiner Freundin, die immer zu ihm gehalten hat, auch wenn sie selber zwischenzeitlich große Zweifel hegte. Nathan steht in Runde drei – das bedeutet ein Preisgeld von mindestens 25 000 Pfund. So viel, wie er im gesamten Jahr 2017 eingespielt hatte. „Danach", erzählt Aspinall, „war ich auf Wolke sieben!" Oder, wie die Engländer sagen, auf „cloud nine". „Price war einer der besten Spieler der Welt, er hatte den Grand Slam of Darts gewonnen. Von jetzt an war jedes Match ein Bonus für mich bei dieser WM."

Halbfinalist

Und plötzlich öffnet sich das Feld. Wegen der zahlreichen Überraschungen in diesem Turnier wartet erst im Halbfinale mit „Bully Boy" Michael Smith ein großer Name auf Nathan. Dieser nutzt diese wunderbare Gelegenheit, besiegt den Australier Kyle Anderson, übersteht ein knappes Match gegen den Südafrikaner Devon Peterson und gewinnt das Viertelfinale klar und deutlich mit 5:1 Sätzen gegen Brendan Dolan, der es auch völlig überraschend in die Runde der letzten acht geschafft hat. Im Halbfinale spielt „The Asp" zum ersten Mal einen Average von über 100 Punkten im Ally Pally, aber es reicht nicht gegen Michael Smith, der mit 6:3 in das Finale einzieht, um dort dann chancenlos gegen Michael van Gerwen zu verlieren.

Nathan Aspinall gewann mit dem Erreichen des WM-Halbfinals 100 000 Pfund. Er erinnert sich gut, wie er damals mit Kirsty-Louise nach Hause fuhr und sie beide nicht glauben konnten, dass sie jetzt so viel Geld hatten nach all den Jahren mit Ebbe auf dem Bankkonto. Sie fuhren am Tag nach dem Halbfinale, am 31.12., zurück nach Stockport, feierten Silvester in einem Club und dort geschah etwas, was Nathan klarmachte, was die letzten Tage im Ally Pally passiert war. Der DJ erkannte ihn, griff zum Mikrofon und sagte: „Ladies and Gentlemen, wir haben heute Abend einen sehr besonderen Gast bei uns. Es ist der WM-Halbfinalist Nathan Aspinall." Dazu spielte er

Aspinalls Walk-on-Musik *Mr. Brightside* von den Killers. „In diesem Augenblick wusste ich, dass ich nicht mehr der normale Junge aus Stockport war", sagt Aspinall. „Und es war ein großartiges Gefühl."

UK Open 2019

Als er im Februar 2019 nach knapp fünfwöchiger Pause zurück auf die Tour kommt, hat Nathan ziemlich schnell das Gefühl, diesen Überraschungs-Coup im Ally Pally sportlich bestätigen zu müssen. Er will nicht eines dieser „One-Hit-Wonders" sein, die es im Darts immer wieder mal gibt. Spieler, die gerade bei der WM einen Lauf haben, nur um anschließend in der Versenkung zu verschwinden. Spieler wie Kirk Shepherd beispielsweise, der 2008 aus der Qualifikation ins WM-Finale stürmte und danach spurlos von der Bildfläche verschwand. Oder auch der Waliser Jamie Lewis, der 2018 im WM-Halbfinale auftauchte, daraufhin aber keinen Erfolg mehr hatte. Nathan will seine sportliche Leistung bestätigen. Dafür reist er im Februar mal wieder zusammen mit seinem Großvater Alan nach Minehead zu den UK Open. Bei diesem Major-Turnier wird, in Anlehnung an den FA-Cup oder in Deutschland den DFB-Pokal, ab der dritten Runde jede Turnierrunde neu ausgelost. Es gibt also keine Setzliste, Topspieler können dadurch früh aufeinandertreffen und sich gegenseitig rauswerfen. Dadurch gab es in der 17-jährigen Geschichte dieses Turniers immer wieder große Überraschungen.

Und auch 2019 ist von Beginn an einiges los. Die Topfavoriten tun sich schwer, drei ehemalige Sieger und aktuelle Top-Ten-Spieler verlieren jeweils ihr Auftaktmatch: Michael van Gerwen, Gary Anderson und Peter Wright. Damit öffnet sich das Feld. Für Aspinall haben sich nach dem WM-Halbfinale die Zeiten ein wenig geändert, er darf zum Auftakt gleich auf der Hauptbühne spielen, gewinnt gegen den Spanier Antonio Alcinas mit 6:3 Legs. Am Abend wird es dann eng: Um 19.30 Uhr tritt er an Board sechs gegen BDO-Weltmeister Christian Kist an und schlägt ihn nach 37 Minuten denkbar knapp mit 10:9. Doch insgesamt hat Nathan ziemlich Dusel bei den Auslosungen, die großen Namen bleiben bis zum Halbfinale aus. Er setzt sich gegen den Letten Madars Razma durch, gegen den Iren Steve Lennon, im Viertelfinale dann gegen Ross Smith mit 10:6. Und damit steht „The Asp" innerhalb von gut zwei Monaten zum zweiten Mal im Halbfinale eines großen TV-Turniers. Und wer wird ihm zugelost? Ausgerechnet Gerwyn Price.

Aspinalls Zweitrundensieg bei der WM gegen Price ist allen noch in guter Erinnerung. Doch Nathan scheint gewappnet, geht schnell mit 4:1 in Führung, hat beim Stand von 10:8 seinen ersten Match-Dart und gewinnt schließlich mit 11:9 Legs gegen Price, der nach 2017 gerne ein zweites Mal in das Finale der UK Open eingezogen wäre. Nathan Aspinall steht damit zum ersten Mal in einem Major-Finale. Es ist der nächste große Schritt in seiner Karriere. Und im Finale wartet Weltmeister Rob Cross, der gerne zeigen würde, dass sein WM-Sieg 2018 kein Zufall war. Es wird ein spielerisch schwaches Finale, bei dem beide Spieler bei einem Average von unter 90 Punkten bleiben. Aber es hat einen krönenden Abschluss: Erst zum zweiten Mal überhaupt in der Geschichte der PDC beendet ein Spieler ein Major-Finale mit dem höchsten Finish, dem 170er-Checkout – T20, T20, Bullseye. Für Nathan ist es das allererste 170er-Finish vor TV-Kameras. Unten im VIP-Bereich jubelt der stolze Großvater Alan. Nathan sagt: „Träume dürfen jetzt wahr werden. Als ich Rob Cross bei der WM 2018 siegen sah, dachte ich, ich kann das auch. Ich habe in den letzten Jahren so hart gearbeitet, es ist ein Wahnsinnsgefühl." Der erste Major-Sieg ist ein Meilenstein in der Karriere eines jeden Dartspielers. Es gibt genügend starke Spieler, die trotz konstant guter Leistung und Top-10-Ranglistenposition nie einen Major-Sieg einfahren konnten. Spieler wie Ronny Baxter, wie Ian White, wie Terry Jenkins, der neunmal ein Major-Finale erreichte, aber nie den ganz großen Pokal überreicht bekam. Wenn man Nathan heute fragt, was wichtiger gewesen sei, das WM-Halbfinale oder dieser Sieg, dann muss er nicht lange nachdenken: „Ohne Zweifel, mein erster Major-Sieg, der Gewinn der UK Open." Er schafft damit den Sprung in die Top 16, ist von nun an durch seine Ranglistenposition für alle Major-Turniere qualifiziert. Und bei Aspinalls flattert der nächste Scheck mit fünf Nullen ins Haus: 100 000 Pfund.

Aura eines Champions

Dieser Sieg hatte Nathan verändert. Im Positiven. Er ist daran gewachsen. Seine Ausstrahlung, seine Bühnenpräsenz ist plötzlich die eines Champions. Champions nehmen Raum ein, wenn sie eine Darts-Bühne betreten, und genau das passiert bei Aspinall. Auch er hat plötzlich eine Aura. Nicht die eines 16-fachen Weltmeisters, aber deutlich spürbar – für die Fans und natürlich vor allem für den Gegner. Damit wirst du schnell zu einem der Gejagten, gegen den zu gewinnen die Motivation besonders hoch ist. Es war schön zu sehen, wie „The Asp", der neue Shootingstar der PDC, diese neue Rolle annahm. Für ihn fühlte sich das alles sehr natürlich an, vielleicht, weil er immer schon diesen unverrückbaren Glauben an seine eigene Stärke hatte, auch in Zeiten des Misserfolgs.

Der 27-Jährige aus Stockport mit der eher unsauberen Wurfbewegung, der doch eigentlich immer Fußballprofi werden wollte, rückt nicht nur im PDC-Ranking nach oben, sondern gewinnt auch an Standing bei den Verantwortlichen, den Machern der PDC. Aspinall erhält nach der verletzungsbedingten Absage von Gary Anderson eine Einladung zur Premier League, ist einer der neun Teilnehmer dieser Eliteliga. Und er darf zum ersten Mal bei den World Series an den Start. Mit dieser Turnierserie promotet die PDC ihren Sport weltweit: in Australien, Neuseeland, Asien, USA. Es geht nach Las Vegas, ins Spielerparadies mit seinen 140 000 Spielautomaten und über 4000 Spieltischen. Einmal in diese gigantische Spielhölle einzutauchen, davon hat Nathan schon immer geträumt. Heute sagt er, dass diese Turnierreise im Juli 2019 ihm greifbar gemacht habe, was da in den sechs, sieben Monaten zuvor passiert war. Auf einmal saß er im Flugzeug, war auf dem Weg nach Las Vegas, um sich mit den besten Spielern der Welt zu messen.

Er trug das Gefühl in sich, selber einer der Besten zu sein. Und genau so spielt er: einen 100er-Average nach dem anderen. Im Viertelfinale bezwingt er Weltmeister Rob Cross, im Halbfinale „Snakebite" Peter Wright und schließlich den „Bully Boy" mit 8:4 im Finale des US Darts Masters. Das Finale bestreitet Nathan mit einem 106er-Average. Sein World-Series-Debüt wird zum nächsten TV-Titel. Weil die Spieler innerhalb der World Series einer Einladung folgen und keine Reise- oder Hotelkosten haben, sind die Preisgelder noch nicht ganz so hoch. Auf der anderen Seite: 20 000 Pfund wären im November 2018 für Aspinall noch ein Segen gewesen.

WM 2020

Einer Gefahr ist Aspinall in dieser Zeit nie erlegen: abzuheben, durchzudrehen, sich auf den Siegen auszuruhen. Auch wenn der Erfolg plötzlich geballt kam, er hat lange dafür arbeiten und kämpfen, sich gegen viele Widerstände behaupten müssen. Als die Weltmeisterschaft 2020 ansteht, reist er zwar mit dem Selbstvertrauen an, im Vorjahr das Halbfinale erreicht zu haben, aber er will auch unbedingt zeigen, dass der Erfolg vom Vorjahr kein Zufall war. Zu häufig hat er gelesen und gehört, dass er 2019 nur deshalb die Vorschlussrunde erreichte, weil er Glück mit der Auslosung hatte. Weil er es bis zum Halbfinale mit keinem aus den Top-10 aufnehmen musste.

Was es unbedingt zu vermeiden gilt bei der zweiten PDC-WM seiner Karriere: schon in der ersten Runde auszuscheiden. Nathan tritt gegen den US-Amerikaner Danny Baggish an, eigentlich ein krasser Außenseiter, der in Runde eins allerdings Andy Boulton schlägt, einen etablierten Tour-Spieler aus England. Dennoch: Die Briten trauen Baggish im Vorfeld gegen Aspinall keinen Satzgewinn zu. Das ist der große Unterschied zum Vorjahr: „The Asp", erstmals gesetzt als Nummer zwölf der Welt, muss Erwartungen erfüllen. Und dann passiert es: Baggish gewinnt Satz eins und plustert sich auf der Bühne auf. Er deutet an, dass er zurecht bei dieser WM ist, zeigt mit den Fingern eine Drei und eine Null an. Für Aspinall ist es also kein einfacher Einstieg in diese Weltmeisterschaft, auch wenn er sich am Ende mit 3:1 Sätzen durchsetzt. Nach dem Sieg geht er auf die Knie, ballt seine Fäuste. Eine Last ist von ihm abgefallen, man merkt ihm die Erleichterung vor allem in anschließenden Interviews an.

Zweite Runde gegen den „Polish Eagle"

Nur zwei Tage später, am 21. Dezember 2019, muss Aspinall eine ziemlich harte Nuss knacken: Krzysztof Ratajski aus Polen wartet, der Mann aus Warschau, der völlig überraschend 2017 das Masters gewann und sich dann ohne Tour Card auf dem PDC Circuit durchsetzte. Ratajski ist inzwischen die Nummer 21 der Welt und hat sich beim letzten European-Tour-Event des Jahres 2019 auch die Gibraltar Trophy geholt. Das war bereits sein siebter PDC-Titel. Aspinall ist also vorgewarnt. Seine Eltern sind extra angereist, natürlich auch seine Verlobte mit den beiden Kindern.

Aspinall führt mit 3:1 Sätzen, er gewinnt das Entscheidungs-Leg des vierten Satzes, checkt 49 Punkte, bevor es in die Pause geht. Bis hierhin verlief alles nach Plan. Er lag von Anfang in Führung, überließ Ratajski in keinem Moment die Kontrolle über das Match. Jetzt braucht er nur noch einen Satz. In der Pause kommt plötzlich der Bruch. So wie es im Darts immer wieder passiert. Der „Polish Eagle" macht kaum einen Fehler auf der Triple-19, wechselt von der 20 immer wieder runter. Krzysztof Ratajski gewinnt Durchgang fünf und auch den sechsten Satz im Entscheidungs-Leg. Er gleicht aus zum 3:3. „In diesem Moment war es so wichtig, nicht nur meinen Manager an meiner Seite zu haben", erzählt Aspinall, „sondern auch meine Familie. Ich habe Milly ‚Come on, Daddy' rufen hören. Das hat tatsächlich geholfen. Und dazu diese kleinen Hinweise meines Managers vom Rand, der mich runterholt, wenn ich vorne liege und zu viel Emotion zeige, der mich die ganze Zeit gepusht hat, als Krzysztof immer besser wurde. Diese 116 war einfach nur swweeeeeeeet." Es ist das 116er-Finish im dritten Leg des Entscheidungssatzes. „The Asp" führt 2:0, braucht noch ein Leg, um ins Achtelfinale dieser WM einzuziehen. Ratajski hatte das Bullseye-Finish bei 86 Punkten Rest um einen, vielleicht zwei Millimeter verpasst. Und Nathan geht die 116 über das 19er-Segment an: T19 für 59 Punkte Rest, die 19 und dann der Match-Dart auf der D20. Aspinall schreit, er ballt die Faust, er hüpft, er weiß überhaupt nicht, wohin mit seiner Emotion. Dann nehmen sich die beiden Spieler in den Arm, weil sie wissen, dass es ein verdammt gutes Match war. Man darf nicht vergessen, es ist erst die zweite WM für Nathan. Er hat aufgrund der Zwei-Jahres-Rangliste keine Punkte zu verlieren. Oder andersherum ausgedrückt: Er kann eine Menge Punkte gutmachen. Und so ganz nebenbei sind die nächsten 35 000 Pfund auf seinem Konto sicher. Aber die Zeiten haben sich geändert: Vor einem Jahr war das Thema Preisgeld ein permanenter Begleiter, auf jeder Bühne, an jedem Oche. Jetzt geht es in erster Linie um den Erfolg.

Achtelfinale gegen Anderson

Im Achtelfinale wartet ein zweimaliger Weltmeister, sein früheres Idol Gary Anderson. Jetzt kann Nathan mit dem Gerücht aufräumen, er habe im vergangenen Jahr nur das WM-Halbfinale erreicht, weil die Auslosung ihm die großen Namen ersparte. Das Match ist ein Hin und Her. Neben großartigen Momenten lassen beide auch immer wieder Chancen liegen. Aspinall gewinnt am Ende mit 4:2 Sätzen, er kniet für ein paar Sekunden auf dem Oche, als er im dritten Versuch die D10 trifft. Er legt das Gesicht in die Hände, steht erst auf, als Anderson zu ihm kommt, um ihm zu gratulieren. „Ich wollte es nicht über die emotionale Schiene versuchen, so wie Gezzy [Gerwyn Price]. Ich wollte ihm mit Respekt beggenen, weil Anderson ein wahrer Champion ist, der das verdient hat." Nathan bleibt noch ein paar Momente in der Mitte der Bühne stehen, während Anderson seinen Kram zusammenpackt. Sie spielen seine Walk-on-Musik. Es ist sein Moment, den er selber noch gar nicht fassen kann, das ist unschwer zu erkennen. Als wollte er sich an seinem Shirt festhalten, greift er es mit beiden Händen, drückt sein Gesicht hinein, wirkt erleichtert und überglücklich. Denn damit steht fest: Es ist die nächste großartige WM von Nathan Aspinall. Er steht im Viertelfinale.

Viertelfinale gegen van den Bergh

Nun trifft er auf einen, der in den letzten zwölf Monaten auch immer wieder auf sich aufmerksam gemacht hat: den Belgier Dimitri van den Bergh, 25 Jahre jung. Es ist die zweite WM-Viertelfinal-Teilnahme für den „Dreammaker". Doch wichtiger: Kurz vor dieser Weltmeisterschaft hat van den Bergh, als erster Spieler überhaupt, seinen Titel bei der World Youth Championship verteidigt. Die Bilanz der direkten Begegnungen spricht für Aspinall: drei Matches, drei Siege. Direkte Vergleiche sind zwar nicht immer aussagekräftig, gegen jemanden noch nie verloren zu haben, macht aber zumindest Mut und Hoffnung. Doch Satz eins geht nach Belgien. Nathan Aspinall kann kein Leg gewinnen. Dabei spielt er eigentlich ein gutes Match, punktet stark, sein Average steht bei über 100 Punkten. Aspinall führt den Average zeitweise um zwölf Punkte an. Er wirft im Schnitt pro Aufnahme zwölf Punkte mehr als sein Gegner. Das ist viel. Solche Matches verliert man nur dann, wenn auf Doppel gar nichts geht. Der neunte Dart auf Doppel findet dann endlich das Ziel: Tops. Aspinall holt sich sein erstes Leg, das 1:0 in Satz zwei. Dieser Dart ist eine kleine Befreiung für Aspinall. Von da an erzeugt er immer mehr Druck. Spielt 110 Punkte im Schnitt im Satz, gleicht aus zum 1:1 in den Sätzen. Best of 9 Sets wird gespielt, fünf Sätze benötigt man zum Sieg. Natürlich gibt es wichtige und verdammt wichtige Satzgewinne in so einer langen Partie. Der Satzgewinn zum 3:1 für Aspinall ist ein verdammt wichtiger, weil er mit 0:2 Legs zunächst hinten liegt. Weil er drei Legs in Folge gewinnt, zu einem Zeitpunkt, da van den Bergh das Gefühl hat, wieder auf Augenhöhe zu sein. Aspinall gewinnt die Legs vier und fünf mit 13 bzw. 12 Darts. Das ist Weltklasse, vor allem in dieser Phase der Partie. Damit hält er sich den Gegner vom Leib. Es geht in die Pause. Im Interview sagt Aspinall später, dass er sich in diesem Moment zu siegessicher war, in der Spielunterbrechung den Fokus verlor. Manchmal können diese zwei bis drei Minuten zerstörerisch sein. Du kommst danach auf die Bühne und alles ist anders als vorher. „Ich war auf einmal sehr nervös", beschreibt es der Weltranglistenzwölfte, „mein Scoring war plötzlich weg." Trotzdem bringt er seinen Vorsprung dann doch noch ins Ziel, besiegt Dimitri van den Bergh mit 5:3. Damit zieht „The Asp" tatsächlich zum zweiten Mal in Folge ins WM-Halbfinale ein. Und damit steht fest, dass er zum ersten Mal den Sprung in die Top Ten geschafft hat. „Es ist noch nicht lange her, da war ich die Nummer 90 der Welt", reflektiert er nach dem Spiel. „Aber ich fühle, dass ich hierhin gehöre, dass ich einer der besten Spieler zurzeit bin." Im Halbfinale wartet Michael van Gerwen, da kann er zeigen, wie gut er ist. Beim letzten Bühnen-Match auf der European Tour hatte Aspinall die Nummer eins der Welt geschlagen. Das gibt ihm Zuversicht.

Halbfinale gegen van Gerwen

Montag, der 30. Dezember 2019. Nathan Aspinall ist der letzte Engländer bei dieser Weltmeisterschaft. WM-Tag 14 steht an. Aspinall und van Gerwen bestreiten das zweite Halbfinale an diesem Abend. Im ersten hat Peter Wright sich in einer emotionalen, hitzigen Partie gegen Gerwyn Price mit 6:3 durchgesetzt. Für Aspinall ist die WM jetzt schon ein Erfolg. Hätte ihm jemand vor Turnierbeginn gesagt, dass er bei seiner zweiten WM-Teilnahme sein zweites WM-Halbfinale erreichen würde, er hätte lachend angenommen. Dieses Match ist tatsächlich ein Bonus, eines zum Genießen. Zum ersten Mal bei dieser WM muss er keine Erwartungen erfüllen. Mit dieser Last hat nur van Gerwen zu kämpfen, der bislang noch nicht seine Topform abrufen konnte.

Das Halbfinale hat zwei Seiten: Einerseits sind die Averages nicht wahnsinnig hoch, stehen am Ende bei Mitte 90. Andererseits sind eine Menge High Finishes dabei, es ist über weite Strecken umkämpft, es entscheidet in vier der ersten fünf Sätze jeweils das fünfte, das Entscheidungs-Leg. Van Gerwen führt 3:2. Zum ersten Mal in dieser Partie kann er seinen Anwurfsatz problemlos mit 3:0

nach Hause bringen; er gewinnt das zweite Leg mit elf Darts, das dritte mit 13. Doch Nathan antwortet ebenfalls mit einem 3:0 in Legs. Er verkürzt auf 3:4 in Sätzen, und jetzt wartet ein enorm wichtiger Satz auf ihn, mit dem er dieses Halbfinale komplett öffnen könnte. „The Asp" liegt 1:2 in Legs zurück, beide tun sich schwer, es ist einer dieser spielerisch schwächeren Sets. Aspinall bekommt sein Anwurf-Leg mit 23 Darts durch, das ist ein Geschenk vom Weltranglistenersten. Im Entscheidungs-Leg dieses achten Satzes erreicht der Brite als Erster den Finish-Bereich: Er steht bei 167 Punkten Rest, van Gerwen hat noch 206 Punkte zu löschen und ist am Zug: T20, T20, 18, macht 138 Punkte. Das ist Weltklasse, gerade in diesem Moment. MVG stellt sich 68 Punkte Rest. Aspinall benötigt das zweithöchste Finish im Darts, um in den Sätzen auszugleichen, doch es springen nur 65 Punkte heraus. Kein Triple, keine Kekse. Van Gerwen gewinnt zum vierten Mal in diesem Halbfinale das Entscheidungs-Leg eines Satzes. Er geht 5:3 in Führung und die Partie ist entschieden. Von diesem Tiefschlag kann sich Aspinall nicht mehr erholen, verliert am Ende mit 3:6 Sätzen und muss zusehen, wie van Gerwen in sein siebtes WM-Finale einzieht, das er dann gegen Peter Wright verliert.

Trotz dieser Niederlage ist die Weltmeisterschaft 2020 der nächste Beweis, dass Nathan Aspinall aktuell einer der besten Dartprofis der Welt ist. Seine Entwicklung in den letzten eineinhalb bis zwei Jahren war sensationell. Man sagt so leicht, dass Selbstvertrauen, der Glaube in die eigenen Fähigkeiten wichtig sei, gerade in einem Mentalsport, und vergisst schnell, wie schwierig es ist, diesen tiefen Glauben an sich selbst tatsächlich zu erreichen. Nathan hatte den Glauben schon früh in seiner Karriere. Er ging immer unbeirrt seinen Weg, aus eigenem Antrieb heraus, ohne viel Unterstützung von außen. Nathan Aspinall hat sich zum Ziel gesetzt, als Nummer vier der Welt zur WM 2021 zu fahren. Er ist fest davon überzeugt, dass er gut genug ist, irgendwann die Nummer eins zu sein, Weltmeistertitel zu gewinnen. Das sollte der Konkurrenz eine Warnung sein.

Tagebuch

11. Juni

Matt Porter, der Chief Executive der PDC, hat sich heute in einem Interview zu Wort gemeldet. Er hat große Hoffnungen geäußert, dass, wenn andere Sportarten wie Fußball, Golf, Tennis, Cricket ihren Spielbetrieb in den nächsten Wochen aufnehmen, Darts das ebenfalls tun wird. Es kann keine unterschiedlichen Regeln für unterschiedliche Sportarten geben, sagt Porter.

Er unterstreicht, wie wichtig es war, die Freigabe für das World Matchplay zu bekommen. Sollten keine Zuschauer erlaubt sein, scheint die Marshall Arena in Milton Keynes eine gute Location für dieses Turnier zu sein, weil ein Hotel integriert ist und sie nordöstlich von London liegt und damit gut zu erreichen ist.

Die PDC will in den nächsten Wochen wieder Fahrt aufnehmen, will versuchen, abgesagte Turniere nachzuholen. Das gilt vor allem für die Pro Tour, da bereits zehn Players-Championship-Events ausgefallen sind. Man wird versuchen, mindestens die Hälfte der abgesagten Pro-Tour-Turniere nachzuholen. Das wäre auch bezüglich des Ranglistensystems enorm wichtig.

Ich höre immer häufiger, dass Spieler sich über die interne Kommunikation der PDC ärgern. Sie wären gerne stärker involviert, hätten gerne mehr Informationen, wenn auch nur über anstehende Pläne. Doch genau das möchte die PDC vermeiden: im Juli eine Ankündigung machen, die sie im August korrigieren muss, und im September vielleicht ein weiteres Mal. Porter sagt, das helfe niemandem, und er hat wohl Recht damit. Auf der anderen Seite kann ich die Spieler gut verstehen, die ja auch planen und teilweise schauen müssen, wie lange die Kohle reicht.

12. Juni

Die PDC hat heute sogenannte „Summer Series" angekündigt: vom 8. bis 12. Juli wird an fünf aufeinanderfolgenden Tagen jeweils ein

Players-Championship-Turnier gespielt. Das Ganze wird in Milton Keynes in der Marshall Arena stattfinden, wo die Spieler gleich im angeschlossenen Hotel untergebracht werden können. Vieles von dem, was der CEO der PDC, Matt Porter, gestern als Möglichkeit angekündigt hat, ist damit eingetroffen. Und es ist ein Signal, auf das die Spieler sehnsüchtig warten. Fünf Turniere bedeuten ein Preisgeld von insgesamt 375 000 Pfund. Unklar ist, welche Regelungen für die Spieler gelten, die nicht aus Großbritannien kommen. Ich habe heute kurz mit Gabriel Clemens gefunkt. Er hat bislang noch keine Informationen, ob er bei der Einreise nach England zunächst in 14-tägige Quarantäne müsste. Da sind die Spieler offenbar auf sich gestellt. Dennoch: Es kommt wieder Leben in die Bude. Gut so.

13. Juni

Bei den vielen aktuellen Meldungen zu PDC-Turnieren: Vieles ist weiterhin ungewiss, vor allem, was die TV-Turniere betrifft. Die PDC scheint bereit, geplante Termine oder auch Austragungsorte kurzfristig zu ändern, wenn dadurch die Durchführung eines Turniers möglich wird. Ob der World Grand Prix beispielsweise im Oktober im Dubliner Citywest Hotel stattfinden wird? Keine Ahnung. Man ist mit ihnen im Gespräch. Würde es für die European Darts Championship ein eigenes Qualifikationsturnier geben, wenn kein weiteres European-Tour-Turnier stattfände? Wahrscheinlich. Man möchte abwarten, was die nächsten Wochen bringen. Der Startschuss für das World Matchplay hatte den Eindruck entstehen lassen, dass es vorwärts geht, aber bislang ist wenig entschieden.

14. Juni

Peter Manley, ehemalige Nummer eins der PDC und langjähriger Chairman der PDPA (Spielergewerkschaft) hält Turniere Anfang, Mitte Juli für keine gute Idee. „Ich weiß, die PDC steht unter Druck, weil TV-Sender endlich wieder Live-Sport zeigen wollen. Aber das kommt zu früh." Manley hat große Zweifel, dass man mit diesen Turnieren allen Tour-Card-Inhabern gerecht wird.

15. Juni

Der großartige Barry Hearn, Chairman der PDC, hat sich zu Wort gemeldet. Er hatte im April einen Herzinfarkt, ist aber längst wieder in Action und erkundet alle Optionen, um seinen geliebten Sport zurückzubringen. Seit über fünf Jahrzehnten promotet und veranstaltet er Events. Hearn sagt, es sei überhaupt nicht die Zeit, den Kopf in den Sand zu stecken, im Umgang mit Covid-19 ist Kreativität gefragt. „Die PDC Home Tour war natürlich nicht das perfekte, qualitativ hochwertige Event. Aber das wussten wir. Es war ein gutes Sandwich für einen hungrigen Mann und es hat uns den Sport zurückgegeben. Das war sehr wichtig." In seinem Business ginge es vor allem darum, Pläne zu entwickeln. Und so gibt es aktuell natürlich auch einen Masterplan, wie der Sport schrittweise zu Zuschauerevents zurückgeführt wird: zunächst Turniere ohne Zuschauer, dann kleinere Zuschauerzahlen, bis es dann irgendwann so ist wie vor der Pandemie.

17. Juni

Nach dem Treffen der Bundeskanzlerin mit den Ministerpräsidenten steht fest, dass es keine Großveranstaltungen bis Ende Oktober geben wird. Diese Regelung gilt für Events, bei denen eine Kontaktverfolgung sowie die Einhaltung der Hygienevorschriften nicht möglich ist. Könnten personifizierte Tickets eventuell eine Lösung sein, auch für Dartveranstaltungen? Die zuletzt veröffentlichten Termine der PDC Europe wären damit wohl hinfällig. Die Suche nach Ausweichterminen geht wieder von vorne los. Das ist natürlich alles mit einem großen logistischen Aufwand verbunden.

Habe mich am späten Nachmittag auf den Weg zu Gabriel Clemens gemacht, es geht nach Saarwellingen, ins Saarland. Da er ein eigenes Kapitel in diesem Buch erhalten wird, nehme ich den Aufwand gerne in Kauf. Persönliche Treffen sind rar zurzeit. Die Unwetterwarnungen, die das Radio halbstündlich verkündet, stimmen, es schüttet wie aus Eimern. Habe dadurch über fünf Stunden vom

Ammersee ins Saarland gebraucht. Und so komme ich leicht verspätet zum vereinbarten Treffpunkt. Kein Problem, Gaga und seine Freundin Lisa sind bereits mit ihrer Vorspeise zugange, Antipasti. Die Pizza ist Weltklasse.

Kapitel 7
Peter Wright -
Der Kämpfer

Peter Wright zieht sich gern auf seinen Hochsitz zurück. Circa vier mal vier Meter groß, aus Holz, wenn ich es richtig erinnere, selbst gebaut, zusammen mit Freunden. Peter liebt ja handwerkliche Arbeit. Ohne Schnickschnack eingerichtet: eine Feuerschale, ein Sessel – und ein herausragender Blick in die Natur. Absolute Ruhe. Ein Platz, an dem man automatisch etwas leiser spricht.

Hier oben saßen Peter und ich, als ich ihn im Dezember 2016 im Rahmen meiner Darts-Reise „Road to Ally Pally" besuchte, an einem nicht zu kalten Wintertag. Man überblickt das gesamte Grundstück der Wrights, einen ehemaligen Bauernhof samt Hühnerstall. Wir kamen ins Plaudern und ich erinnere mich, dass Peter einem Gespräch über seine Kindheit auswich. Ich habe das damals gar nicht als wichtig empfunden und mich erst im Nachhinein gewundert. Das Thema war ihm offensichtlich unangenehm. Erst im Mai 2017 sprach er in einem Exklusivinterview mit der englischen Zeitung *The Telegraph* zum ersten Mal ausführlich über seine ersten Lebensjahre: die Flucht seiner jungen Mutter aus Schottland, seinen Vater, den er nur von Fotos kennt. Eine Zeit, die ihn geprägt hat, die wahrscheinlich auch der Grund ist, weshalb Peter mit einem geringen Selbstwertgefühl aufwuchs und ihm viele Jahre der Glaube daran fehlte, im Dartsport Herausragendes leisten zu können.

Never give up!

Die Karriere des aktuellen Weltmeisters Peter Wright ist geprägt von Rückschlägen, Selbstzweifeln, Kampf, Hartnäckigkeit, eisernem Willen und einem großen Traum, der mit dem Gewinn der WM 2020 in Erfüllung ging. Diese Karriere passt in keine Schublade. Aber sie passt wunderbar in die derzeitige Phase im Profidartsport, in der wahnsinnig viel möglich ist und wo man immer mit Überraschungen rechnen muss.

Peter gehört mit seinen 50 Jahren zur älteren Darts-Generation. Wo andere sich erste Gedanken bezüglich des Karriereendes machen, behauptet der Schotte, dass er längst nicht sein gesamtes Können gezeigt habe. Wright ist, wie für die Darts-Generation der 1990er-Jahre durchaus typisch, erst spät, mit 37 Jahren, Profi geworden, hat die Zeit von Phil Taylor miterlebt und schlägt sich seit einigen Jahren mit Michael van Gerwen herum. Er ist fest überzeugt davon, die Nummer eins werden zu können. Er braucht kein Management, weil er seine Frau Joanne hat, und trainiert die meiste Zeit allein, entgegen der gängigen Meinung, dass man als Topspieler starke Trainingspartner braucht. Mit seinen knalligen Outfits und der Irokesen-Frisur ist er die schrillste Figur auf dem Circuit, privat aber ein ganz schüchterner, zurückgezogener Kerl, der leise spricht und Zusammenkünfte in kleiner Runde bevorzugt. Wenn Leute ihm sagen, er solle endlich aufhören, ständig seine Dart-Sets zu wechseln und sich für eines entscheiden, dann grinst er – 327 verschiedene Sets verwahrt er zu Hause in seinem Bauernhaus. Immer wieder probiert er damit herum, um sein Spiel zu verbessern. Auf die Frage, welcher Spruch wohl am besten zum ihm passen würde, antwortete er mal: „Never give up!"

Sieger der Herzen

Die Welt des Peter Wright ist bunt und schrill. Er steht als „Snakebite" auf der Bühne. Seine Haare sind lila gefärbt, sein Shirt ist passend zur Haarpracht ebenfalls lila, dazu trägt er eine knallbunte Hose. Als ihn am Abend des 1. Januar 2020 der Master of Ceremonies, John McDonald, bei der Siegerehrung zum allerersten Mal als Weltmeister ausruft, kommen Peter die Tränen. Er atmet tief durch, er versucht, seine Emotionen zu kontrollieren. Joanne, Tochter Jessie und sein Schwiegervater sind im Publikum zusammengerückt. Sie umarmen sich, als müssten sie sich gegenseitig Halt geben. Auf dem Weg zur Sid Waddell Trophy geht Peter zunächst zu seinem

Finalgegner van Gerwen, der ihm noch mal gratuliert, dann wird ein Foto mit der Repräsentantin des Hauptsponsors gemacht. Der WM-Pokal ist wahrscheinlich zu schwer, um von der zierlichen Dame überreicht zu werden: 25 Kilo wiegt er. Die Fans im Ally Pally stimmen die Peter-Wright-Gesänge an. Immer wieder grüßt er in die Menge und schaut im nächsten Augenblick runter zu Joanne, die ihm diesen Erfolg immer zugetraut hat. „Das war unser gemeinsamer Sieg", sagt Wright, „den haben wir mit der ganzen Familie erzielt. Auch die Kinder haben mir immer wieder gesagt, dass ich irgendwann Weltmeister werde. Sie haben an mich geglaubt." Bevor Peter den Pokal vom kleinen Tisch nimmt und ihn nach oben reckt, wischt er sich mit beiden Händen noch mal ein paar Tränen aus den Augen. Es geht ein Raunen durch die 3500 Fans. Peter stemmt das Pokal-Monstrum hoch über seinen Kopf und man sieht ihm deutlich an, was ihm dieser Moment bedeutet. Es scheint, als wolle er gleichzeitig heulen, lachen und schreien. In diesem Moment gibt es wohl niemanden in der gesamten Darts-Welt, der Peter Wright diesen Erfolg nicht gönnt, selbst die hartgesottensten MVG-Fans nicht. Peter ist nicht nur Darts-Weltmeister, sondern auch Sieger der Herzen, weil alle wissen, wie viele Hindernisse er auf dem Weg hierhin überwinden musste.

Ist das erste TV-Match auch das letzte?

Sprung 25 Jahre zurück. Im Lakeside Country Club von Frimley Green steht bei der BDO-Weltmeisterschaft 1995 ein neues Gesicht auf der Bühne. 24 Jahre jung, schwarz gekleidet, mit schwarzem Haar, einer Kurzhaarfrisur, einem freundlichen Lächeln – und nur einem einzigen Tattoo auf dem Wurfarm. Er ist schlank, kaut Kaugummi, sieht fit aus, weil er zuletzt viel Zeit im Kraftraum verbracht hat. Der sympathische Typ, der entspannt auf der Bühne steht, ist Peter Wright. Peter fordert die Nummer zwei der Setzliste, den Waliser Richie Burnett, heraus. Es ist Wrights WM-Debüt, er trägt keinen

Spitznamen, man weiß kaum etwas über ihn. Außer dass er in Lowestoft Super League spielt, aus London dorthin gewechselt ist und sich souverän beim Qualifikationsturnier in der Grafschaft Suffolk durchgesetzt hat. „Ich erinnere mich noch gut", erzählt Peter schmunzelnd. „Im Practice Room bereitete ich mich direkt neben meinem Gegner Richie vor, der nur 140er- und 180er-Aufnahmen warf. Ich war da schon so nervös, meine Darts flogen quer übers Board, einer in die 18, der nächste in die 12."

Es ist Wrights allererstes TV-Match. Die Bühne, auf der er jetzt spielt, kennt er durch zig Fernsehübertragungen. Seine erste Aufnahme ist eine 135, gefolgt von 25 Punkten, Wright hat seine Nervosität vom Practice Board mit auf die Bühne genommen. Als er im zweiten Leg seine erste 140 wirft, geht er zurück und versucht, das Publikum etwas anzustacheln. Es wirkt ein bisschen bemüht.

Er spielt insgesamt eine gute Partie, mit einem Average von um die 90 Punkte, mit zwei 180ern, aber ihm unterläuft im umkämpften vierten Satz ein schwerer Fehler: Bei 81 Punkten Rest spielt er die 15, will die 16 für Bullseye und trifft die Acht. Es ist die einzige Möglichkeit, mit 2:1 in Legs in Führung zu gehen. Burnett checkt anschließend über die Doppel-9 und holt sich nach rund einer Dreiviertelstunde Spielzeit den Sieg, das 3:1, indem er 83 Punkte über das Bullseye checkt. Die Zuschauer stehen auf, Standing Ovations auch für diesen Auftritt von Peter Wright. Tony Green in der Kommentatoren-Box spricht von einem Star der Zukunft.

Doch Peter selber sieht das anders. Er ist enttäuscht, kehrt nach diesem Turnier der großen Darts-Bühne den Rücken und glaubt denen, die ihn für nicht gut genug halten. Seine Karriere ist damit beendet. So denken damals alle. Auch Peter.

Peter Wrights Leben ist geprägt von vielen Selbstzweifeln. „Er hatte nie jemanden, der an ihn geglaubt hat", erzählt seine Frau Joanne. „Jeder hat ihn klein gemacht, jeder erzählte ihm, dass er es nicht schaffen würde. Und Peter hat sich das angehört und runtergeschluckt. Er war zu schüchtern, um dagegenzuhalten."

Die verpasste Karriere

Peter Wright wurde 1970 im schottischen Livingston geboren, ca. 30 km westlich von Edinburgh. Dort verbrachte er jedoch nur die ersten fünf Jahre seines Lebens. Viele Erinnerungen hat er nicht an diese Zeit. Als Peter fünf Jahre alt war, schnappte ihn sich seine junge Mutter und verließ Schottland. „Meine Mutter war sehr jung", erklärt Peter. „Die Familie wollte mich ihr wegnehmen, weil sie dachten, sie sei zu jung, um mich aufzuziehen. Da rannte sie mit mir weg." Es ging in den Südosten Londons, in das wenig attraktive Arbeiterviertel Plumstead. Seinen Vater hat Peter persönlich nie kennengelernt. Er ist vor einigen Jahren verstorben, Peter kennt ihn nur von Fotos.

Geld ist bei den Wrights irgendwie immer knapp. Peter ist häufig allein zu Hause, weil die Mutter arbeiten, sich allein um den Lebensunterhalt kümmern muss. „Es waren schwierige Zeiten damals", sagt Peter. „Wir wohnten nicht in der besten Gegend." Zu seinem 13. Geburtstag schenkt ihm seine Mutter sein allererstes Set Darts. Ein Board kann sie sich nicht leisten und so malt sich Peter Zielscheiben auf Baumstämme. „Ich habe Darts in den 1980er-Jahren häufig im Fernsehen verfolgt, Spieler wie Eric Bristow, Cliff Lazarenko", erinnert er sich. Auf echten Boards spielt er hin und wieder im Pub Lord Derby. Witzigerweise gehörte die Kneipe dem Vater des heutigen Callers George Noble. George ist zwei Jahre älter. Peter lernt ihn mit 15 Jahren kennen, weil er jetzt auch erstmals für ein Team im Pub spielt. Es ist die Zeit, in der Wright anfängt, intensiver zu trainieren.

„Peter war wirklich gut damals", erinnert sich Noble und fügt lachend hinzu: „Aber er hatte nie Geld in der Tasche. Mein Vater hat ihm in all den Jahren verdammt viele Biere ausgegeben". Noble motivierte ihn damals, an offenen Turnieren teilzunehmen.

„Bei einem Turnier war der Modus, dass der Sieger immer weiterspielt", erinnert sich Wright. „Ich bin damals vier, fünf Stunden nicht vom Board weggekommen."

Peter ist einer der besten Pub-Spieler der Region. Dart gibt ihm irgendwie ein Zuhause. Und mehr Selbstvertrauen. Im Pub mutiert der schüchterne Junge zum selbstbewussten Sonnyboy, der die Aufmerksamkeit auf sich zieht, wenn er am Board steht. Das ist sein Revier. „Peter hatte zu dieser Zeit bei uns in der Kneipe den Spitznamen ‚The Poser'", erinnert sich Noble. Und das ging nicht immer gut aus. Er provoziert die Gegner, bekommt mit 16 Jahren dermaßen einen verpasst, dass ihn bis heute eine Narbe daran erinnert. „Meine Lippe hing weit runter", erinnert sich Wright und zeigt grinsend auf die Narbe an seiner Lippe.

Wright schafft es in die höchste Pub-Liga, die Super League. Schon damals tüftelte er permanent an seinem Darts-Equipment herum, erzählt Noble. Und obwohl er weiß, dass er Talent hat, geht er den Weg in den Profidartsport nicht konsequent. Dieser eine Versuch mit 24 Jahren bei der BDO, der eigentlich als geglückt bewertet werden muss, überzeugt ihn nicht. Und außerdem ist er klamm. „Ich konnte es mir damals gar nicht leisten, zu den Turnieren zu fahren", sagt er bedauernd. „Ich hatte keine Arbeit. Nach Abzug aller Verpflichtungen blieben genau 14 Pfund die Woche übrig. „Dabei hätte ich vom Talent her mit Phil Taylor mithalten können."

Während Spieler wie Phil Taylor oder Raymond van Barneveld Millionen mit Darts verdienen, lebt Wright von der Hand in den Mund, jobbt als Hilfsarbeiter auf dem Bau, repariert Fenster, hilft in Ferienlagern aus. Eine Ausbildung hat er nie abgeschlossen. Dazu fehlte ihm auch der Rückhalt durch die Mutter. Von 1995 bis 2007 spielt er nur noch gelegentlich Darts, ohne Ambitionen. Zudem wechselt er häufiger seinen Wohnort. Erst als er mit Joanne sesshaft wird, realisiert er, dass es da noch diesen großen unerfüllten Traum gibt.

Der zweite Versuch – aus Peter wird „Snakebite"

Der November 2007 ist ein typisch britischer Herbst: Das Wetter ist wechselhaft, es regnet viel, es ist windig, die Temperaturen liegen um die zehn Grad Celsius. Peter und Joanne sitzen abends häufig vor dem Fernseher, es läuft die Übertragung des Grand Slam of Darts. An einem dieser Abende fällt die Entscheidung, dass Peter einen zweiten Versuch wagen und auf die Profitour gehen wird. „Wir schauten diese Übertragung", erinnert sich Peter, „und ich erzählte Jo, dass ich den einen Spieler schon geschlagen hatte, den anderen auch und einen dritten ebenfalls. Und sie sagte: ‚Dann fang an und leb deinen Traum!'"

Genau das macht Wright. Auch wenn er zwischen 1997 und 2005 immer wieder mal an BDO- und auch PDC-Turnieren teilgenommen hatte, startet er jetzt zum ersten Mal den ernsthaften Versuch, sich auf der Tour durchzusetzen. Wright kündigt noch vor Weihnachten seinen Job bei einer Autoreifenwerkstatt. Jo hat durch ihren Friseursalon ein wenig Geld zurücklegen können, das nutzt er sozusagen als Startkapital. Zudem unterstützt ihn auch Joannes Vater, der ja bis heute fest zum Team Wright gehört.

Kreatives Outfit

Im Februar 2008 tritt Peter Wright erstmals als Profi auf dem PDC Circuit an. Und gleich der Beginn zeigt ihm ziemlich deutlich, wie mühsam der Weg in die Weltspitze sein wird. In den ersten fünf Monaten gewinnt Wright kaum ein Match, verliert bei 13 seiner ersten 16 Turniere in der ersten oder zweiten Runde. „Ich habe im ersten Jahr 1200 Pfund eingespielt", erinnert er sich, „und mir immer Sorgen ums Geld gemacht."

2009 kommt er auf 19 750 Pfund. Er qualifiziert sich zum ersten Mal für Major-Turniere, unter anderem das World Matchplay und die Weltmeisterschaft. Peter Wright ist inzwischen als „Snakebite" unterwegs, weil der süße Drink „Snakebite", dieser Mix aus Bier, Cidre und einem Schuss schwarze Johannesbeere, sein Lieblingsgetränk ist. Seine Haare sind nun bunt und meistens steckt ein falscher Dreadlock-Zopf an seinem Hinterkopf. Mit diesem Outfit eckt Peter auch bei den Kollegen an: „Am Anfang haben sich viele gewundert", sagt er. „O, schau mal, da ist dieser Idiot, dieser Clown. Ich war der ‚weirdo', der Verrückte mit den bunten Haaren."

Vor allem die gefärbten Haare werden zum Markenzeichen des Schotten. Man darf nicht vergessen, er ist zu dieser Zeit nicht mehr 18 und ein junger Wilder, sondern Ende 30. Die Idee hat seine Tochter Jessie, die selber mit permanent wechselnder Haarfarbe durchs Leben rennt und ihren Vater fragt, ob er das nicht auch auf der Bühne machen wolle. Später kommen die bunten Shirts und teilweise noch bunteren Hosen dazu. Anfangs produziert die Firma Loudmouth die Outfits von Wright, doch Joanne möchte recht bald eigene Ideen umsetzen und nimmt die Gestaltung selber in die Hand. Aus einem Spleen entsteht eine Marketingstrategie, die mit jedem Jahr professioneller, aber auch mit sehr viel Liebe umgesetzt wird. In den ersten Jahren trägt „Snakebite" kein Bühnenoutfit ein zweites Mal. Immer wieder lässt Joanne sich neue Entwürfe, neue Farbkonstellationen einfallen. Zudem hat die Friseurin die Idee, den Schlangenkopf in die Frisur zu integrieren. Viele Zuschauer denken ja, er sei auf die Kopfhaut tätowiert.

Rollenspiel als Therapie

Ein beinahe genialer Nebeneffekt dieser Aufmachung: Der schüchterne Peter Wright schlüpft nicht nur in all diese unterschiedlichen Kostüme, sondern auch in eine Rolle, in die Bühnenfigur „Snakebite". Er versteckt seinen eigentlichen Charakter hinter all den Farben. Es ist letztlich für ihn Schlüssel zum ganz großen Erfolg. „Die Haare, die Klamotten", erklärt Peter, „stimmen mich auf mein Match ein, du kannst es als eine Art Kriegsbemalung sehen." „Snakebite" und Peter sind zwei völlig unterschiedliche Charaktere. Auf der einen Seite der schüchterne, introvertierte Peter, der zu Hause zurückgezogen in einem Bauernhaus lebt und gerne allein vor sich hinwerkelt, auf der anderen Seite „Snakebite", der Superstar, in einer ziemlich schrillen und verrückten Darts-Welt.

Mit diesem simplen Verkleidungstrick, diesem Rollenspiel platzt endlich der Knoten. Peter gelingt es, das Selbstbewusstsein, das er zu Hause am Dartboard immer schon hatte, diese tiefe innere

Überzeugung, mit einem ungewöhnlichen Talent gesegnet zu sein, auch auf der großen Bühne abzurufen. Doch wer glaubt, dass dadurch plötzlich der große Erfolg aufpoppte, liegt falsch.

Der Weg ist mühsam. Es gibt einzelne Highlights wie die erste Finalteilnahme auf der Pro Tour im Juni 2010 oder die Achtelfinalteilnahmen bei den UK Open 2011 und 2012. Peter qualifiziert sich auch für andere große Major-Turniere, inklusive der Weltmeisterschaft. Im Ally Pally ist 2011 durch die Siege über Co Stompé und Paul Nicholson die Runde der letzten 16 drin, bevor Taylor ihm ein 1:4 verpasst. Insgesamt ist es jedoch zu wenig, er kann von den Einnahmen nicht seine Familie finanzieren. Auch der erste PDC-Sieg auf der Pro Tour im Oktober 2012 verändert die Gesamtsituation nicht. Anfang 2013 ist Peter Wright die Nummer 26 der Welt. Über diese Jahre sagt Peter heute: „Ich habe es so gehasst zu verlieren, aber mir war klar, dass es mühsam wird."

Fleißig und detailversessen

Wenn man Peter in seinen schrillen Outfits beim Walk-on von rechts nach links springen sieht, kann man sich kaum vorstellen, dass dieser Showman unglaublich fleißig und diszipliniert trainiert. 2011, 2012 hatte er zum Beispiel mal eine Phase, in der er viel mit Mervyn King trainierte. King ist bekannt dafür, einer der fleißigsten Spieler auf der Tour zu sein. King und Wright passten also wunderbar zusammen und spielten täglich gerne ein Trainingsmatch, das über 100 Legs ging. Inzwischen trainiert Peter viel allein, probiert Dinge aus, tüftelt herum, verspürt den permanenten Drang, sich zu verbessern. Er hat sich Kameras in sein Darts-Büro gebaut, um seinen Wurf besser analysieren können. Er ist detailversessen, kontrolliert immer wieder, ob sich sein Wurf nach einer Belastung von ein, zwei Stunden verändert. Dieser Tick mit den vielen verschiedenen Dart-Sets, die er mit zu einem Turnier nimmt, entspringt der Hoffnung, eventuell noch Kleinigkeiten für sich zu entdecken, die ihn nach vorne bringen.

WM 2014 - die Wende

Echter Erfolg will sich einfach nicht einstellen, auch wenn Wright inzwischen auf Weltranglistenplatz Nummer 16 steht und im Jahr 2013 knapp 130 000 Pfund eingespielt hat. Doch das reicht nicht, um sämtliche Kosten zu decken. Joanne, die ihn durchweg auf der Tour begleitet, kann das Minus in der Kasse auch nicht durch ihren Friseursalon „Medusa Hair" kompensieren. Dazu kommen die Reisekosten, die Nanny, die sich um die drei Kinder kümmert, wenn sie unterwegs sind. „Das war unser letztes Jahr auf der Tour. Wir hatten von Anfang an festgelegt, wenn ich nicht gut spiele, müssen wir das Ganze beenden. Uns ist das Geld ausgegangen", erzählt Peter.

Noch einmal Ally Pally. Die WM 2014 soll das Thema Profidartkarriere endgültig beenden. Es ist die vierte PDC-WM für „Snakebite". Damals wird noch in einem 64er-Teilnehmerfeld gespielt. Durch die Setzung bei einer Weltmeisterschaft ist festgelegt, dass die Nummer 16 im Achtelfinale auf die Nummer eins trifft. Phil Taylor ist in diesem Jahr zum letzten Mal topgesetzt. Peter gewinnt sein Auftaktmatch glatt mit 3:0 Sätzen gegen Joe Cullen, der zuvor noch nie ein WM-Match gewinnen konnte. Wright spielt gut, gewinnt auch die zweite Runde gegen den Dänen Per Laursen mit einem 98er-Average. Und plötzlich kommt Bewegung in das Turnier: An WM-Tag acht gibt es die erste Riesenüberraschung. Phil „The Power" Taylor, der 2013 in Topform war, verliert zum zweiten Mal überhaupt in der zweiten Runde der Weltmeisterschaft. Es ist der allererste Sieg gegen Taylor für den 23 Jahre jungen Michael Smith. Der „Bully Boy" war als frischgebackener World Youth Champion zur WM gekommen und an Position 32 gesetzt.

Wright nutzt die Gelegenheit, spielt zum ersten Mal in seiner Karriere bei der WM einen Average von über 100 Punkten (105 Punkten) und besiegt Smith im Achtelfinale knapp mit 4:3. „Ich habe damals gegen Michael gespielt, als wäre er Phil", erinnert sich Wright. „Er hatte den 16-maligen Weltmeister geschlagen und ich wusste, ich musste meine besten Darts spielen, um da durchzukommen."

Viertelfinale gegen Wes Newton

Einen Abend später geht es weniger hochklassig zu, dafür aber dramatisch. Es ist der erste Viertelfinalabend der WM, Peter Wright hat es zum ersten Mal in die Runde der letzten acht geschafft. Sein Gegner ist die Nummer acht der Welt, Wes Newton. Newton spielt in dieser Phase seiner Karriere das Dart seines Lebens. Im Turnierverlauf hat er gerade mal zwei Sätze abgegeben, einen in Runde eins gegen Royden Lam aus Hongkong und den anderen im Achtelfinale gegen die Nummer neun der Welt, Robert Thornton. John Part besiegt er in der zweiten Runde zu null. Gegen Peter Wright erwischt der „Warrior" den deutlich besseren Start, geht schnell mit 2:0 Sätzen in Führung bei der Distanz Best of 9 Sets. Wright gleicht aus zum 2:2. Joanne ist angespannt. Sie sieht mitgenommen aus, hält beinahe das gesamte Match über die Hand ihrer Tochter. Gleich neben Jessie sitzt Granddad, das Wright-Team ist damit komplett. Im fünften Satz kann Peter 96 Punkte mit zwei Aufnahmen nicht checken. Damit lässt er die Gelegenheit aus, zum ersten Mal in Führung zu gehen. Newton schnappt sich das 3:2 in Sätzen, hat kurze Zeit später einen Dart auf Doppel-20 zum 4:2. Doch er verpasst. Newtons Vater und Bruder sitzen im VIP-Bereich und schlagen die Hände über dem Kopf zusammen, weil sie wissen, dass das eine Vorentscheidung gewesen wäre. Wright dreht in diesem sechsten Satz ein 0:2 in den Legs, checkt im Entscheidungs-Leg 120 Punkte mit dem sogenannten Shanghai Finish. Alle drei Darts bleiben dabei im 20er-Segment: Triple-20, 20, Doppel-20.

Dieses Viertelfinale wird immer mehr zum Drama, weil sich beide ein ums andere Mal entscheidend in Position bringen können, den Sack dann aber nicht zumachen. Es geht hin und her. Und das in dem Match, bei dem es bei Wright um alles oder nichts geht. Das WM-Halbfinale ist sein großes Ziel zu Beginn der WM 2014. Erreicht er es, geht die Karriere weiter, verliert er vorher, ist endgültig Schluss. Niemand außer den Wrights weiß das natürlich, aber damit ist im Nachhinein klar, weshalb Joanne derart mitleidet. Es geht ja auch um ihr Leben, das sich im Falle des Ausscheidens um 180 Grad drehen würde.

4:4 in Sätzen, das Match geht in den Entscheidungssatz, bei dem erst ein Vorsprung von zwei Legs den Sieg bringt. Wright schafft das Break zum 2:0 in den Legs, braucht jetzt noch ein einziges Leg zum Sieg. 101 Punkte Rest, er wirft die 20 für die Triple-19, macht 24 Punkte Rest. Wright bekommt seinen ersten Match-Dart und verpasst die Doppel-12. Newton kann 158 Punkte nicht checken. Und jetzt die Gelegenheit: Drei weitere Match-Darts warten bei 24 Punkten Rest. „Snakebite" trifft die große 12 und wirft zwei Darts rechts an der Doppel-6 vorbei. Joanne vergräbt ihr Gesicht im rechten Arm. Es ist noch nicht vorbei. Vier Match-Darts vergeben und Peter steht auf der Bühne und grinst.

Der nächste kleine Wendepunkt in dieser irren Partie: Newton checkt über die D12 zum 1:2 in den Legs, trifft später die Doppel-8 zum 2:2. Nach über zwei Stunden Spielzeit geht es in die Verlängerung. Wright benötigt vier Darts, um 40 Punkte zu checken: 3:2. Newton gleicht aus. Im achten Leg, beim Stand von 4:3 für Wright, hat er 121 Punkte Rest, Newton steht bei 120 Zählern. Es ist die nächste Chance für den Schotten, die Darts-Karriere um mindestens ein Jahr zu verlängern. Wright wirft den ersten Dart knapp unterhalb der Triple-20 und steht bei 101 Punkten, trifft die Triple-17 und hat jetzt seinen fünften Match-Dart. Einen Wurf ist er jetzt nur noch entfernt vom WM-Halbfinale, von der Gewissheit, dass die Reise doch noch nicht beendet ist. Er braucht einen Treffer im flächenmäßig kleinsten Feld des Dartboards: im Bullseye.

Peter trifft. Er gewinnt mit 4:3 gegen die Nummer acht der Welt. „Das war der wichtigste Dart meiner ganzen Karriere", sagt er später. Er dreht sich zum Publikum, reißt die Arme hoch, hüpft ein paar Mal auf der Stelle und lässt sich von seinem enttäuschten Gegner beglückwünschen. Joanne und Jessie umarmen sich gefühlt minutenlang, sie lassen sich gar nicht mehr los. „Könntest du mich bitte einmal kurz kneifen?", bittet Peter den Reporter im unmittelbar anschließenden Sieger-Interview. „Ich möchte mir sicher sein, dass ich das nicht alles geträumt habe."

Dieses Match wird zum Aha-Erlebnis für Wright, zum berühmten „life changing moment". Er gewinnt das Halbfinale gegen Simon Whitlock glatt mit 6:2-Sätzen, spielt den nächsten 100er-Average und sagt: „Es hat sich heute wie ein neues Turnier für mich angefühlt. Ich habe einfach eine Partie Darts gespielt, so, als würde ich zu Hause in meinem Pub stehen."

Mit diesem Erfolg schafft Wright den Sprung auf Weltranglistenplatz Nummer sieben. Und auch, wenn es im WM-Finale gegen Michael van Gerwen noch nicht reicht und er dieses Finale mit 4:7-Sätzen verliert: Diese WM 2014 wirkt wie eine mehrwöchige Therapiesitzung, zeigt ihm, dass alles möglich ist. Daher auch sein Appell an den Darts-Nachwuchs „Der Glaube an dich selbst ist alles im Darts. Jedem Kind, das Darts spielt, möchte ich sagen: Glaube an dich. Hör nicht auf diejenigen, die behaupten, du wärest nicht gut genug!"

Neben dem neuen Selbstbewusstsein gibt es auch noch 100 000 Pfund Preisgeld, die das Leben der Wrights verändern. Das belastende Thema Geld ist endlich aus der Welt, die Renovierungsarbeiten am Bauernhaus können fortgesetzt werden. Seit Monaten liegt eine ganz besondere Holztischplatte in der Garage, die Peter irgendwann mal günstig abgestaubt hat. Sie ist aus einem riesigen Baum geschnitten, über zwei Meter lang und wird wie geplant zum Mittelpunkt der Küche.

Das Jahr 2017

Seit der WM-Finalteilnahme 2014 hat Peter Wright die Top Ten der Welt nicht mehr verlassen. Sein Spiel wird stetig besser, genauso wie er es immer angekündigt hat. Er wird zum Premier-League-Spieler, gewinnt ab jetzt in jedem Jahr mindestens zwei Turniere.

Aber für manche ist er seit Erreichen des WM-Finales von 2014 immer noch ein One-Hit-Wonder, eine Eintagsfliege. Um zu den Big

Boys zu zählen, braucht es einen Major-Sieg. Die Kollegen ziehen ihn damit auf und das nagt an Peter Wright.

2016 wird eine typische Wright-Saison, mit konstanten Leistungen, mit sieben Finalteilnahmen, aber eben nur einem einzigen Turniersieg auf der Pro Tour. 2017 wird also auch das Jahr, in dem „Snakebite" die letzten Zweifler überzeugt,

UK Open – der erste Major-Sieg

Durch die WM-Halbfinal-Teilnahme 2017 beginnt Peter das Jahr als Nummer drei der Welt. Und endlich passiert das, worauf er schon lange wartet: Er geht auch die letzten Schritte in einem Turnier, sammelt Siege, so wie das bislang nur Michael van Gerwen oder Phil Taylor gelang. Von den ersten sechs Pro-Tour-Turnieren, gewinnt „Snakebite" drei. So viele Turniersiege hatte er 2014 und 2015 in der gesamten Saison. Diesmal ist es gerade erst Mitte Februar und die Tour steuert auf das erste große Major-Ranglisten-Turnier zu, die UK Open.

Einige der Topfavoriten sind nicht dabei: Titelverteidiger van Gerwen zieht wegen Rückenproblemen seine Teilnahme zurück. Taylor hatte die Qualifikationsturniere ausgelassen und ist ebenfalls nicht am Start. Und Gary Anderson unterliegt zum Auftakt dem Qualifikanten Paul Hogan.

Peter Wright dagegen zieht mit dem Sieg über Dave Chisnall ins Achtelfinale ein. Dort wird ihm der Tour-Neuling Rob Cross zugelost: 10:6. Wright kommt ohne größere Probleme durch das Turnier. Eine unglaubliche Viertelfinal-Session folgt am letzten Turniertag: Von möglichen 76 Legs werden 75 gespielt. Alan Norris, Gerwyn Price und Daryl Gurney gewinnen ihr Viertelfinale jeweils im Entscheidungs-Leg mit 10:9. Peter Wright besiegt den letzten UK-Open-Champion im Turnier, Raymond van Barneveld, mit 10:8. Im Halbfinale folgt ein glatter Sieg über den Nordiren Gurney. Und so steht Wright zum dritten Mal im UK-Open-Finale, nach 2015 und 2016, wo er jeweils gegen van Gerwen verlor. Diesmal wartet mit Gerwyn Price ein Major-Final-Debütant auf ihn, der gerade die Top

20 geknackt hat. Eines steht somit fest: Es wird auf jeden Fall einen neuen Major-Champion geben.

Peter erwischt den besseren Start, checkt im dritten Leg 104 Punkte zum 3:0. Wer zuerst elf Legs gewinnt, sichert sich die 70 000 Pfund Preisgeld. Und alles spricht für Wright. Er führt 4:1, später 5:2 und 8:3, bevor Price für einige Minuten das Kommando übernimmt und drei Legs in Folge gewinnt: 6:8. Doch das war's, mehr Legs wird es für den „Iceman" nicht geben, der nach einem langen und anstrengenden Tag müde wirkt. Wright spielt wie ein Champion, ein Start-Ziel-Sieg. Seine letzten 85 Punkte checkt er über das Bullseye. Er reißt die Arme hoch, zeigt kurz auf Joanne, die unglaublich erleichtert wirkt. Es ist geschafft, der erste Major-Sieg. Neun Jahre nachdem er den Schritt in Richtung PDC gewagt hatte, über drei Jahre nach dem WM-Finale 2014. Die gesamte Siegerehrung ist für „Snakebite" ein einziger Kampf mit den Tränen. Es ist für jeden sichtbar, was ihm dieser Erfolg bedeutet. Bevor John McDonald ihn jetzt als UK-Open-Champion feiert, gibt er sich selber zwei leichte Ohrfeigen, die eine rechts, die andere links, als wolle er sich vergewissern, dass er nicht träumt. „This monkey is off my back", sagt er erleichtert, soll heißen: Endlich ist der Druck weg, einen Major-Sieg zu schaffen. Man hat den Eindruck, gerade in diesen Momenten kommt seine gesamte Lebensgeschichte hoch. „Der Titel bedeutet mir und meiner Familie unglaublich viel", sagt er beim Sieger-Interview. „Ich widme ihn meiner Frau Jo, die mich immer und in allem unterstützt hat."

Joanne und Peter sind ein besonderes Paar, ein ungewöhnliches Team auf der Tour. Inzwischen gibt es einige Lebenspartner, die bei der Organisation der Reisen helfen und häufig dabei sind. Jo fehlt nie, sie reist immer mit, wenn nicht gerade gesundheitliche Probleme sie hindern, wie zuletzt 2020, als sie starke Rückenschmerzen hatte und sich einer Operation unterziehen musste. Drei, vier Stunden bevor das Match beginnt, macht sie sich mit Peter auf den Weg zur Halle. Zuvor im Hotel wird die Frisur hergerichtet, was in der Regel zwei Stunden dauert, sich aber auch schon mal viereinhalb

Stunden hinzog. In dieser Zeit kann Peter relaxen, solange er den Kopf ruhig hält.

„Jo ist der Boss!", sagt Peter grinsend. Sie entscheidet, welche Frisur gemacht wird, welches Outfit er trägt, welche Interviews anstehen, wo bei einer Homestory im Haus gedreht werden darf und wo nicht. Peter soll sich ausschließlich auf Darts konzentrieren, den Rest regelt sie. Auch, dass sie den Platz unten im VIP-Bereich bekommt, den sie haben möchte. Da geht es unter den Angehörigen übrigens auch nach Ranglistenposition und Status. Joanne scheut keine unangenehmen Diskussionen. Ihr ist es wichtig, im Match in Blickkontakt mit ihrem Mann zu stehen.

Finale der Premier League gegen Michael van Gerwen

Das Jahr 2017 geht auch nach den UK Open so rasant weiter, wie es angefangen hat. In den nächsten zwei Monaten holt sich Peter drei Titel auf der European Tour und steht in zwei weiteren Pro Tour Finals. Er hat zum ersten Mal über Wochen und Monate einen echten Lauf. Er spielt die Darts seines Lebens und der Drang nach weiteren Major-Siegen ist groß. Was noch fehlt, erzählt er abends mal in kleinem Kreise, ist der Major-Sieg im Finale gegen einen der Großen, am liebsten gegen Michael van Gerwen. Die Möglichkeit dazu kommt schon sehr bald, Mitte Mai, mit dem Finale der Premier League.

Über 12 000 Zuschauer haben sich in der riesigen O_2-Arena von London eingefunden, wo seit 2012 das Finale der Premier League gespielt wird. Best of 21 Legs. Dem Sieger winkt ein Preisgeld von einer Viertelmillion Pfund. Für Wright ist es das erste Premier-League-Finale seiner Karriere, MVG ist der Titelverteidiger, der diese Eliteliga auch 2013 gewann, damals im Finale gegen Phil Taylor.

Das 15. Leg läuft. Wright ist es endlich gelungen, gegen van Gerwen eine Partie von vorne zu spielen. So häufig war er gleich zu Beginn in Rückstand geraten und bekam keine Möglichkeit mehr, den Niederländer einzuholen. Diesmal führte Wright 3:0, später 7:3.

Doch jetzt, im 15. Leg, ist der Vorsprung bis auf zwei Legs zusammengeschmolzen. Wright liegt nur noch mit 8:6 in Führung, hat 104 Punkte Rest. Wirft 20, Triple-20, verpasst die Doppel-12, seine Chance zum 9:6. Van Gerwen checkt über die Doppel-20 und holt sich damit das vierte der letzten fünf gespielten Legs. „Snakebite" führt nur noch mit 8:7 und der Druck nimmt zu. „Mighty Mike" startet beim 8:8 zum dritten Mal in Folge perfekt mit einer 180. Wright kontert, er steht bei 84 Punkten Rest, trifft mit dem zweiten Dart die Triple-14, hat 22 Punkte Rest und checkt über die Doppel-11. Sein erstes Leg seit der 8:5-Führung. 9:8. Nur noch zwei Legs fehlen ihm zum Sieg. Van Gerwen holt sich sein Anwurf-Leg, gleicht aus: 9:9. Wright checkt 96 Punkte mit zwei Darts über die Doppel-18: 10:9. Was für ein Timing: Bei 361 Punkten Rest wirft Peter Wright seine sechste 180, macht 181 Punkte Rest. MVG steht bei 226. Obwohl es das Anwurf-Leg des Titelverteidigers ist, legt Wright jetzt vor und spielt nach der 180 drei weitere perfekte Darts: Triple-20, Bullseye, Triple-13. Das macht 149 Punkte und somit 32 Zähler Rest. Perfekt! Van Gerwen steht bei 92 Punkten. Und jetzt kommen die ersten drei Match-Darts von Peter Wright. Es wird laut in der O_2. Der erste Dart steckt bestimmt zwei Zentimeter zu weit rechts in der großen 16, der zweite etwas zu weit links neben der Doppel-8. Peter setzt an, geht dann doch noch mal einen Schritt zurück, was für ein Raunen unter den Zuschauern sorgt. Er atmet durch, es vergehen lange 21 Sekunden, bis er den dritten Dart ebenfalls knapp links an der Doppel-8 vorbeiwirft. Sein Blick geht genervt nach oben. Van Gerwen, dessen Average inzwischen bei 104 Punkten angekommen ist, verpasst die Triple-20, will jetzt Doppel-18, Doppel-18 spielen, wirft den zweiten Dart jedoch in das einfache 18er-Segment, den dritten in die 14, macht 40 Punkte Rest. Es gibt drei weitere Match-Darts auf der Doppel-8 für Peter Wright. Er wirft links vorbei, nähert sich mit dem zweiten Dart zwar seinem Ziel, ist aber weiterhin zu weit links, wenn auch nur wenige Millimeter. Er korrigiert nach rechts und wirft den dritten Dart in die Acht. Dieses Finale ist tatsächlich noch nicht vorbei. Unfassbar. „Snakebite" hält sich auf dem

Weg zum Board die Hände vors Gesicht. Er geht mit kleinen Schritten, ohne etwas sehen zu können. Van Gerwen checkt seine 40 Punkte Rest mit dem zweiten Dart auf der Doppel-10. Ein letztes und entscheidendes Leg steht an. „Snakebite" scheint am Ende zu sein, er steht jetzt am vorderen Rand der Bühne und stützt sich auf seine durchgestreckten Beine. In der ersten Zuschauerreihe feiern fünf MVG-Fans lautstark das 10:10 in Legs. Aber „Snakebite" hat den Anwurf im Entscheidungs-Leg. 31 Sekunden nach dem verpassten sechsten Match-Dart. Das muss genügen, um diesen frustrierenden Moment hinter sich zu lassen. 31 Sekunden, das ist irgendwie nichts, doch im Darts eine Ewigkeit. Wright macht den Schritt zum Oche, das „Come on" ist gut von seinen Lippen abzulesen. Aber alle drei Darts landen ein, zwei Millimeter unterhalb der Triple-20. Macht 60 Punkte, schafft den nächsten schlechten Moment. Vor allem, weil MVG mit einer 180 antwortet. „Mighty Mike" dreht sich um, reißt die Augen auf, schreit lauthals. Peter steht wieder ungewohnt lange deutlich hinter dem Oche. Sein Blick geht Richtung Boden, seine Körpersprache deutet darauf hin, dass er geschlagen ist. Und so erzielt er mit der zweiten Aufnahme nur noch 41 Punkte. Das Match ist entschieden, weil van Gerwen nun nicht mehr nachlässt: 137 Punkte, 96 Punkte und dann checkt er 88 Zähler Rest mit dem ersten Match-Dart auf der Doppel-4. Er jubelt und kann es selber nicht fassen. Näher kann man nicht an einem Sieg dran sein.

Zu nett zum Siegen?

Dieses 10:11 im Premier League Finale von 2017 ist eine der bittersten Niederlagen in Peters Karriere, weil er in absoluter Hochform war und eben wegen der sechs Match-Darts. Die Tendenz, im Finale von Major-Turnieren zu scheitern, wird sich die nächsten Jahre fortsetzen.

Nur zwei Monate später, im Finale des World Matchplay, unterliegt Wright Phil Taylor, den er so schätzt und mag, vor dem er unendlichen Respekt hat. Und weil klar ist, dass Taylor zum allerletzten Mal bei seinem Lieblingsturnier dabei ist, überlässt Peter ihm im Finale den zweiten Walk-on, obwohl normalerweise der Spieler mit der höheren Ranglistenposition als Zweiter gehen darf. Phil Taylor ist nur noch die Nummer acht der Welt, Peter die drei. „Was soll das bedeuten, die Nummer drei der Welt zu sein, wenn du gegen den Besten der Welt spielst", sagt Wright direkt nach dem Spiel. „Ich hatte das Glück, gegen ihn dieses letzte Match in diesem Turnier spielen zu dürfen." Später gesteht er sich ein: „Das war im Nachhinein ein Fehler. In diesem Finale war ich einfach zu emotional, um gewinnen zu können." Wright unterliegt „The Power" klar und deutlich mit 8:18 Legs.

Schon früher wurde ihm in Spielerkreisen der Vorwurf gemacht, er sei zu nett, zu brav, um sich in der Weltspitze zu etablieren. Und manchmal kann er heute noch nicht aus seiner Haut. Peter Wright ist ein feiner Kerl, der seinen Gegnern und übrigens auch den vielen Fans mit viel Respekt begegnet. Für „Meet & Greet"-Aktionen ist er immer zu haben, genauso wie für andere PR-Tätigkeiten, gerade in Deutschland, wenn die PDC Europe eine Idee umsetzen möchte. Es überrascht auch nicht, dass junge Spieler gerne seine Nähe suchen und ihn öfter mal um Rat fragen. Dass sie im Sommer Dimitri van den Bergh für knapp drei Monate aufnehmen, passte zu den Wrights.

2018 und 2019: Ganz okay ist nicht genug

2017, das beste Jahr seiner Karriere, endet mit einer großen Enttäuschung, einem Rückschlag. Mal wieder. Peter sieht blass aus, hat 14 Kilogramm abgenommen. Ein paar Tage vor der WM war er nachts mit starken Schmerzen aufgewacht. „Es war die Hölle. Mein Bauch war riesengroß aufgebläht. Es fühlte sich an, als würde sich darin ein Ballon immer weiter aufblasen. Ich dachte kurzzeitig, ich bekomme ein Baby." Es geht in die Notaufnahme und der Befund lautet: drei Gallensteine.

Die Ärzte raten ihm von der WM-Teilnahme ab, aber Wright, der erstmals die Nummer zwei der Welt ist, will diese WM unbedingt spielen. Er unterzieht sich einer Diät, verzichtet auf Fleisch, auf alles Fettige, isst viel Obst. „Ich habe sogar Salat gegessen. Könnt ihr euch das vorstellen?", scherzt er. Damit kommt er um eine Operation herum, aber die Vorbereitung auf die WM wird natürlich erheblich beeinflusst. Vor so wichtigen Turnieren ist er es gewohnt, acht bis zehn Stunden täglich zu trainieren. Das geht bei weitem nicht, zu groß sind die Schmerzen. Die erste Runde der WM 2018 übersteht er noch so gerade gegen den Brasilianer Diogo Portela, aber in der zweiten Runde verliert er gegen den jungen Waliser Jamie Lewis mit 1:4 Sätzen.

Der Lauf von 2017 ist damit beendet. 2018 ist sportlich gesehen okay – nicht genug für jemanden, der ganz nach oben will. Die Premier League beendet Peter als Siebter, kein Sieg auf der European Tour, zwei Pro-Tour-Erfolge, Finale Champions League of Darts, Finale Grand Slam of Darts. Das war's. Damit rutscht „Snakebite" wieder auf Weltranglistenplatz drei zurück.

2019 verliert er bis zur WM vier weitere Weltranglistenplätze, was daran liegt, dass er die Punkte aus dem herausragenden Jahr 2017 verteidigen muss. Die Weltrangliste bezieht sich ja auf die letzten zwei Jahre. Wright gewinnt in der ersten Jahreshälfte kein einziges Turnier, feiert dann erstmals beim World Cup of Darts, der Team-WM, zusammen mit Gary Anderson den Erfolg für Schottland. Im Juli erlebt er eine überragende Woche mit drei Turniergewinnen nacheinander. Doch es ist nicht der erhoffte Wendepunkt. Erneut Finalteilnahme in der Champions League of Darts, wieder Finalteilnahme beim Grand Slam of Darts. Wright steht vor der WM auf Weltranglistenplatz sieben. Zudem misslingt die Generalprobe: Er verliert sein Auftaktmatch bei den Players Championship Finals, dem letzten Turnier vor der Weltmeisterschaft.

WM 2020

Kurz vor der Weltmeisterschaft 2020 bekommt Peter Wright Post von seinem Ausrüster. Ein neues Set Darts haben sie ihm gebaut. Schon wieder. Es ist das Set, das später als „Peter Wright Snakebite World Edition 2020" auf den Markt kommt. Peter ist von Anfang an begeistert und teilt seinem Ausrüster zwei Tage vor Turnierbeginn mit, dass er damit die WM gewinnen werde. Kein Witz. In der Vorbereitung auf die WM ist es der perfekte Motivationsschub, denn „Snakebite" liebt die Darts und trainiert selbst für seine Verhältnisse ungewöhnlich viel. Doch seine Auftaktpartie in der zweiten Runde wird um ein Haar zum Debakel. Der ungesetzte 42-jährige Noel Malicdem aus den Philippinen versemmelt ein Match-Dart und Wright gewinnt nach dem 4:4 das Entscheidungs-Leg.

Nach dieser intensiven Auftaktpartie ist Peter im WM-Modus. Der Start in ein Match, lange Zeit ein Manko in seinem Spiel, verbessert sich. In keiner Partie dieser WM gibt er den ersten Satz ab. Im Achtelfinale gegen den jungen Niederländer Jeffrey de Zwaan liegt er sogar mit 3:0 Sätzen vorne, bis plötzlich gesundheitliche Probleme auftreten. Wright ist drauf und dran aufzugeben und von der Bühne zu gehen. Er hatte sich über die Weihnachtstage eine Grippe eingefangen, tut sich im Match schwer, den Fokus zu halten, und verliert die Kontrolle über die Partie. „Bislang bringe ich mich selber in schwierige Situationen", sagt Wright selbstkritisch. Peter weiß nicht, wie, aber irgendwie gewinnt er den Entscheidungssatz gegen de Zwaan mit 5:3 Legs. Viel Zeit zur Regeneration bleibt nicht, das Viertelfinale gegen den jungen Luke Humphries findet am nächsten Tag statt. Der Matchverlauf ist ähnlich: Wieder führt Wright deutlich, wieder verpasst es „Snakebite", den Sieg ungefährdet perfekt zu machen. Nach dem 4:1 in Sätzen kommt der ungesetzte „Cool Hand Luke" auf 3:4 ran, bevor Wright den Sack dann doch zumachen kann. Damit zieht er nach 2014 und 2017 in sein drittes WM-Halbfinale ein. Dort wartete die Partie, auf die man schon vor Beginn der WM gehofft hatte: Peter Wright gegen Gerwyn Price.

Halbfinale gegen Gerwyn Price
Ihr letztes Duell liegt rund fünf Wochen zurück: 16:6 für Price im Finale des Grand Slam of Darts, ein Match, in dem „Snakebite" absolut chancenlos ist, Price über 22 Legs einen Average von 108 Punkten hält. „Ich wusste", sagt Peter rückblickend, „dass dieses Match anders sein würde. Beim Grand Slam of Darts spielst zu die Halbfinals am

Nachmittag, abends dann das Finale. Hier war es nur ein Match. Ich fühlte mich frischer und ich war mir sicher, dass meine schmaleren Darts mir helfen würden, mehr 180er zu erzielen."

Welche Darts Peter Wright spielt, ist bekanntlich ein Dauerthema auf der Tour. Und wie so oft bei Price, der seine Gegner gern im Vorfeld provoziert, beginnt dieses Halbfinale bereits in den Stunden der Vorbereitung hinter verschlossenen Türen im Practice Room. „Ich traf ihn unten", erzählt Wright, „und er sagte zu mir: ‚Ich werde mit 2:0 Sätzen vorne liegen und dann wirst du deine Darts sowieso wieder wechseln. Wirst schon sehen.'" Price ist also schon am Abend zuvor schon auf Krawall gebürstet. In einem Interview behauptet er, von einem 6:0-Sieg über Wright auszugehen.

Diese verbalen Seitenhiebe gehen für den „Iceman" jedoch nach hinten los, als alle seine Vorhersagen nicht eintreffen. Wright kommt besser in die Partie, gewinnt den ersten Satz im Entscheidungs-Leg. Und nachdem er die 81 Punkte über die Doppel-12 checkt, geht er mit einem breiten Grinsen zu Price an den Tisch, um ihn noch mal auf dessen Getöne vor der Partie anzusprechen. Doch Price reagiert nicht, schaut weg. Dann der Satzausgleich: Price trifft die Doppel-10, ballt die Fäuste, als stünde er in einem Boxring. Er bewegt sich in Richtung Wright, macht einen Boxhieb in die Luft und lässt all seine Wut gegen „Snakebite" raus. Diesmal ist es Wright, der wegschaut, und auf dem Weg runter von der Bühne berühren sich die beiden ganz kurz. Es raucht und man fragt sich, wer mit dieser Situation wohl besser umgehen kann.

Peter Wright führt 3:2 in Sätzen, ist insgesamt der bessere Spieler, erwischt mehr Triple-Felder, hat den höheren Average, doch er lässt wichtige Darts aus und kann sich nicht wirklich von Price absetzen. Dieses WM-Halbfinale bleibt ein Fight, ein Psychokrieg. Auch Price lässt Set-Darts aus, wirft einen Dart aus Frust denkbar knapp am Kopf von Peter vorbei, weil es ihm nicht schnell genug geht. Als Wright sich dann die letzten drei Sätze holt und den 6:3-Sieg perfekt macht, verweigert Price ihm den Handschlag. Und das in einem WM-Halbfinale. Die Entschuldigung folgt gleich am nächsten Tag, er habe es übertrieben, gesteht der „Iceman". „Ich möchte mich dafür entschuldigen, dass es zu keinem Shakehands kam, auch wenn es dafür keine Regel der PDC gibt."

Finale gegen Michael van Gerwen

Das nächste große Duell mit Michael van Gerwen steht an. Über 80 Duelle, mehr als 60 Niederlagen: Gegen keinen Spieler hat Peter Wright so häufig auf der Tour gespielt wie gegen „Mighty Mike". Und gegen niemanden so häufig verloren, gerade in Major-Finals. Da gab es für Wright zehn Niederlagen nacheinander. Major-Finals sind absolute Highlights in einer Karriere, zehn solcher Niederlagen wegzustecken und den Glauben an den ersten Sieg aufrechtzuerhalten, braucht Nehmerqualitäten. Davon hat das Stehaufmännchen „Snakebite" bekanntlich ausreichend.

Nicht dass Wright gegen van Gerwen in der Vergangenheit nicht gewinnen konnte: Der WM-Sieg 2020 war bereits sein 18. Erfolg. Zwei European Tour Finals 2017 holte er gegen ihn, in Sindelfingen, beim European Darts Grand Prix, gewann er das Finale sogar mit einem Whitewash mit 6:0 Legs. Die Grundtendenz konnten diese Erfolge dennoch nicht verändern. Und es gab halt auch lange Durststrecken: elf Niederlagen in Serie von April 2011 bis September 2013, 16 Niederlagen nacheinander von Juli 2015 bis Februar 2017. Rund zwei Jahre lang nicht gegen den Hauptkontrahenten zu gewinnen, ist hart. Das brennt sich ins Stammhirn ein. Taktisch liefen diese Matches häufig identisch ab: Van Gerwen erwischt den besseren Start und ist irgendwann nicht mehr einzuholen. Klingt unverschämt simpel, ist aber so.

Wie geht man in solch eine Partie, wenn du weißt, dass es in neun Anläufen zuvor nicht geklappt hat? „Ich wusste, dass ich das Spiel habe, ihn zu schlagen", sagt der unermüdliche Peter Wright. „Und ich hatte mir vorgenommen, wenn er Fehler macht, bin ich da."

An diesem 1. Januar 2020 ist die Wright-Familie komplett im Ally Pally vertreten: Joanne, Sohn Tristan, die Töchter Jessie und Mimi, Joannes Vater. Satz eins geht ins Entscheidungs-Leg. Van Gerwen fehlen ein, vielleicht zwei Millimeter um diesen Durchgang mit dem „Big Fish" zu beenden, dem 170er-Finish. Der dritte Dart steckt am Draht des Single Bulls. MVG liebt solche Momente, mit denen er seine Gegner früh im Match einschüchtern kann. Doch Wright bleibt unbeeindruckt, löscht die restlichen 56 Punkte mit zwei Darts über Tops, der Doppel-20.

Die Fans in der Westhall des Alexandra Palace stimmen zum ersten Mal Peter-Wright-Gesänge an. „Snakebite" holt sich auch den zweiten Satz. 2:0.

Achter Satz, Wright liegt noch mit 4:3 in Führung, zum dritten Mal wird das Entscheidungs-Leg über Satzgewinn oder -verlust entscheiden. Van Gerwen hat Anwurf und damit den Vorteil, eine Aufnahme mehr zu haben, wenn alles normal läuft. Wright steht bei 190 Punkten, van Gerwen bei 72 Rest. Mit der 140er-Aufnahme erzeugt der Herausforderer Druck auf MVG, der weiß, dass er jetzt checken muss, wenn er nicht wieder einem Zwei-Satz-Rückstand hinterherlaufen möchte. Er will die Triple-16 für Doppel-12. Er trifft die große 16 und wird nur eine einzige Chance auf Doppel-20 bekommen – und verpassen. Ein schwerer Fehler im Spiel des Michael van Gerwen. 50 Punkte Rest für Peter Wright: 18 für Doppel-16. Er trifft die Doppel-16 im ersten Versuch, es ist der Lohn für diese starke 140 zuvor, mit der er van Gerwen ins Grübeln brachte.

Satz neun. Wright lässt einen Dart auf „Tops" aus und den nächsten auf der Doppel-10. Damit hätte er diesen Satz mit 3:1 Legs frühzeitig für sich entscheiden können, das wäre das 6:3 in Sätzen gewesen. Wieder muss das Entscheidungs-Leg her, in dem van Gerwen seine Chance auf der Doppel-10 nicht nutzt. MVG deutet mit Zeigefinger und Daumen an, wie weit dieser Dart vom anvisierten Ziel entfernt ist. Nächste Chance für Wright, bei 70 Punkten Rest. Er trifft die Triple-10 und bekommt dadurch zwei Möglichkeiten auf seinem stärksten Doppelfeld in diesem Finale: Doppel-20. Der zweite Dart sitzt, passt und hat Luft.

Peter Wright ist nur noch einen Satz vom WM-Triumph entfernt. Doch wie häufig hatte er gegen „Mighty Mike" gerade in TV-Finals vorne gelegen und es dann doch in den letzten Zügen verbaselt.

Wright checkt die Doppel-12 zum 1:0, checkt die Doppel-8 zum 2:1 in den Legs und steht bei 238 Punkten. Er hat 70 Punkte Vorsprung und kann sich als Erster in den Finish-Bereich spielen. „Snakebite" ist im Selbstgespräch, steht am Oche, ist voll im Fokus. Joanne, die jetzt auf der Großleinwand zu sehen ist, verzieht keine Miene. Peter wirft den ersten Dart in die 1 und macht noch 81 Punkte daraus. Damit hat er auf jeden Fall seine erste Chance zum Sieg: 157 sind übrig. Van Gerwen braucht so dringend Treffer im Triple-Segment und erwischt nicht ein einziges: 57 Punkte. Damit hat Wright mindestens zwei Aufnahmen Zeit, um seinen großen Traum wahr werden zu lassen. 20, Triple-20, Triple-19, macht 137 Punkte. Mit dieser Aufnahme bereitet er perfekt vor, lässt sich 20 Punkte Rest. Es gibt die ersten Championship-Darts auf der Doppel-10. Der erste Dart landet knapp unterhalb der Doppel-10, der zweite ebenfalls. Dritter Championship-Dart – und der ist es. Der dritte Dart vollendet den Triumph. Wright kann zum ersten Mal gegen Michael van Gerwen einen Match-Dart im Finale eines TV-Turnier verwerten. Peter Wright ist der Weltmeister 2020. Er streckt die Arme nach oben, sein Lachen kommt zeitverzögert ein, zwei Sekunden später. Die Pyro-Fontänen werden gezündet. Er hält sich die Hände vors Gesicht, geht zu van Gerwen, geht zu Russ Bray, der ihm zuruft: „World Champion!" Joanne und die Kinder sehen noch ein wenig geschockt aus. Sie stehen jetzt im Kreis. Als Peter zu van Gerwen rübergeht, grinst der geschlagene Titelverteidiger, weil jetzt die Tränen fließen.

Es ist der größte Sieg seiner Karriere, im wichtigsten Finale des Jahres – das hat etwas sehr Versöhnliches: „Der WM-Sieg war noch schöner", sagt Wright, „weil ich MVG schlagen konnte. Er ist bei allen Turnieren der Topfavorit, er ist derjenige, den es zu schlagen gilt. Er ist ja auch derjenige, der mich in einem großen Finale normalerweise besiegt. Ihn bei der WM zu bezwingen, ist eine echte Genugtuung."

Ein Märchen wurde wahr. Das Märchen vom schüchternen Jungen, dem nie jemand etwas zutraute, der seine Prinzessin Joanne findet, mit ihr gemeinsam durch alle Täler und Krisen geht, um am Ende Weltmeister zu werden.

Weil Peter Wright gelernt hat, nicht mehr zurückzuschauen, um negative Erlebnisse hinter sich lassen zu können, wird er auch diesmal den Blick nach vorne richten. „Ich will meinen Titel jetzt verteidigen", sagt er gleich am nächsten Tag, „ich möchte dreimal Weltmeister werden. Und ich werde irgendwann die Nummer eins sein, werde Michael van Gerwen noch von dieser Position verdrängen." Finanziell haben die Wrights ohnehin ausgesorgt: Die 500 000 Pfund, die es für den WM-Sieg gibt, schrauben sein Gesamtpreisgeld auf über drei Millionen Pfund. Um Geld geht es längst nicht mehr für Peter. Es geht darum zu zeigen, dass alles möglich ist, wenn du es wirklich willst. NEVER GIVE UP!

Tagebuch

18. Juni
Kleiner Lichtblick: Mitteldeutschland bleibt offenbar auf Lockerungskurs. Michael Kretschmer, der Ministerpräsident von Sachsen, verkündet am Morgen, dass mit behördlichen Hygieneauflagen ab dem 1. September Veranstaltungen mit mehr als 1000 Zuschauern möglich seien. In Sachsen-Anhalt und Thüringen bleiben Großveranstaltungen bis zum 31. August untersagt. Für die PDC Europe könnte das bezüglich der German Darts Open, die vom 11. bis 13. September in Jena (Thüringen) geplant sind, interessant sein. Die nächste Wasserstandsmeldung seitens der PDC Europe wird nicht lange auf sich warten lassen.

18. Juni
Habe mich mit Gabriel Clemens um 10 Uhr in seinem Büro in Reisbach getroffen. Das Gespräch ging über drei Stunden und ich habe wirklich neue Einblicke gewonnen. Gaga hat immer noch das Problem, dass er nicht weiß, ob er in England zunächst 14 Tage in Quarantäne gehen müsste, wenn er an den Summer Series teilnehmen möchte. Er würde das in Kauf nehmen, plant, am kommenden Dienstag auf die Insel zu fliegen. Sein Sponsor Target hilft ihm, er könnte diese 14 Tage in der Wohnung eines Mitarbeiters verbringen, müsste also nicht ins Hotel gehen, was ja auch eine Kostenfrage ist. Ob die Summer Series tatsächlich zu einem Ranglistenevent werden, also fünf Players-Championship-Turniere stattfinden, ist sehr fraglich. Die Einreiseregularien für die internationalen Spieler sind weiterhin unklar. Gabriels Freundin Lisa ist zwar in permanentem Austausch mit der PDC und auch der PDPA (Spielergewerkschaft), aber so wirklich klären konnte man die Situation noch nicht. Wie gesagt, in fünf Tagen müsste Gabriel spätestens los, ansonsten könnte er die 14-Tage-Regelung nicht einhalten. Sein Plan ist, dann

gleich bis zum World Matchplay in England zu bleiben. Dort ist er, Stand heute, zum ersten Mal qualifiziert.

24. Juni

12.45 Uhr. Sitze gerade in der Bahn von Berlin nach Hannover. Das Wetter ist zum Glück 'ne glatte Eins: wolkenloser Himmel bei knapp 30 Grad. Es geht zur ersten Veranstaltung seit Ende Januar, seit über fünf Monaten: zur Drive-in-Darts-Gala der PDC Europe. Der Zug ist ganz schön voll, kann mich nicht daran gewöhnen, den Mundschutz länger als eine halbe Stunde zu tragen. Bin sehr gespannt, wie das wird, vor Autos zu moderieren. Es sollen 300 Tickets verkauft worden sein. Bei dieser Drive-in-Darts-Gala sind Michael van Gerwen, Raymond van Barneveld, Max Hopp und Dimitri van den Bergh mit dabei, außerdem mit Timo Kastening und Sven-Sören Christophersen zwei Handballer des Bundesligisten Hannover-Burgdorf, die in einer Challenge gegen MVG und Hopp antreten werden.

Erste Bühnenprobe ist heute gegen 15 Uhr. Vor der Veranstaltung, die um 19 Uhr beginnt, führe ich noch vier Interviews für DAZN, mit MVG, „Barney", Hopp und van den Bergh. Und Pfeile werde ich heute auch ein paar schmeißen: „Beat The Elmar" steht an. Die Stars bekommen ein Handicap, damit ich wenigstens eine klitzekleine Chance habe.

24. Juni

22.55 Uhr. Ich sitze wieder in der Bahn, bin auf dem Rückweg nach Berlin zu meiner Freundin. Die Drive-in-Darts-Gala war cool. Man hat den Spielern angemerkt, wie sehr sie sich gefreut haben, mal wieder auf einer Bühne vor Fans zu spielen. Auch wenn es eine Outdoorveranstaltung war und eher ungewöhnliche Bedingungen für die Spieler herrschten. Doch an diesem Abend ging es einfach darum, Spaß zu haben – und den hatten wir. Mir haben die längeren Gespräche Spaß gemacht, die ich mit allen führen konnte. Max Hopp kann dieser Corona-Zeit auch Positives abgewinnen: „Ich habe mich bei vielen alten Freuden gemeldet", erzählte er, „habe lange nicht mehr so viel Zeit mit meinen Eltern verbracht. Wir haben Skat und andere Sachen gespielt, so wie früher." Max verliert das Finale gegen Michael van Gerwen, aber das ist diesmal nebensächlich.

Apropos: MVG hat sich ein neues Auto gekauft, mal wieder. Er ist mit seinem Rolls-Royce nach Hannover gekommen. Als ich das gute Stück sah, dachte ich, die Queen wäre dabei. Ja, er zeigt schon ganz gerne, dass er ein paar Euro auf dem Konto hat.

Ach so, es gab heute einen Heiratsantrag. Christian, ein großer MVG-Fan hatte im Vorfeld die PDC und auch mich angeschrieben; er wollte, dass van Gerwen sozusagen den Antrag übernimmt. Michael hat das klasse gemacht, unterbrach irgendwann das Interview, das ich mit ihm führte, und sagte: „Hast du da unten das Auto mit niederländischer Fahne gesehen? Ich gehe da jetzt mal hin." Das mit der Fahne war natürlich abgesprochen. Er nahm ein 180er-Schild mit, auf dem stand: Katharina, willst du Christian heiraten? Sie hat „Ja" gesagt. Zum Glück.

27. Juni

Heute gab es Post von der PDC: Die Summer Series finden tatsächlich als Ranglistenturnier statt. Das muss dann ja bedeuten, dass internationale Spieler ohne 14-tägige Quarantäne nach England reisen dürfen, weil sie beruflich unterwegs sind. Zudem hat die PDC erklärt, dass das Ranglistensystem ganz normal fortgesetzt wird. Bedeutet: Die Ergebnisse aus 2018 fallen raus und werden von denen aus 2020 ersetzt. Das trifft vor allem die Spieler hart, die 2018 sehr erfolgreich waren. Max Hopp hat gleich mal fünf Plätze in der Weltrangliste eingebüßt. Glen Durrant und Krzysztof Ratajski gelingt hingegen durch diese Regelung der Sprung in die Top 16.

28. Juni

Lache mich gerade schlapp. Bin extra aus meiner Hängematte im Garten hoch auf den Dachboden an meinen Schreibtisch gegangen, weil das einen Tagebucheintrag wert sein muss: Der dreimalige Weltmeister John Lowe, seines Zeichens MBE (Member of the Order of the British Empire), verkauft tatsächlich Desinfektionsmittel für Darts und Boards: „Darts & Dartboard Sanitiser", so nennt er sein Wundermittel. Was für ein Schwachsinn ist das denn bitte. Aber geschäftstüchtig war er immer, der gute John, und ist es offensichtlich auch jetzt noch, mit 74 Jahren.

Kapitel 8
Fallon Sherrock – die Gelassene

Es ist eine unruhige Nacht. Immer wieder wacht sie auf, geht ein paar Schritte durch das nicht besonders große Hotelzimmer und legt sich anschließend wieder ins Bett. Sie will ihre Freundin Carey nicht wecken, die mitgekommen ist, um ihr am Vorabend der WM Gesellschaft zu leisten. Fallon lässt ihretwegen den Fernseher aus, der ihr jetzt wohl ein bisschen Ablenkung verschaffen könnte. Jeder kennt das: wenn dich deine Gedanken nicht schlafen lassen, obwohl du weißt, wie gut dir der Schlaf täte.

Normalerweise schläft Fallon Sherrock in der Nacht vor einem Match fest wie ein Murmeltier. Aber dein allererstes Mal im Ally Pally, vor dem verrücktesten Darts-Publikum der Welt, ist kein normales Match. Vor allem nicht für Fallon Sherrock.

Als Carey, die selber eine gute Dartspielerin ist, gegen sieben Uhr wach wird, ist Fallon erleichtert, weil sie mit jemandem reden kann. Beide waren am Abend zuvor im Ally Pally, um sich an den für sie völlig neuen Austragungsort zu gewöhnen. Um ein Gefühl für die Halle zu bekommen, für die Fans, für die Lautstärke. Ihr Manager Jason Thame, vielleicht der einflussreichste Spielermanager auf der PDC Tour, hatte ihr dazu geraten. Es ist der Abend, an dem Gary Anderson seine Auftaktpartie gegen Brendan Dolan spielt. Der Abend, an dem Fallon Sherrock zum ersten Mal ihr Gesicht groß auf der Leinwand im Alexandra Palace sieht, weil die Kameras sie im VIP-Bereich entdeckt haben. Aber vor allem ist es ein Abend voller Vorfreude auf das, was morgen passieren wird. Am Tag zuvor hat Mikuru Suzuki, die aktuelle BDO-Weltmeisterin, einen elektrisierenden Auftritt gegen James Richardson hingelegt. Nach einem Rückstand von 0:2 Sätzen dreht Suzuki auf. Sie checkt 151, checkt 76 zum Satzausgleich. Es geht in das Entscheidungs-Leg des fünften Durchgangs. Richardson steht bei 100 Punkten, Suzuki bei 176 Rest. Und dann wirft die Japanerin nur 24 Zähler: 20, 1, T1. Sie bleibt bei 152 Punkten stehen, wodurch Richardson ein wenig entspannen kann. Zwei Match-Darts hatte er schon. Und auch den dritten setzt er knapp am Doppel vorbei. Der vierte sitzt, in der Doppel-5. Mikuru Suzuki, gefeiert von den über 3000 Fans im ausverkauften Ally Pally, kann die Überraschung nicht perfekt machen. Sie spielt zweifelsohne ein gutes Match, schreibt aber nicht Geschichte. Es bleibt dabei: Auf der größten Darts-Bühne der Welt, der WM im Alexandra Palace, hat noch nie eine Frau gegen einen Mann gewonnen.

Dienstag, der 17. Dezember 2019 ist der fünfte WM-Tag der Weltmeisterschaft 2020. Fallon Sherrock wird am Abend das dritte Match bestreiten. Zum Glück kennt sie den Gegner persönlich. Gegen den 22 Jahre jungen Ted Evetts hat die 25-Jährige in den letzten Jahren häufiger mal bei Jugendturnieren gespielt. An einem Abend mit derart vielen Unbekannten, tut es gut, sich ein wenig orientieren zu können.

Als Fallon mit ihrer Freundin am Tag zuvor angereist war, strahlte noch die Sonne über London. Jetzt ist es bewölkt und nasskalt. Zu ungemütlich für einen Spaziergang, um die Zeit ein wenig totzuschlagen. Der Tag will irgendwie nicht vergehen, auch wenn Manager und Freundin ständig bemüht sind, sie auf andere Gedanken zu bringen. Mittags quatscht Sherrock noch kurz im Hotel mit Michael van Gerwen, der ebenfalls von Jason Thame gemanagt wird. Fallon, Carey und Jason gehen zum Chinesen essen und fahren gegen 16 Uhr in Richtung Ally Pally.

Fallon und Felicia: Zwillinge am Board

Fallon Sherrock , geboren am 1. Juli 1994, wächst in Milton Keynes , einer tristen, ziemlich grauen Planstadt auf. Sie ist sieben Minuten älter als ihre Zwillingsschwester Felicia. Vater Steve ist Elektriker, Mutter Sue arbeitet in einem Supermarkt und ist zudem eine ganz gute Dartspielerin – auf Pub-Niveau eben. „Meine Eltern hatten nicht viel Zeit für uns", berichtet Fallon, „weil sie hart arbeiten mussten, um unseren Lebensunterhalt zu sichern."

Mit elf Jahren fangen Fallon und ihre Schwester Felicia mit Darts an. Die Mutter nimmt sie mit in den Pub, für den sie auch in einer Mannschaft spielt. „Das war ein ziemlich dunkler Schuppen", erzählt Fallon. „Meine Mutter wollte anfangs eigentlich nicht, dass wir mit dorthin gehen, weil es nicht sehr kinderfreundlich war. Aber teilweise ließ es sich nicht anders organisieren." Felicia ist anfangs die Bessere von beiden. Sie hat mehr Ehrgeiz, steht häufiger am Board. Auf die Frage, wann Fallon zum ersten Mal ihre Mutter bezwingen konnte, wird sie nachdenklich. „Ich habe, ehrlich gesagt, nie gegen meine Mutter gespielt. Sie stand immer mit Felicia am Board, weil die ja auch viel mehr Spaß am Darts hatte." Manchmal spielt Fallon zu Hause gegen ihren Vater, aber auch das kommt nicht besonders häufig vor. Ihr Talent zeigt sich eher dadurch, dass sie mit den anderen mithalten kann, obwohl sie wenig trainiert. „Ich bin damals halt immer mit meiner Familie zum Darts gegangen, ob ich wollte oder nicht", erzählt Sherrock. „Dadurch, dass ja auch mein Vater in einer Mannschaft spielte, waren wir permanent in Sachen Darts unterwegs." Und so bekommt sie mit der Zeit auch mehr Freude am Spiel. Die Eltern, vor allem die Mutter, erkennen das Talent ihrer Töchter und engagieren sich bei der Bedford Darts Organisation, in dessen County-Team beide Schwestern gemeldet sind.

Erste Erfolge

Im Sommer 2011 gibt es ein Aha-Erlebnis für Fallon: Sie und ihre Schwester werden unerwartet zum Jugendturnier des Europe Cups ins schottische Aberdeen eingeladen, die BDO nominiert die Sherrock-Schwestern erstmals für die Jugend-Nationalmannschaft. Sie treten in der Einzel- sowie gemeinsam in der Doppel-Konkurrenz an. Im Einzel übersteht Fallon die Gruppenphase und verliert im Viertelfinale. Im Doppel holen sich die Zwillinge den

Sieg. Ab jetzt wird immer deutlicher, wer von beiden das größere Potenzial hat. Drei Monate später im September wird nur noch Fallon zum WDF World Cup Youth eingeladen und gewinnt nicht nur ihren ersten internationalen Einzeltitel, sondern im Mixed-Jugend-Wettbewerb zusammen mit Jake Jones auch (mit 6:3) das Finale gegen Max Hopp und Ann-Kathrin Wigmann. Ein Finale, an dass sich übrigens beide Deutschen noch erinnern, nicht nur weil es auch ihr erster Einsatz in der Junioren-Nationalmannschaft war. „Fallon hatte damals schon eine ziemlich gute Hand und war in engen Situationen zur Stelle", sagt Max Hopp. Ann-Kathrin Wigmann hing an diesem Wochenende mit den Engländerinnen ab, weil das einfach eine lustige Runde war. „Fallon war ein netter Typ, aufgeschlossen, freundlich, wir haben damals viel zusammen gelacht."

Ein Jahr später treffen Ann-Kathrin Wigmann und Fallon Sherrock im Finale des World Masters Youth erneut aufeinander. Es ist eines der größten und wichtigsten Jugendturniere der Welt, und Sherrock setzt sich mit 4:1 durch.

Diese Erfolge sind wichtig für die junge Fallon; ihr wird klar, dass sie besser ist, als sie eigentlich gedacht hatte. Mit 16, 17 Jahren beginnt sie, mehr zu trainieren, steht viel mit ihrer Zwillingsschwester am Board. „Es bestand nie eine Rivalität zwischen uns", sagt Fallon. „Wir haben uns gegenseitig angestachelt, haben wirklich oft gegen- oder miteinander gespielt."

2012 spielt sie verstärkt auf der Damen-Tour der BDO und holt sich 2013 mit dem Women British Classic ihren ersten großen Titel. 2014 feiert sie ihr Debüt bei der Frauen-WM und verliert im Viertelfinale gegen ihre Freundin Anastasia Dobromyslova. Im Jahr darauf folgt der für einige Jahre größte Erfolg: Sie erreicht das Frauen-WM-Finale und unterliegt Lisa Ashton mit 1:3 Sätzen. Zuvor, im Halbfinale, hatte sie beim Sieg über Dobromyslova einen Rekord aufgestellt: Mit sechs 180ern warf sie die meisten „Maximums", die je in einem Frauen-WM-Match geworfen wurden.

Frauen im Dartsport

Anders als auf der Männer-Tour bedeutet diese WM-Final-Teilnahme von 2015 für Fallon Sherrock vielleicht den sportlichen, auf keinen Fall jedoch den finanziellen Durchbruch. Die Damen-Tour ist bis heute ein Amateurbetrieb, bei dem es um viel weniger Preisgeld geht. Es gibt keine Profis bei den Frauen.

Fallon ging mit 16 Jahren von der Schule ab und absolvierte anschließend die Ausbildung zur Frisörin. Bis November 2019 arbeitete sie als Angestellte in einem Frisörsalon in Milton Keynes. Ihr Sohn Rory, der an Autismus leidet, kam 2014 zur Welt, da war Fallon gerade mal 19 Jahre jung. Fallon ist alleinerziehend, Rory, den Beruf und Reisen zu Darts-Wochenenden unter einen Hut zu bringen, ist schwierig. Ohne die Unterstützung ihrer Familie und vor allem ihrer Mutter wäre das nicht zu schaffen.

Die Frauen-Tour hat kein Ansehen, kein Standing. Lange Zeit wird behauptet, es läge an der fehlenden Qualität. Oder noch besser: an der mangelnden Attraktivität der Spielerinnen. Es sind Erklärungsversuche einer Macho-Darts-Gemeinde. Ob Phil Taylor wegen seiner äußerlichen Attraktivität zum Superstar wurde, ist fraglich. Oder Michael van Gerwen?

Sechs Monate nach der Geburt ihres Sohnes bekam Fallon Sherrock Nierenprobleme und musste Medikamente nehmen, durch die ihr Gesicht anschwoll – in der Medizin spricht man vom sogenannten „moon face". Sherrock, die durch ihre Darts-Karriere weiterhin öffentliche Auftritte hatte, wurde via Social Media immer wieder von männlichen Trollen gehänselt. „Ich möchte diese Kommentare nicht wiederholen", sagt sie, „aber sie waren hart. Doch diese Kommentare inspirierten mich, gesund zu werden und allen das Gegenteil zu beweisen."

Darts war immer schon Männersache. Männer gingen in den Pub, Männer gründeten einen Verband, Männer organisierten Turniere und Männer waren nur den Männern wichtig. Kein Platz für Frauen.

Es ist tatsächlich so schrecklich simpel. Die BDO und später auch die PDC haben es schlichtweg verschlafen, eine attraktive Frauen-Tour aufzubauen, die für Sponsoren interessant gewesen wäre.

Frauen-WMs

Erst 2001 gibt es die erste eigene Frauen-Darts-WM. Eine Weltmeisterschaft mit unglaublichen vier Teilnehmerinnen aus zwei Ländern: Trina Gulliver, Crissy Manley und Mandy Solomons aus Großbritannien und die Niederländerin Francis Hoenselaar. Und das in einem Sport, der bei den Männern seit Mitte der 1970er-Jahre Weltmeisterschaften und internationale Wettkämpfe kennt. Ein Skandal. Gulliver, das „Golden Girl", bekommt für ihren Sieg ein Preisgeld in Höhe von 4000 Pfund – 42 000 Pfund weniger als John Walton, der die Männer-WM gewinnt. Während es die BDO in den nächsten neun Jahren, bis 2010, schafft, das Sieger-Preisgeld bei den Männern um 54 000 Pfund auf 100 000 Pfund aufzustocken, also mehr als zu verdoppeln, freut sich Trina Gulliver bei ihrem achten WM-Sieg 2010 über 6000 Pfund. So überrascht nicht, dass Fallon Sherrock 2015 mit ihrer WM-Final-Teilnahme nicht reich wird: Es gibt 5000 Pfund Preisgeld. Die Weltmeisterin, Lisa Ashton, kassiert gerade mal 12 000 Pfund, also weniger als ein Achtel von dem, was Scott Mitchell bei den Herren absahnt.

Die PDC veranstaltete übrigens auch mal eine Frauen-WM: 2010. Ein einmaliger Versuch. Austragungsort war ein heutiger Pro-Tour-Spielort, das Motodrome von Barnsley, die WM wurde – völlig untypisch für Darts – im Juni gespielt: ein 32er-Feld, darunter übrigens auch drei Deutsche. Einige namhafte BDO-Spielerinnen hatten dieses PDC-Turnier gemieden. Das Finale, das die Amerikanerin Stacy Bromberg knapp gegen Tricia Wright für sich entschied, brachte man während des World Matchplay der Männer unter (und abgesehen vom Finale wurden alle Matches ohne Zuschauer und TV-Kameras gespielt). Beide Finalistinnen erhielten nicht nur einen Platz beim Grand Slam of Darts 2010, sondern auch die Tour Card für zwei Jahre. Doch Bromberg und Wright gaben ihre Tour Card frühzeitig zurück und verzichteten 2012 auf diese Chance. Sie fühlten sich bei der PDC nicht gut aufgehoben und waren überfordert. Die Versuche, Frauen stärker einzubinden, waren eben immer wieder Einzelaktionen, ohne Strategie, ohne Plan. Und dann stellten sich die Männer hin und sagten Jahr für Jahr: Wir finden keine Sponsoren. Es liegt nicht an uns, wir haben uns bemüht!

Magere Preisgelder

Rückblickend darf man der BDO wohl ein generelles Strukturproblem attestieren. Obwohl die Männer über Jahre das zigfache Preisgeld ausspielten, ist das Modell BDO auch bei ihnen inzwischen überholt, der altehrwürdige Verband droht 2020 zusammenzubrechen. Die Topspieler wechselten mit einigen wenigen Ausnahmen alle zur PDC. Man hatte insgesamt verschlafen, den Sport an die gesellschaftlichen Veränderungen anzupassen, und die Frauen-Konkurrenz litt im besonderen Maße darunter. Das betrifft nicht nur die Weltmeisterschaft, sondern die gesamte Turnierstruktur. Da 2020, auch wegen Corona, kaum noch Turniere gespielt wurden, lohnt sich der Blick auf das Jahr 2019.

Im gesamten Jahr 2019 wurden bei den Frauen, bei 45(!) Turnieren, 92 028 Pfund ausgeschüttet. Das sind pro Turnier im Schnitt 2045 Pfund. Nur mal zum Vergleich: Die Herren-Tour machte 2019 knapp 700 000 Pfund locker. Von den Einnahmen der Tour-Preisgelder den Lebensunterhalt zu bestreiten, war für Frauen zu keiner Zeit möglich. Je weiter man zurückgeht, desto schlimmer wird es. Mitte der 1990er-Jahre bekam das übrigens auch eine deutsche Spielerin zu spüren, die spielerisch absolute Weltklasse war: Heike Jenkins (damals Heike Ernst). 1996 stand sie im Finale des World Masters. Sie reiste zigmal im Jahr nach England, um Turniere zu spielen, doch ihre Festanstellung für Darts opfern, diese Rechnung ging nicht auf. Selbst für Trina Gulliver nicht, die nach ihrem ersten WM-Sieg zum MBE (Most Excellent Order of the British Empire) ernannt wurde. Die zehnfache Weltmeisterin, sechsmalige World-Masters-Siegerin und Gewinnerin von insgesamt 165 Titeln kann zu keiner Zeit auch nur ansatzweise von ihren Tour-Einnahmen leben. Selbst im sehr erfolgreichen Jahr 2016 kommt sie auf nur 20 095 Pfund brutto. Zieht man noch die Reisekosten ab, bleibt da nicht viel übrig.

Neue Wege als Profispielerinnen

Um eine Existenzgrundlage für Profispielerinnen zu schaffen, brauchte es andere Wege und irgendwie auch einen lauten Knall. Da musste Fallon Sherrock schon den Ally Pally rocken, wurde die Japanerin Mikuru Suzuki in Asien über E-Darts zum Topstar. Auf leiseren Sohlen bewegte sich Lisa Ashton, die wohl konstanteste Spielerin der Welt. Der 50-Jährigen fehlt vielleicht ein wenig der nötige Glamourfaktor, um es auf die Titelseiten zu schaffen. Sportlich gesehen ist Ashton alias „The Lancashire Rose" aber wahrscheinlich die derzeit beste Dartspielerin von allen. Nicht wegen ihrer vier BDO-Weltmeistertitel, sondern weil sie die erste Spielerin war, die sich eine PDC Tour Card auf dem für alle Männer üblichen Weg holte: Im Januar 2020 kämpft sie sich durch die Qualifying School. Wo sie 2019 nur denkbar knapp gescheitert war, nahm sie diesmal die schwierige Hürde, an der immer wieder viele etablierte Männer in den letzten Jahren gescheitert sind. Ashton hat damit die Tour Card bis Ende 2021 sicher. Sie hat sich einen Traum erfüllt und ist nach all den Jahren endlich Profi geworden. Ob ihre vier älteren Brüder sich das damals hätten vorstellen können, als sie Lisa immer im Spielzimmer der Jungs antreten ließen, um Darts zu spielen?

Einzelkämpferinnen

Frauen sind imstande, exzellent Darts zu spielen. Warum sie sich dennoch schwertun auf dem PDC Circuit? Weil es bislang Einzelkämpferinnen unter einer Horde testosterongesteuerter Männer sind. Weil ihnen die langjährige Förderung fehlt. Weil es nie die nötigen Strukturen gab, um mehreren Spielerinnen diesen Schritt zu ermöglichen. Weil sich der Qualitätsrückstand nicht in so kurzer Zeit aufholen lässt. Das wäre so, als würde man einen Fußball-Oberligisten direkt in die Bundesliga schicken. Der Oberligist würde vielleicht das ein oder andere Spiel gewinnen, aber niemals konstant mithalten können. Und genau so erging es auch den Frauen, die sich bei der PDC versuchten.

Die erste Spielerin, die diesen Schritt wagte, war Deta Hedman. „The Heart of Darts" wurde in Jamaica geboren, kam mit ihren Eltern im Alter von 13 Jahren nach England und begann mit 16 Jahren, Darts zu spielen. Sie war sehr erfolgreich auf der Damen-Tour, war Ende 1994 die Nummer eins der Welt, zog sich aber 1997 wegen ihres Jobs zurück. 2002 feierte sie ihr Comeback bei der PDC, weil sie zu dieser Zeit mit Colin Lloyd, der damaligen Nummer eins, zusammen war, mit ihm zu den Turnieren reiste und dann irgendwann wieder selber mitspielte. Deta Hedman gewann als erste Frau ein TV-Match, bei den UK Open 2005 gegen den Briten Aaron Turner. Noch viel lieber erinnert sie sich an den Sieg über Wes Newton oder an die Harlow Open, bei der sie vor vielen Jahren in der Herren-Konkurrenz mitmischte und das Halbfinale gegen Kevin Painter erreichte. John McFall hatte das erste Halbfinale gewonnen und Hedman bekam mit, wie Painter zu McFall hinüberrief, dass er bereit wäre, das Preisgeld im Finale zu teilen – er rechnete also offensichtlich mit einem Weiterkommen. Aber es kam anders: Hedman schlug Painter im Halbfinale und später auch McFall im Finale. Was für ein Sieg. Doch insgesamt fehlte ihr die Konstanz, um auf dem PDC Circuit mitzuhalten, und so beendete sie im April 2007 nach fünf Jahren den Versuch.

Einige andere Frauen folgten Deta Hedman: Jane Dempster, Stacy Bromberg, Tricia Wright oder auch die Russin Anastasia Dobromyslova. Sie spielte von 2009 bis 2010 auf dem PDC-Circuit und sorgte 2009 als aktuelle BDO-Damen-Weltmeisterin für Aufregung, als sie beim Grand Slam of Darts Vincent van der Voort mit 5:4 besiegte.

„Men only" - ein Blick zurück auf die Anfänge

Warum verlief die Emanzipation der weiblichen Spieler, auch im Vergleich zu anderen Sportarten, im Darts so unglaublich schleppend? Bei der Suche nach der Antwort auf diese Frage lohnt ein Blick zurück.

Die Geschichte der Kneipensportart Darts ist natürlich auch von der Geschichte des Pubs geprägt. Bis 1982 mussten Frauen in englischen Pubs laut Gesetz nicht bedient werden, weil der Pub ein traditionell männliches Umfeld („male environment") war. Es war folglich Ermessenssache des Pub-Besitzers, ob er die Bestellung des weiblichen Gastes berücksichtigte oder nicht. Bis heute gibt es in England unzählige Bars, in denen Frauen der Zutritt weiterhin nicht gestattet ist. Diese uralten und diskriminierenden Regeln wirkten sich natürlich auf das Frauen-Dart aus, denn Dart wurde halt nicht im Vereinsheim, sondern im Pub gespielt. Und so gab es nur wenige Spielerinnen. Momente wie 1937 in Slaugh bei der Eröffnung der News of the World Championship, dem ersten richtig großen Dartturnier in der Geschichte, waren die Ausnahme. Damals waren König George VI. und seine Frau Elizabeth (die Mutter der heutigen Königin Elizabeth II.) zu Gast. Es gibt dieses Foto von Queen Mum mit einem Dart in der Hand und sie soll gesagt haben: „Ich habe so viel über dieses Spiel gehört, lass es uns versuchen." Und dann spielte sie gegen ihren Mann George ein ziemlich kurzes Spiel. Jeder warf eine Aufnahme und Elizabeth setzte sich mit 21:19 Punkten durch – aber sie stand auch etwas näher am Board als ihr Gatte. Im Zuge dieses royalen Auftritts wurde Darts bei Frauen eine Weile en vogue, nach dem Ende des Zweiten Weltkriegs war dieser Trend allerdings schon wieder passé. 1954 wurde der erste englische Darts-Verband, die National Darts Association of Great Britain (NDAGB) gegründet. 1958 gab es zumindest einen Damen-Doppel-Wettbewerb. 1967 konnte erstmals eine Frau sich in der Einzelkonkurrenz eines Damen-Turniers durchsetzen. Sechs Jahre später, 1973, entstand die British Darts Organisation (BDO) und 1979 bekamen die Damen tatsächlich einen eigenen Wettbewerb bei den British Open. Judy Campbell ging mit ihrem Sieg in die Geschichte ein. Für Furore sorgte auch Jean Smith. Sie war fast blind und dennoch eine der besten Spielerinnen. Der walisische Weltmeister von 1978, Leighton Rees, war so beeindruckt von ihr, dass er im Sommer nach seinem WM-Sieg die Annahme äußerte, dass Frauen irgendwann den Dartsport dominieren würden. Ob er Recht behalten wird? Falls ja, ist es bis dahin noch ein weiter Weg.

Ein Meilenstein: Frauen erhalten einen festen Platz bei der PDC-WM

Als die PDC bei der WM 2019 zwei Qualifikationsplätze an Frauen verteilte, war die Verwunderung bei einigen groß. Manche meinten, es sei unfair, wenn Frauen ein eigenes Qualifikationsturnier spielten. Dabei sind die insgesamt 32 internationalen Qualifikanten alle Sieger ihres jeweiligen Qualifikationsturniers. Ist es fair, dass sich Diogo Portela 2019 in einem Südamerika-Turnier für die WM qualifizierte, obwohl die Anzahl an sehr guten Dartspielern in Südamerika äußerst überschaubar ist? Für Spieler, die sich über die Tour für die WM qualifizieren wollen, mit Sicherheit nicht. Die Nummer 20 der Engländer ist besser als die Nummer eins Brasiliens oder Indonesiens oder Südafrikas. Doch der PDC geht es darum, den Sport voranzutreiben, ihn wachsen zu lassen, ihn weltweit bekannter zu machen. Und das geht nur, wenn sich der Spielerkreis international öffnet. Irgendwann muss dieser erste Schritt gemacht werden, um Strukturen entstehen zu lassen. Diese Aufbauarbeit ist in einem so jungen Profisport absolut vonnöten. Aus demselben Grundgedanken heraus machen auch eigene Frauen-Qualifikationsturniere absolut Sinn und sind richtig. Man unterstützt damit Sportlerinnen, die über Jahrzehnte hinweg vernachlässigt wurden. Da in der Vergangenheit keine Strukturen für einen Profibereich im Frauen-Darts aufgebaut wurden, wäre es unfair, jetzt zu sagen: Ihr dürft nur mitspielen, wenn ihr so gut seid wie unsere Männer, die seit über 20 Jahren Darts als Profisport betreiben. Und vor allem hätte es dann diese wunderbare Cinderella-Geschichte der Fallon Sherrock nicht gegeben. Ihr Erfolg im Alexandra Palace war ein Meilenstein nicht nur für sie selbst, sondern vor allem für das Frauen-Darts. Wochen nach der WM erklärte Sherrock: „Ich hoffe, wir werden einmal sagen können, dass dieser Moment der Punkt war, ab dem sich etwas verändert hat."

Fallon Sherrock schreibt Darts-Geschichte oder: Die erste Frau der Welt, die ein Match im Ally Pally gewinnt

83 Sekunden lang steht sie am Ende des Walk-on-Bereichs und wartet gefühlt eine Ewigkeit auf die Ankündigung des Master of Ceremonies, John McDonald. Fallon lächelt die gesamte Zeit in die Kamera, weil ihr Gesicht auf den großen Monitoren zu sehen ist. „Da wurde ich zum ersten Mal richtig nervös", erinnert sie sich, „die drei, vier Stunden zuvor im Ally Pally, war ich eigentlich entspannt. Doch jetzt wollte ich schnell auf die Bühne." John McDonald stellt sie an diesem 17. Dezember 2019 noch als die World-Trophy-Siegerin vor, als die WM-Finalistin. Sherrock trägt ihr typisches rosa Shirt, schwarze Ballerinas, sie läuft auf den Song *Last Friday Night* von Katie Perry ein. Der Kontrast zur Männerwelt könnte kaum größer sein. Beim Walk-on streckt die 25-Jährige beide Arme zur Seite aus, um mit möglichst vielen Fans abzuklatschen. Dass sie einer der Zuschauer kurz festhält, davon weiß sie später nichts mehr. Die Familie ist da, Freundinnen, der Vater gibt ihr noch einen schnellen Kuss auf die Wange. Und dann geht sie schüchtern die Treppen hoch auf die größte Darts-Bühne der Welt. Sie winkt. Fallon Sherrock ist das große Thema an diesem fünften WM-Tag, dabei werden die meisten der über 3000 Fans im Ally Pally sie gleich zum allerersten Mal Darts spielen sehen. Nachdem im Jahr zuvor bereits Anastasia Dobromyslova und Lisa Ashton gute WM-Auftritte hatten und am Abend vorher Mikuru Suzuki nicht viel zum Erfolg über James Richardson fehlte, ist die Lust auf eine Sensation beim Kampf Frau gegen Mann in jeder Ecke des Alexandra Palace zu spüren. Und jetzt buhen die Fans auch zum ersten Mal. Sherrocks Gegner wird vorgestellt: alle Mann gegen den 22 Jahre jungen Ted Evetts, der aussieht, als habe er noch die letzten Reste Babyspeck an sich. Ein netter, freundlicher Typ, der versucht, die Sache mit Humor zu nehmen, was bleibt ihm anderes übrig. Es ist sein dritter WM-Start, doch was jetzt gerade passiert, ist auch für ihn komplett neu.

WM-Erstrunden-Match gegen Ted Evetts

Russ Bray callt dieses 31. Match der WM 2020. Zu Beginn des zweiten Legs stecken die drei Darts mit den rosa Flights zum ersten Mal gemeinsam in der Triple-20. „One huuundred and eeeeighttyyy." Die Fans toben. Ein leichtes Grinsen huscht Fallon übers Gesicht, dabei hatte sie sich vorgenommen, nicht auf die Zuschauer zu reagieren. Sie möchte die Fans nicht durch ihre Mimik oder Gestik anheizen. Sie ist angetreten, um Darts zu spielen. 106 Punkte Rest. Sherrock trifft die Triple-20, 6 für Doppel-20. Das erste High Finish in diesem Match gehört der Frau, die als erst fünfte Spielerin überhaupt den Versuch startet, ein Match im Ally Pally zu gewinnen.

„Super Ted" sichert sich den ersten Satz. Sherrock, die noch keinen Spitznamen trägt, gleicht knapp zehn Minuten später aus. Sie checkt 80 Punkte im vierten Leg des zweiten Satzes, ihr Average steht bei bemerkenswerten 98 Zählern. Es geht in die erste Pause, die Fans im Ally Pally feiern diesen Satzgewinn, als habe Sherrock bereits das gesamte Match gewonnen.

100 Punkte Rest. Das nächste High Finish von Sherrock fällt. Die Kamera schwenkt in die überglücklichen, strahlenden Gesichter der Fans und Familienangehörigen. Sie alle genießen es, diesen Moment miterleben zu dürfen, in dem womöglich Darts-Geschichte geschrieben wird. Doch Evetts macht das gut. Als Nummer 77 der Welt gilt er als eines der hoffnungsvollsten Talente im englischen Darts. Er gewinnt Satz drei zum 2:1.

Sherrock wirkt dennoch wie die Ruhe selbst. Sie spielt ausgezeichnet, auf einem Niveau, wie sie es bislang in keiner Partie bei der Frauen-WM hinbekommen hat. Auch 2015 nicht, als sie das Finale erreichte. Sie führt im vierten Satz 2:1 in den Legs, lässt jetzt aber, bei 81 Punkten Rest, die Möglichkeit aus, das Leg zu gewinnen. Evetts checkt unter den permanenten Buhrufen zum 2:2. Ein einziges Leg trennt ihn jetzt noch von Runde 2. „Super Ted" startet mit 140 Punkten, Sherrock zieht nach. Nach drei Aufnahmen steht sie bei 201 Punkten Rest, Evetts bei 140. Es folgen drei perfekte Darts: T20, T20, T15 – macht 165 Punkte, macht 36 Punkte Rest für Sherrock. Evetts bekommt die erste Chance, den Sieg klarzumachen, verreißt den ersten Dart aber in die 5. Sherrock macht es besser, trifft im ersten Versuch die Doppel-18.

Damit geht dieses Erstrunden-Match in den Entscheidungssatz. Sherrocks Average steht weiterhin bei guten 94 Punkten. Zu Beginn des fünften Satzes gelingt ihr ein Break. Sie checkt 32 Punkte zum 2:0. Der Ally Pally steht Kopf, die Fans feiern sie. Evetts holt sich das 1:2.

Leg Nummer vier. Beide stehen jetzt bei 176 Punkten Rest. Obwohl Sherrock den Anwurf in diesem Leg hatte, legt inzwischen Evetts vor. 47 Punkte, macht 129 Rest. Sherrock wirft ihre letzte 140 in diesem Match für 36 Rest. Evetts bekommt einen Dart auf Bullseye zum Ausgleich in den Legs, doch der Dart steckt in der 1, knapp über dem grünen Ring, dem Single Bull. Er schlägt sich mit der flachen Hand gegen die Stirn, weil er weiß, dass dieser Fehler das Aus bedeuten könnte. Match-Dart Fallon Sherrock. Sie ist einen Dart davon entfernt, Geschichte zu schreiben, und versucht, genau diesen Gedanken nicht in ihrem Kopf entstehen zu lassen. Der Druck wäre zu groß. Der ganze Ally Pally erhebt sich. Fallon geht mit kleinen Schritten zum Oche und visiert auf dem Weg dorthin bereits die Doppel-18 an. Fünf, sechs Millimeter steckt der erste Dart zu weit rechts, der zweite ist perfekt, trifft das schmale rote Feld. Ein Aufschrei, die Fans springen und tanzen, sind außer Rand und Band. Sherrock selbst lächelt nur, jubelt nicht. In ihrem Gesicht ist kaum Freude zu erkennen, die Anspannung überdeckt noch alle anderen Emotionen. Sie geht schnurstracks zum Board, holt sich ihre Darts und bedankt sich bei Ted Evetts. Dann dreht sie sich um, bedankt sich bei den Offiziellen, auch bei Daniella Bata-Bogdanov, die die erste Schreiberin in der Geschichte der PDC-WM ist. Erst beim Post-Match-Interview hat sie Tränen in den Augen.

Dieser Sieg, so erklärt Fallon später in kleinerer Runde im Pressegespräch, bedeutet ihr mehr als ihre WM-Final-Teilnahme 2015. Vor allem löst dieser Erfolg einen nicht geahnten Medienrummel aus. Weltweit. Die *New York Times*, die *Washington Post*, *The Australian*, Zeitungen rund um den Erdball berichten von diesem Ereignis.

In Großbritannien wird dieser Sieg zu den fünf besten Sportmomenten einer Frau des Jahres gewählt. Tennislegende Billie Jean King, die seit den 1960er-Jahren für die Emanzipation im Tennis kämpft, gratuliert ihr über Twitter. Schauspielerin Sarah Jessica Parker ebenfalls, mit den Worten: „Als du Geschichte schriebst, hörten unsere Herzen auf zu schlagen. Wir haben gestaunt und senden dir Glückwünsche."

Am darauffolgenden Tag wartet ein Medienmarathon auf Fallon, vom Frühstücksfernsehen bis in die Abendsendungen sämtlicher britischer TV- und Radiosender. Sie ist stolz auf ihren blauen Haken bei Twitter und gewinnt die Herzen, weil sie nicht abgehoben wirkt, einen sympathischen Humor an den Tag legt und auch von ihrem Sohn Rory, erzählt. Rory hatte diesen historischen Sieg zusammen mit der Oma zu Hause geschaut. Sherrock zieht sich nach dem Medienrummel einen Tag komplett zurück, um wieder runterzukommen, um Zeit mit Rory zu verbringen. Sie ist froh, dass in Kürze wieder die Darts fliegen.

Zweite Runde gegen Mensur Suljovic – The Queen of the Palace

Samstagabend, 21. Dezember 2019, Primetime. Am neunten WM-Tag trifft der frisch gehypte Shooting- und Medienstar auf den Weltranglistenelften Mensur Suljovic aus Österreich, einen siebenmaligen PDC-Sieger, der auch schon eine TV-Veranstaltung, die Champions League of Darts 2017, gewinnen konnte. Anders als bei Ted Evetts kennt sie Suljovic nur aus den Fernsehübertragungen.

John McDonald, der Master of Ceremonies, spricht, als er ihren Auftritt ansagt, nicht mehr vom Ally-Pally-Debüt, vom Erfolg bei der World Trophy oder der WM 2015, er kündigt Fallon Sherrock schlichtweg als „Queen of the Palace" an. Damit ist alles gesagt. Diesmal ist sie der große Star des Abends. Der Kampf Mann gegen Frau geht weiter. Ein komplizierter, weil facettenreicher Kampf für Mensur Suljovic, der sich ohnehin die letzten Jahre nicht mit dem Ally Pally anfreunden konnte. Suljovics Fallhöhe ist schwindelerregend, aber er gewinnt die ersten beiden Legs dieser Partie. Den Satz schnappt sich allerdings die junge Dame in Rosa. Im Entscheidungs-Leg ist „The Gentle" derart handzahm, dass er sich nicht einmal einem Finish stellt. Suljovic geht lachend von der Bühne, so als habe er den Ernst der Situation nicht begriffen. Fallon marschiert ungläubig hinter ihm her und hält sich die rechte Hand vor den Mund, weil sie kichern muss. „Ich habe mich in diesen Partien teilweise wie in meinem eigenen Film gefühlt", erzählt sie mit einigen Monaten Abstand, „als wenn ich von außen auf die Dinge schauen würde". Sie führt gegen die Nummer elf der Welt und zig Sherrock-Schilder schmücken die West Hall des Alexandra Palace: „Fallon, I love you!", steht da oder „strong independent woman!"

Diesmal führt die WM-Debütantin mit 2:0 Legs und gibt drei Legs nacheinander ab. Als Mensur 71 Punkte über die Doppel-20 checkt, versucht sie Blickkontakt zum Gegner aufzubauen. Sie lächelt ihm freundlich zu, doch Mensur schaut weg. Er wirkt jetzt, da es in die zweite Pause geht, deutlich entschlossener.

Dritter Satz. Suljovic gibt zum zweiten Mal eine 2:0-Führung ab. Wieder wird der Durchgang aus dem Rückstand gewonnen. Sherrock ist einen Satz von einem Erfolg entfernt, den ihr auch nach dem Sieg über Evetts niemand zugetraut hätte. Das Entscheidungs-Leg des vierten Satzes läuft. Suljovic steht bei 79 Punkten Rest, Sherrock bei 86 Punkten. Der Druck beim erfolgreichsten Österreicher aller Zeiten ist immens: Er trifft die 19, spielt 20, versucht die Doppel-20 – und verpasst! Suljovic verreißt den Dart in die 5. Es ist die erste Chance für die 25-Jährige aus Milton Keynes, den Sieg perfekt zu machen. Wieder stehen die Zuschauer auf, viele von ihnen holen das Handy aus der Hosentasche, um den Moment per Video festzuhalten. Es ist laut. 86 Punkte Rest: am liebsten Triple-18, für Doppel-16. Sie trifft die große 18, macht 68 Punkte Rest. Trifft erneut die 18, lässt 50 Punkte übrig. Es gibt den Match-Dart auf Bullseye. Sherrock setzt weder ab noch unterbricht sie ihren Rhythmus, sie wirft und trifft den kleinen roten Knopf in der Mitte des Dartboards. Und lacht. Auch während sie die Darts aus dem Board zieht. Kein Jubel, keine Geste, kein Schrei. Nur ein leises Lachen. Sie geht zu Suljovic, bedankt sich für das Spiel und bleibt dann eine Weile am Tisch stehen, weil sie nicht glauben kann, was da gerade passiert ist. Jetzt versteckt sie ihr Lachen hinter den Händen. Sie hat vergessen, sich bei den Offiziellen zu bedanken, was sie schnell nachholt. Von ihren Lippen kann man ablesen, dass sie immer wieder: „Oh my god! Oh my god!" sagt. Anders als nach dem Match gegen Ted Evetts bleibt die „Queen of the Palace" jetzt oben auf der Bühne. Sie muss diesen Moment mit irgendjemandem teilen und geht zum Schreiber und auch zu Caller George Noble, um ihnen zu sagen: „This is the best moment of my life!" Sie schüttelt den Kopf. Die Fans feiern und tanzen. Sherrock schreibt zum zweiten Mal Geschichte.

Das Märchen der „Queen of the Palace" endet im nächsten Match, in Runde 3, gegen Chris Dobey. Obwohl sie auch gegen den 22. der Weltrangliste zunächst mit 2:1 in den Sätzen führte, wird Dobey zum Spielverderber und setzt sich am Ende verdientermaßen mit 4:2 Sätzen durch, auch gegen die 3500 Fans, die direkt nach dem Match Phil Taylors *Wonderland*-Song auf Sherrock umgemünzt haben: „There's only one Fallon Sherrock".

Die Gelassene

Für das Erreichen der dritten Runde kassierte die Frau mit den rosa Flights ein Preisgeld von 25 000 Pfund, das mit Abstand höchste Preisgeld ihrer Karriere. Dazu kommen in den ersten Wochen von 2020 üppige Einnahmen durch Exhibitions. Aktuell kann Sherrock ein Dasein als Dartprofi führen, das Konto ist so gefüllt wie nie zuvor in ihrem Leben. Sie genießt das Gefühl der Sicherheit, ohne dabei ihren Lebensstandard zu verändern. Aus dem nicht besonders attraktiven Milton Keynes würde sie allein schon deshalb nicht wegziehen, weil sie die Unterstützung ihrer Mutter benötigt, die sich um Rory kümmert, wenn sie auf Reisen ist. Seit der Weltmeisterschaft 2020 nutzt sie ihre neugewonnene Bekanntheit immer wieder, um Projekte für autistische Kinder anzukurbeln.

Fallon Sherrocks Gelassenheit ist schon bewundernswert, auch abseits des Oche. Sie erzwingt nichts in ihrem Leben. Das hat sie zu

Beginn ihrer Karriere nie getan und so lebt sie auch heute noch: „Ich nehme einfach jeden Tag, wie er kommt, ohne mir selbst besonders hohe Ziele zu setzen." Nur mit dieser Einstellung waren die Erfolge bei der WM überhaupt möglich.

Die Zukunft ist rosa

Fallon Sherrock kann mit ihrem Erfolg bei der WM im Alexandra Palace zur neuen Ära des Profidartsports gezählt werden, weil sie alte Muster aufgebrochen hat und – wie auch männliche Kollegen wie Gerwyn Price, Nathan Aspinall, Dimitri van den Bergh und viele andere mehr – ein neues Selbstbewusstsein zur Schau stellt. Sie gehört nicht zu der Generation, die sich im Pub anhören musste, dass sie dort als Frau nichts zu suchen habe. Fallon Sherrock hat sich selbstbewusst im rosa Shirt und Ballerinas auf die größte Darts-Bühne der Welt gestellt und so gut gespielt wie nie zuvor. Sie hat bewiesen: Frauen können Darts. Und sie hat gezeigt, dass im Dart noch verdammt viel möglich ist. Dass der Sport längst nicht ausgeschöpft ist und wir in Zukunft weitere Auftritte von talentierten Spielerinnen erleben werden. Das war ein gewaltiger Schritt, der sogar bei Menschen ankam, die sich zuvor überhaupt nicht für Darts interessierten.

Die Last der Vorreiterin mit Vorbildfunktion kann Fallon Sherrock nicht allein tragen. Lisa Ashton ist dabei, sie zu unterstützen. Auch Ashton hat mit der WM neues Selbstbewusstsein getankt und sich gleich im Anschluss die Tour Card gesichert. Trotzdem: Der Weg bleibt steinig. So war die Siegeslaune von Sherrock gleich Mitte Januar, zwei Wochen nach der WM, schon wieder verflogen. Bei der Qualifying School gewann sie in vier Tagen lediglich vier Matches. Auch bei den UK Open, zu denen sie sich im Qualifikationsturnier gegen mehr als 200 Männer durchsetzte, verlor sie ihr Auftaktmatch.

Bislang haben noch zu wenige Spielerinnen das Leistungsniveau, das es ihnen erlaubt, es ernsthaft mit den Männern aufzunehmen.

Sherrock und Ashton sind allein auf weiter Flur, im permanenten Wettkampf mit den 127 männlichen Tour-Card-Holdern. Um den Impuls, den Sherrock als „Queen of the Palace" ausgelöst hat, tatsächlich auszunutzen, müsste sich jetzt in der Nachwuchsarbeit einiges verändern. Strukturen müssten hinterfragt, junge Mädchen viel selbstverständlicher in die Förderung integriert werden. Fallon Sherrock ist da einigermaßen zuversichtlich: „Frauen werden im Darts immer selbstverständlicher Teil der Tour sein. Wir brauchen vor allem mehr Möglichkeiten, gegen Männer vor Publikum zu spielen. Und dann wäre es auch für die Zuschauer nicht mehr so ein besonderes Spektakel." Nach ihrem Erstrunden-WM-Sieg sagte sie: „Ich bin einfach froh, weil ich bewiesen habe, dass Frauen gegen Männer nicht nur mitspielen, sondern dass wir sie auch schlagen können. Ich hoffe, dass noch mehr Frauen nachkommen werden."

Dieser Hoffnung kann man sich nur anschließen.

Tagebuch

1. Juli
Heute kommt die Meldung der PDC, dass das World Matchplay erstmals in seiner Geschichte ohne Zuschauer stattfindet. Seit 1994 gibt es dieses Turnier, es hat immer im Winter Gardens von Blackpool stattgefunden, in diesem wunderbaren Ballsaal mit goldener Decke. Das alles muss im Corona-Jahr 2020 ruhen. Es geht in die moderne Marshall Arena von Milton Keynes. Mich haben einige Darts-Fans angeschrieben, die Ende Juli nach Blackpool fahren wollten, um mit dabei zu sein. Schade. Veranstaltungsorte prägen die Tradition eines Turniers. Bin sehr gespannt, wie dieses neuntägige Event ohne Zuschauer rüberkommen wird.

7. Juli
Heute sind die 129 Spieler nach Milton Keynes zu den Summer Series gereist. Unter ihnen auch vier Deutsche: Gabriel Clemens, Max Hopp, Martin Schindler und Christian Bunse. Jeff Smith kommt aus Kanada. Es herrscht eine gewisse Unruhe, weil vieles neu ist. Die Spieler sind auf den Ablauf gespannt. Sie haben sich für die fünf Tage mit Knabberzeug und Schokolade eingedeckt. Man soll das Hotelzimmer eigentlich nur für den Spielbetrieb verlassen. Alle posten auf Social Media, was das Zeug hält. Ihnen ist offenbar ein wenig langweilig.

144 Corona-Tests werden insgesamt gemacht. Neben den Spielern müssen auch die Offiziellen, das Security-Personal sowie das Produktionsteam diesen Test machen. Kostet übrigens pro Test 110 Pfund, die die PDC übernimmt. Sollten Spieler aus Großbritannien sich infizieren, müssen alle das Hotel sofort verlassen. Internationale Spieler müssten sich im Falle einer Infektion in 14-tägige Quarantäne begeben. Morgen soll es um 12 Uhr Ortszeit losgehen mit dem ersten Tour-Event seit Mitte März 2020.

8. Juli
Mit einer Verzögerung von zweieinhalb Stunden hat heute das erste Summer-Series-Event begonnen. Die Saison 2020 geht weiter! 128 Spieler an 16 Boards. Obwohl alle 144 Tests negativ waren, wird natürlich dennoch auf den Hygiene-Abstand geachtet. Jeder Spieler ist angehalten, das farbige Armband zu tragen, das für den negativen Corona-Test steht. Diese fünf Tage sind für die PDC enorm wichtig. Wenn man in der Marshall Arena von Milton Keynes Turniere abwickeln kann, kann man 2020 auch die Tour durchzuziehen. Unabhängig davon, ob irgendwann Zuschauer zugelassen werden sollten oder nicht. Auch nach viermonatiger Turnierpause scheint alles so zu sein wie immer: MVG gewinnt das erste Event im Finale gegen Weltmeister Peter Wright. Weil nicht ausreichend Offizielle eingesetzt werden können, muss der Sieger schreiben. Und damit erwischt es natürlich auch Weltmeister wie Wright, van Gerwen & Co. Irgendwie mag ich Corona doch.

14. Juli
Irgendwas mache ich falsch. Auch Doppelweltmeister Adrian Lewis hat während der Corona-Pause ganz schön abgespeckt. Bei Michael Smith sind auch schon über zehn Kilogramm runter. Er hat seine Shirtgröße von 5XL auf 2XL verringert. Der Tourstress setzt eben an. Smith ist während der Turnierpause jeden Tag mit den Hunden zehn Kilometer spazieren gewesen.

15. Juli
Heute wurde die Fortsetzung der Premier League verkündet, u. a. wird der Berlin-Termin nach Milton Keynes verlegt, das jetzt endgültig das „Home of Darts 2020" genannt werden darf. Die Spieltage sieben bis zwölf finden somit ohne Zuschauer statt. Das erste PDC-Turnier vor Zuschauern soll es am 17. September im schottischen Glasgow geben. Es ist der 13. Spieltag der Premier League Darts. In der Woche drauf geht es dann nach England.

20. Juli

Alle 98 Tests, die für das World Matchplay gemacht wurden, sind negativ. Stephen Bunting und Ryan Searle, die als Ersatzspieler nach Milton Keynes gekommen waren, können wieder nach Hause fahren.

20. Juli

Beim World Matchplay zeigt sich: Die emotionalen Spieler tun sich ohne Zuschauer deutlich schwerer – und das betrifft vor allem die Top Drei der Welt. MVG hatte in seinem Erstrunden-Match genauso wie Peter Wright große Mühe. Sie waren nach dem Match erstaunt, wie fremd es sich anfühlte. Gerwyn Price ist heute gegen Danny Noppert sogar ausgeschieden. Ihm fehlte einfach das Adrenalin. Das World Matchplay spielt sich komplett anders während der Pandemie. Bin gespannt, ob sich die Spieler in diesen Tagen darauf einstellen können.

21. Juli

Das World Matchplay beweist an den ersten drei Abenden, dass Major-Turniere auch ohne Zuschauer funktionieren. Es gibt ein sehr positives Feedback seitens der Spieler, der Offiziellen und auch der Fans. Das soll nicht heißen, dass es die geeignete Dauerlösung für die nächsten Jahre ist, aber die Tour kann zunächst einmal in einem würdigen Rahmen fortgesetzt werden. Das ist für Fans und vor allem für die Profis eine existenziell wichtige Erkenntnis. Das World Matchplay ist mit 700 000 Pfund dotiert und beschert jedem der 32 Teilnehmer mindestens 10 000 Pfund Preisgeld. Wenn es an den neun Tagen perfekt läuft, gibt es sogar 150 000 Pfund für den Sieg. Mit dieser Veranstaltung steht zumindest fest, dass alle Major-Events gespielt werden könnten, Finanzierbarkeit vorausgesetzt. Der Titelsponsor Betfred hat vor Turnierbeginn des World Matchplay den Vertrag mit der PDC verlängert. Good News.

Kapitel 9
Darts in Deutschland

Die neue Ära des Profidartsports ist in Deutschland nur zaghaft angekommen. Und damit meine ich nicht die Umsetzung der PDC-Veranstaltungen, die Anzahl an Eventbesuchern und auch nicht die TV-Einschaltquoten bei DAZN oder SPORT1. In diesen Bereichen findet die Erfolgsgeschichte „Darts in Deutschland" bis heute seine Fortsetzung. Unabhängig vom Corona-Jahr 2020.

Seit 2012 gibt es die European Tour. Was mit fünf Turnieren begann, findet seit 2018 mit 13 European-Tour-Events pro Jahr statt, acht davon auf deutschem Boden. Darts-Deutschland und seine Fans haben den World Cup of Darts, die Team-WM – für mich eines der attraktivsten Major-Turniere überhaupt – und natürlich die European Darts Championship, den Saison-Höhepunkt der European Tour. Seit 2019 ergänzt die PDC Europe die Tour-Events mit großen Galas, sodass deutsche Fans auch die Möglichkeit erhalten, die Legenden Phil Taylor und Raymond van Barneveld oder auch Fallon Sherrock live zu erleben. Doch wo bleiben neue, junge Talente? Welcher deutsche Spieler geht die Entwicklung im Profidart mit und hat das Potenzial sowie die Möglichkeiten, sich voll und ganz der Profikarriere zu widmen?

Die Super League of Darts, die 2020 wegen der Corona-Pandemie erstmals komplett im TV übertragen wurde, hat gezeigt, dass da eine Lücke klafft. Es ging um die WM-Teilnahme bei der anstehenden Weltmeisterschaft 2021, die 16 besten deutschen Spieler, aufgeteilt in zwei Gruppen, traten an. Max Hopp, Martin Schindler und Robert Marijanovic hatten ihre Teilnahme aus unterschiedlichen Gründen abgesagt. Im gesamten Teilnehmerfeld gab es lediglich zwei Akteure, die nicht älter als 25 waren: Christian Bunse und der Sieger Nico Kurz, beides Talente, wobei Bunse noch nicht bewiesen hat, dass er trotz PDC Tour Card einer für die ganz großen Bühnen ist.

Nico Kurz ist da schon einen Schritt weiter. Er ist der erste Spieler, der den Titel in der Super League verteidigen konnte, besiegte in einem umkämpften Finale Dragutin Horvat, den WM-Teilnehmer von 2017 aus Kassel. Kurz hat mit seinen 23 Jahren durch viele Jahre

E-Darts eine Menge Erfahrung gesammelt. Sein Wurf ist technisch sauber, er hat seine Nerven im Griff, ist abgeklärt und vor allem genießt er die Partien im TV, auf den größten Bühnen der Welt. Beim German Darts Masters im Juli 2019 in Köln schlug er vor 8000 Zuschauern Doppelweltmeister Gary Anderson. Bei seinem WM-Debüt erreichte der gelernte Industriemechaniker gleich die dritte Runde, schlug unter anderem den Top-16-Spieler Joe Cullen, verlor anschließend gegen Luke Humphries aus England. Nico Kurz wäre genau der Richtige für den Schritt in den Profidartsport. Doch für ihn kommt es bislang nicht in Frage, seinen beruflichen Weg zu unterbrechen. Er möchte einfach das Risiko, eventuell doch zu scheitern, nicht eingehen, und das ist sein gutes Recht. Nur wer von diesem Schritt absolut überzeugt ist, sollte ihn gehen. Und natürlich holt sich Kurz auch als Amateur immer wieder mal einen schönen Scheck ab, der sein Jahresgehalt aufpimpt. Für das Erreichen der dritten Runde bei der WM gab es 25 000 Pfund. Nico Kurz freut sich, im Dezember wieder bei der Weltmeisterschaft angreifen zu dürfen.

2020 gab es fünf deutsche Spieler mit einer Tour Card: Max Hopp, Gabriel Clemens, Martin Schindler, Christian Bunse und Steffen Siepmann. Dem 34-jährigen Siepmann gelang ziemlich überraschend der Durchmarsch in der Qualifying School 2020. Sich in diesem Corona-Jahr auf der Tour zu etablieren, war letztlich unmöglich, es wurde viel zu unregelmäßig gespielt, Siepmann ließ im Sommer dann auch die Summer Series aus und hat sich recht früh entschieden, 2021 erneut einen Versuch zu wagen. Christian Bunse ist ein leiser Arbeiter, dem bislang noch das große Highlight auf dem PDC Circuit fehlt. Das ist bei Max Hopp, dem World Youth Champion von 2015, natürlich anders. Vor allem 2018 zeigte er, was in ihm steckt. Nach einer schwierigen Saison 2017, drehte er plötzlich auf, gewann im April 2018 so ziemlich aus dem Nichts seinen ersten PDC-Titel, und das in Deutschland, in Saarbrücken, auf der European Tour. Auf dem Weg zum Sieg schlug er mit Peter Wright, dem damaligen amtierenden Weltmeister Rob Cross und Michael Smith drei Spieler aus den Top Ten. Das ist bemerkenswert und wir konnten erleben, was unter den Zuschauern passiert, wenn ein deutscher Spieler imstande ist, die letzten Schritte in einem Turnier zu gehen – Hopp wurde in der Saarlandhalle frenetisch gefeiert. Immer wieder stimmten die knapp 3000 Zuschauer den „Allez hopp"-Schlachtruf an und trugen den „Maximiser" zum Sieg. Durch diesen qualifizierte er sich zum ersten Mal für das World Matchplay, gewann Ende September das nächste Pro-Tour-Turnier, erreichte im Oktober bei der European Darts Championship in der Dortmunder Westfalenhalle das Halbfinale, hatte Match-Darts gegen James Wade. Die Folge war der Sprung in die Top 25 der Welt. Doch dieses Niveau konnte der gebürtige Idsteiner 2019 nicht halten. Das Jahr 2020 war für Hopp besonders bitter, weil er durch die Absagen vieler Turniere teilweise nicht die Möglichkeit erhielt, die guten Ergebnisse aus 2018 zu verteidigen. Er hat Weltranglistenplätze eingebüßt. Da er sich nicht für den World Grand Prix 2020 qualifizieren konnte, ist er Anfang Oktober aus den Top 30 rausgerutscht. Ihm droht tatsächlich die Nichtteilnahme bei der Weltmeisterschaft, bei der er 25 000 Pfund Preisgeld zu verteidigen hat. Hopp befindet sich in einer Ranglistenposition, in der Konstanz nötig ist. Man weiß aus zahlreichen Beispielen von ehemaligen Topspielern: Hat die Abwärtsspirale einmal eingesetzt, ist es schwierig, sich aus diesem Negativtrend zu befreien. Der Erfolgsdruck ist in solch einer Karrierephase besonders hoch.

Ganz ähnlich musste das in den letzten knapp zwei Jahren auch Martin Schindler feststellen. Die WM 2018 war sein bislang letzter Auftritt im Ally Pally. Im Oktober 2018 erreichte er sein zweites Pro-Tour-Halbfinale, holte sich auf der Nachwuchs-Tour, der Development Tour, zwei Titel, stand später gegen Dimitri van den Bergh im Finale der World Youth Championship, das er mit 3:6 Legs verlor. Seitdem tut sich „The Wall" schwer. Eine Viertelfinalteilnahme auf der Pro Tour in 2019 und eine in 2020 innerhalb der Autumn Series genügen so gerade, um seine Position zu festigen. Wie es aussieht, wird er auch 2021 seine Tour Card behalten, weil er im Januar 2021 zu den Top 64 der Welt zählen wird.

Und dann ist da noch der „German Giant" Gabriel Clemens. Der Saarländer hat sich in den letzten zwei Jahren von allen deutschen Spielern am besten entwickelt und den konsequenten Schritt in den Profidartsport gewagt. Er hat sich in sämtlichen Bereichen professionell aufgestellt und beschreitet dabei einen sehr individuellen und wirklich interessanten Weg. Es lohnt sich, einen genaueren Blick auf ihn zu werfen.

Tagebuch

25. Juli
Habe heute zum Glück etwas länger schlafen können. Wegen der Übertragungen bin ich nicht vor 2.30 Uhr im Bett. Gestern haben wir nach dem Viertelfinalabend des World Matchplay noch eine Podcast-Folge aufgenommen. Zum allerersten Mal mit einem Gast: Max Hopp. Max wirkte nachdenklich, aber auch aufgeräumt. Die vielen Fragezeichen bezüglich der Turnierplanung in diesem Jahr haben ihn zumindest auf den Gedanken gebracht, sich beruflich ein zweites Standbein aufzubauen: Er überlegt, Physiotherapeut zu werden, und würde diese Ausbildung über ein Fernstudium angehen. Bislang wie gesagt Gedankenspiele, aber man sieht, was selbst bei einem Top-30-Spieler los ist. Für Hopp war es übrigens der allererste Podcast, bei dem er mitgewirkt hat. Anfangs sagte er uns, dass er nach zehn Minuten gehen wolle, dann blieb er bis zum Schluss. Game on!

30. Juli
Lese gerade, dass Michael van Gerwen nach dem überraschend frühen Aus beim World Matchplay versucht, auf andere Gedanken zu kommen: Er will einen Segelschein machen. Das hätte es während des normalen Tour-Wahnsinns nie und nimmer gegeben.

4. August
Bin heute um 7 Uhr aufgestanden, weil wir die 17. Folge des Darts-Podcasts *Game On!* aufgezeichnet haben. Gestern Abend haben uns technische Probleme einen Strich durch die Rechnung gemacht. Bis 9 Uhr mussten wir die Folge zu unserem Tontechniker schicken, damit sie heute um 16 Uhr hochgeladen ist. Der Dienstag ist *Game On!*-Tag. Ich schreibe diesen Eintrag, weil ich mich einerseits für „Shorty" freue und andererseits ein wenig schockiert bin. Tomas Seyler wird ab morgen in eine Festanstellung gehen. Die Corona-Krise hat seinem Darts-Engagement nach 20 Jahren ein Ende beschert. Es gibt einfach viel zu wenig

Aufträge. Und für Moderatoren/Kommentatoren, die keine klassischen Betriebsausgaben wie Büromiete, Gehälter von Angestellten oder Leasingraten für Firmenwagen haben, greift keine staatliche Unterstützung. Wenn das Geld alle ist, kannst du Hartz 4 beantragen gehen. „Shorty" wird Kabel für eine Internetfirma verlegen und ist froh, dass diese finanziell maue Zeit endlich ein Ende hat. Er wirkt erleichtert und freut sich auf das, was da kommt. Seine Arbeitszeiten sind aber so flexibel, dass er trotzdem seiner Expertenrolle im TV nachgehen könnte.

19. August

Bin seit Montag (vorgestern) in Travemünde, eine der zwei Urlaubswochen, die wir in diesen Sommerferien machen werden. Geplant war eigentlich Djerba, Tunesien, doch daraus wurde nichts, weil der Reiseveranstalter die Reise wegen Corona abgesagt hat. Heute war der heißeste Tag der Woche und wir sind gerade aus der „Kombüse" zurück, einem netten Fischrestaurant am Ende der Promenade. Ich habe Scholle auf Büsumer Art gegessen, die mit Krabben und Kartoffelsalat angerichtet wird. Herrlich. Wollte nicht vergessen zu erwähnen, dass die World Series Finals in Salzburg vom 18. bis 20. September 2020 das erste Darts-Event vor Zuschauern sein werden, seit wir uns mit Covid-19 auseinandersetzen. Das hat die PDC Europe heute verkündet. Bereits gekaufte Tickets haben aber keine Gültigkeit (sie können im nächsten Jahr eingesetzt werden), weil es ein neues Zuschauer- und Hygienekonzept gibt, bei dem die Zuschauer in vier Blöcken in der Halle verteilt werden.

6. September

Zwölf Tage Premier League liegen hinter mir. Irgendwie hat der neue Modus was: Anstelle der Roadshow und der Donnerstag-Spieltage wurde an jedem Abend gespielt. Natürlich ohne Zuschauer. Das soll jedoch die Ausnahme bleiben, vorausgesetzt 2021 ist alles wieder so, wie wir es wohl alle gerne hätten.

Wird Michael van Gerwen DER Corona-Verlierer? Dieser Gedanke kreist gerade nach gestern Abend in meinem Kopf. Van Gerwens

Dominanz ist futsch. Nach dem frühen Aus beim World Matchplay hat er jetzt zum allerersten Mal die Play-offs der Premier League verpasst. Das gab es noch nie. Seit 2013 war er nach der regulären Spielzeit immer die Nummer eins. Van Gerwen ist angeschlagen. Die neuen Darts, die er seit Anfang des Jahres spielt, funktionieren weiterhin nicht. Er lässt seinen gewohnt kernigen Worten keine Taten mehr folgen. Vor dem Match gegen Glen Durrant hatte er behauptet, der dreimalige BDO-Weltmeister „Duzza" sei langweilig. Nach dem 7:3 für Durrant lenkte van Gerwen ein: „Duzza" sei langweilig – und gut.

Durch die wirklich gute TV-Produktion von Turnieren ohne Zuschauer scheinen die Übertragungen der anderen TV-Turniere in 2020 gesichert. Das ist eine sehr beruhigende Nachricht, weil ich dadurch so in etwa meine Einsatztage bei DAZN für den Rest des Jahres einschätzen kann.

16. September

Die Autumn Series sind heute zu Ende gegangen. Sie wurden in der Nähe von Frankfurt, in Niedernhausen gespielt, auf deutschem Boden also. Eine Veranstaltung in einer „Bubble", wie die Briten das so niedlich nennen. Alle Spieler und Verantwortlichen machen vor Turnierstart einen Corona-Test. Dann geht es ab aufs Hotelzimmer, auf das Testergebnis warten und anschließend darf diese Bubble, die „Blase", nicht mehr verlassen werden. Früher hätten wir gesagt: eingesperrt. Heute sind alle dankbar. So allmählich gewöhnt sich die Tour tatsächlich an die Gegebenheiten, irgendwie verrückt, aber natürlich auch gut.

Was sportlich auffällt, ist, dass durch die geringe Anzahl an Turnieren die Topstars weiterhin nicht an ihre gewohnte Dominanz herankommen. Einzige Ausnahme ist dabei Gerwyn Price, der die beiden letzten Turniere dieser Serie gewann. Dennoch: Viele überraschende Ergebnisse haben die letzten fünf Tage geprägt. Madars Razma aus Lettland erreicht beispielsweise das Finale an Tag eins. Der Australier Damon Heta gewinnt als Nummer 113 der Welt seinen ersten PDC-Tour-Titel an Tag zwei. Und echt verrückt: MVG spielt diese fünf Tage mit seinen alten Darts. Beste Grüße an den neuen Sponsor, die werden sich mal richtig freuen. Van Gerwen spielt damit auch etwas besser, gewinnt ein Turnier, aber wo ist seine Konstanz?

Kapitel 10
Gabriel Clemens – der Saarländer

Gabriel Clemens liebt seinen Schwenker. Und manchmal ist er auch Schwenker. Und noch viel lieber isst er Schwenker. So wie jeder Saarländer eben. Es gibt Leute, die sagen, das sei ein Klischee. Mag sein, aber auf Gabriel Clemens trifft es zu. Er ist Saarländer durch und durch, liebt seine Heimat und lacht, wenn er erklärt, dass der Begriff „Schwenker" beim Grillen für alles steht: den Grill an sich, den schwenkenden Grillrost, denjenigen, der den Schwenker bedient und auch das Stück Fleisch , das auf dem Rost gegrillt wird. Auf YouTube findet man neuerdings sogar den Song „Der Saarländer schwenkt". Und noch so ein Klischee, das unbedingt zu „Gaga" Clemens passt: Er würde das Saarland niemals verlassen. Man sagt ja, dass der Saarländer, wenn er dann doch mal geht, auf jeden Fall irgendwann zurückkommt. Familie Clemens ist zu keiner Zeit weggegangen. Seit Generationen leben sie im Saarland, die Eltern, die Großeltern, die Urgroßeltern. Gabriel selbst lebt in Saarwellingen. Er ist der gemütliche Typ, der nicht viel braucht, um glücklich zu sein, also keine materiellen Dinge. Manchmal genügt ein Schuss aus der großen Maggi-Flasche, die zu Hause immer auf Vorrat ist, um ihn glücklich zu machen. Früher hat Gaga diese Flasche Maggi sogar mit zu Turnieren genommen, weil es ohne einfach nicht ging. „Hauptsach gudd gess!" Für ihn sei es Luxus, erzählt Gabriel, wenn er mit seiner Freundin Lisa essen gehen könne. Und damit meint er keines der zig saarländischen Sternerestaurants. Er braucht auch kein teures Auto, kein riesiges Haus. Lisa und er sind im Juli in eine 100-m^2-Wohnung mit Terrasse gezogen. Sie sind natürlich in Saarwellingen geblieben, da ist es schön ruhig. Und wenn sie abends ausgehen, dann nicht nach Saarbrücken, in die Landeshauptstadt, sondern viel lieber ins 20 Autominuten entfernte Saarlouis. Ihr Wohnwagen, ein Zweiachser, steht fest auf einem Campingplatz im Saarland „Wenn alles um die Ecke ist, musst du auch nicht groß wegfahren", sagt Gabriel.

Im Saarland kann Gaga „schwätze", wie ihm der Schnabel gewachsen ist. Lisa, die aus Karlsruhe kommt, erzählt, dass sie manchmal kein einziges Wort versteht, wenn er mit seinen Eltern redet. Dass sich manchmal bei Übertragungen, wo er als Experte mitkommentiert, Zuschauer bei DAZN beschweren, weil sie Mühe mit seinem Dialekt haben, ist Gabriel egal. Darüber schmunzelt er nur.

Im Saarland ist man stolz auf ihn. Bei keinem anderen European-Tour-Event in Deutschland warb die Stadt, in der das Turnier stattfand, auf großen Plakaten mit ihrem Lokalmatador. Nur in Saarbrücken war das 2019 so, bei den German Darts Open, die in der Saarlandhalle ausgetragen wurden. Gabriel Clemens lächelte einen von allen Seiten in der ganzen Stadt an. Und dieser Rückhalt setzt sich auch bei der Sponsorensuche fort. Für Dartprofis, die relativ neu auf der Tour sind, ist es normalerweise schwierig, Sponsoren zu finden. Bei Clemens war das anders, da hatte der Redakteur der *Saarbrücker Zeitung* mit ihm ein Interview gemacht und ihn sofort mit einem großen Pharmaunternehmen mit Sitz in Saarbrücken in Kontakt gebracht.

Karriere mit Netz und doppeltem Boden

Gabriel Clemens wird im August 1983 in Saarlouis im St.-Elisabeth-Krankenhaus geboren: 3350 g schwer, 53 cm lang. Also eher die Norm. Dass aus ihm irgendwann der „German Giant" werden würde, war zunächst nicht abzusehen. Seine Mutter Ilona ist über 1,80 m groß, die Statur hat er von ihr geerbt. Sein Vater Bernhard war Dreher, hat übrigens irgendwann einmal auch Darts für seinen Sohn gedreht. Inzwischen ist er in Rente, hat ein paar gesundheitliche Probleme und kann deshalb auch nicht mit auf Turniere fahren. Ein einziges Mal waren seine Eltern in Saarbrücken live dabei. Ansonsten: So richtig gefreut haben sie sich nicht, als Gabriel ihnen mitteilte, dass er Profispieler werden wolle. Schließlich hatte er damals eine sichere Anstellung beim Entsorgungsverband Saar als Industriemechaniker, also Schlosser, und reparierte zuletzt Wasserpumpen an einer Kläranlage. Doch dann fand er heraus, dass man sich beurlauben bzw. freistellen lassen kann. Das tat er dann im April 2018.

Zunächst arbeitete er für ein Jahr nur noch an drei Tagen die Woche in der Firma, inzwischen ist er komplett freigestellt.

Gabriel ist niemand, der sein Glück erzwingt, der hastig die nächsten Erfolge sucht.

Ohne die Sicherheit, in seinen alten Job zurückkehren zu können, wäre er niemals Dartprofi geworden. Und wenn er von seiner Karriere erzählt, von seinen langfristigen oder mittelfristigen Zielen, klingt das anders als bei vielen anderen Profisportlern: Er relativiert seine Erfolge, setzt sich ausschließlich greifbare Ziele. Eine vollmundige Ankündigung, zum Beispiel, dass er irgendwann einmal die Nummer eins der Welt werden will, würde ihm niemals über die Lippen kommen. Da wäre ihm die Fallhöhe zu hoch. Gaga lässt die Dinge eher geschehen, nimmt an, was kommt. Doch wer jetzt den Fehler begeht und denkt, es fehle ihm an Ehrgeiz und Zielstrebigkeit, der irrt. Denn auf seinen Schultern sitzt ein ziemlich dicker Sturkopf. Seine Mutter sagt, den habe er von seinem Vater. Mit diesem Sturschädel geht Gabriel geduldig und akribisch seinen eigenen Weg, Schritt für Schritt. Nichts anderes kommt für ihn infrage. Wenn er sagt, dass nicht nur eine Karriere mit vielen großen Titeln und einer Top-Ranglistenposition ein Erfolg sei, dann meint er nicht, dass er sich diese Titelgewinne nicht zutraut und erhofft. Aber er ist auch voller Bewunderung für einen Spieler wie BDO-Weltmeister Steve Beaton, der zwar noch nie einen großen PDC-Titel gewinnen konnte, aber vom Dartsport leben kann und seit Jahrzehnten in den Top 30 steht.

Fußball und Tennis

Mit Darts hat Gabriel Clemens ziemlich spät begonnen, erst im Alter von 18 Jahren. Er war, wie alle Jungs, die in Honzrath, unweit von Saarbrücken, aufwuchsen, im Fußballverein. Mit sechs oder sieben Jahren ging es los. Und auch, wenn er bis zum 20. Lebensjahr beim SV Honzrath spielte: Besonders gut war er nicht. Das galt eigentlich für die gesamte Mannschaft. Sie spielten in der untersten Liga und hatten ihre stärksten Momente in Halbzeit drei, wie Gaga erzählt: an der Theke. Er war jahrelang der Libero dieser Truppe, rückte wegen seiner Körpergröße von 1,91 m in den Sturm, wenn es drauf ankam. Was sein Highlight war? Gaga denkt kurz nach: „Ich habe mal gegen den direkten Nachbarverein aus Hausstadt beide Tore zum 2:0-Sieg erzielt." Und dann lacht er, auch weil er nie über die zweite Mannschaft hinauskam. Dazu muss man wissen: Der SV Honzrath hat nur zwei Mannschaften.

Auf dem Tennisplatz fühlte sich Gaga wohler. Er hatte ein feines Händchen, spielte offensiv, schlug gut auf, suchte häufig den Weg ans Netz. Sein Trainer sagte immer: „Wenn er jetzt noch laufen könnte, könnte da was richtig Gutes bei herauskommen." Aber Gabriel konnte nicht laufen. Die sportlichen Erfolge kamen erst, als er mit Darts anfing. Das heißt, anfangs, im Stiwelegass, einer kleinen Kneipe in Honzrath, erkennt noch niemand Gagas Talent für diesen Sport. Vielleicht liegt es daran, dass er nur einmal die Woche, mittwochs, zum Training geht, um Getränke zu gewinnen. In jedem einzelnen Leg wurden im Stiwelegass Getränke ausgespielt. Da niemand mitten in der Woche zu viel trinken wollte, weil man ja am nächsten Morgen rausmusste, wurden Kringel auf Bierdeckeln gesammelt. Der Verlierer zahlte brav sein Getränk, der Gewinner bekam einen Kringel notiert und konnte diesen dann am Wochenende einlösen. Entsprechend feuchtfröhlich ging es dann am Wochenende zu.

E-Darts und Steeldarts

Auch die nächsten Stationen sind eher unspektakulär. Sportlich passiert das, was die meisten E-Darter kennen: DSAB, B-Klasse, zweitniedrigste Spielklasse im Saarland. Später wechselt Gabriel zum DC. Ab jetzt wird es leistungsorientierter, in der A-Klasse holen sie sich 2008 die Deutsche Meisterschaft. Es geht zum Endturnier nach Las Vegas, seinem bis heute einzigen Trip in die USA. Der Aufstieg in die E-Darts-Bundesliga gelingt. Und in dieser Zeit steigt Gabriel Clemens auch intensiver ins Steeldarts ein. Es gibt da eine Gruppe Saarländer, die die DDV-Ranglistenturniere spielt, und als einer ausfällt, fragen sie Gaga, ob er nicht Lust hat mitzukommen. Clemens sagt zu, mit der Bedingung, die gesamte Tour mitspielen zu dürfen. Und er wettet gleich an diesem Abend, dass er am Ende der Saison zu den Top Acht der DDV-Rangliste gehören wird. Die erste DDV-Saison läuft tatsächlich gut. Im Mai 2008 geht es nach Bayern, nach Vilsbiburg. Angereist wird jeweils freitags mit einem 9-Sitzer. Im Einzelturnier am Samstag muss er mindestens das Finale erreichen, um tatsächlich den Platz unter den Top Acht zu haben. Gabriel gewinnt das Turnier im Finale gegen Karsten Koch. Damit kommt er kurzzeitig in die Nationalmannschaft. Parallel bestreitet er auch die Turniere der neu geschaffenen GDC (German Darts Corporation), aus der später die PDC Europe hervorgeht. Er versucht sich am BDO-WM-Qualifikations-Turnier, meldet sich zum ersten Mal für das BDO World Masters an. Bis zu diesem Zeitpunkt besitzt Gabriel Clemens übrigens kein eigenes Dartboard. Er hatte auch nie einen E-Darts-Automaten. Gaga trainiert nicht. Er spielt die Turniere am Wochenende, das war's. Er lebt von seinem Talent. Mit 27 Jahren, im Jahr 2010, hängt er zum ersten Mal ein Board in seiner Wohnung auf. In dieser Zeit legt er, was Turniere angeht, allerdings eine Pause von über zwei Jahren ein, denn zum einen hat er nicht mehr so richtig Spaß an seinem Hobby und zum anderen gibt es einen neuen Schichtdienst in seiner Firma. Er muss nun an drei von vier Wochenenden im Monat arbeiten und kann daher nicht mehr zu Turnieren reisen.

2012 meldet sich Uwe Schmitt, der Team-Captain des Steeldarts-Bundesligisten DV Kaiserslautern. Schmitt möchte Clemens reaktivieren, fragt ihn, ob er nicht Lust habe, für Kaiserslautern zu spielen. Gabriel sagt zu und bleibt damit zumindest dem Dartsport erhalten. 2014 und 2017 werden sie Deutscher Meister. Und 2017 ist auch das Jahr, in dem Bewegung in Clemens' Darts-Karriere kommt.

Es wird ernst

Was Gaga bis hierhin erreicht und gespielt hat, haben viele andere Deutsche auch geschafft. Dartprofi zu werden, ist für ihn zu diesem

Zeitpunkt überhaupt kein Thema. Inzwischen hat er seinen langjährigen Arbeitgeber Textron verlassen, nachdem dieser zum dritten Mal Insolvenz anmeldete. Das war Gabriel zu unsicher. Er geht zum Entsorgungsverband Saar, was sich später als ein ganz entscheidender Schritt herausstellen wird, weil dort Freistellungen möglich sind.

2016 beginnt er wieder internationale Turniere zu spielen. Er nimmt an sieben BDO-Events teil, erreicht im September sogar das Finale von Luxemburg, besiegt auf dem Weg dorthin Spieler wie Andy Fordham und Gary Robson. Das Finale verliert er mit 2:6 Legs gegen Daryl Fitton, der inzwischen einer seiner Ansprechpartner beim Sponsor Target ist.

World Masters

Ende September 2017 reist Gabriel mit inzwischen 34 Jahren zum World Masters. Es ist seine zweite Teilnahme nach dem Zweitrunden-Aus 2009, zwölf Jahre zuvor. Zum ersten Mal wird das traditionsreichste Major-Turnier überhaupt (es besteht seit 1974) in Bridlington hoch im Norden an der Ostküste gespielt. Man kann diese BDO-Veranstaltungen eigentlich nicht mit den PDC-Events vergleichen. Hier kommen Spieler und Zuschauer durch den gleichen Eingang in die Halle. Ein paar hundert Fans schauen sich die Matches an der Hauptbühne an. An den Nebenboards ist kaum was los. Es ist ein 272er-Teilnehmerfeld, die gesamte Veranstaltung (Damen und Herren) ist mit 70 500 Pfund dotiert. Gerade durch die Finalteilnahme im Jahr zuvor in Luxemburg ist Gabriel den englischen Spielern schon ein Begriff. Aber natürlich stehen andere im Fokus: Mark McGeeney ist topgesetzt, vor Glen Durrant, Scott Mitchell und Jamie Hughes.

Unauffällig gewinnt Gabriel eine Runde nach der anderen, bezwingt in der Runde der letzten 80 Gavin Carlin knapp mit 3:2 Sätzen, in der R48 Keith Rooney ebenfalls im Entscheidungssatz. Es ist ein anstrengender, weil langer Turniertag. Gabriel wähnt sich bereits im Achtelfinale, ist schon im Hotel, als er von der Turnierleitung einen Anruf bekommt: Es sei ihnen ein Fehler unterlaufen, er müsse doch noch ein Match spielen, gegen die Nummer vier der BDO, Jamie Hughes. „Da war ich richtig sauer", erinnert sich Clemens. „Ich war platt, hatte meine Anspannung verloren und musste dann noch ein Match spielen." Wenn Gabriel Clemens, die Ruhe in Person, sauer wird, ist er besonders gefährlich. Jamie Hughes, einen der Turnier-Favoriten, besiegt er mit 3:0 Sätzen – ein kleiner Paukenschlag, mit dem er jetzt auch in die Wahrnehmung der anderen Spieler rückt. Gaga steht nun wirklich im Achtelfinale, er darf endlich ins Hotel und weiß, dass er am nächsten Tag sein Match auf der Hauptbühne bekommt. Sein Gegner ist der Niederländer Chris Landman. Als er diesen ebenfalls zu null besiegt und zurück in den Spielerbereich geht, passiert etwas, was es auf dem PDC-Circuit niemals geben würde: Die anderen Spieler applaudieren. Und zwar alle. Auch die großen Namen. Das hat Tradition unter den BDO-Spielern. Es ist Gabriel Clemens erster BDO-Applaus. Selbst heute, drei Jahre später, merkt man, dass ihn das berührt hat.

Als erster Deutscher überhaupt erreicht Gaga das Halbfinale des World Masters und unterliegt dort der Nummer eins der BDO, Mark McGeeney, knapp mit 4:5. Die 3000 Pfund, die er mit nach Hause nehmen darf, sind das bis dahin höchste Preisgeld seiner Karriere.

Qualifying School

Dieses World Masters 2017 ist ein Wendepunkt in der Karriere von Gabriel Clemens. Es hat ihm gezeigt, was möglich ist, dass er vorne mitspielen kann. Der Saarwellinger hat zwar schon 2016 und 2017 Qualifikationsturniere der European Tour bestritten, aber erst jetzt entscheidet er sich dazu, die Qualifying-School zu spielen, um die Tour Card für den PDC-Circuit zu bekommen. Und er meint es ernst: Zum allerersten Mal in seinem Leben bereitet sich Gabriel Clemens gewissenhaft auf ein Dartturnier vor, er trainiert täglich drei, vier Stunden neben seinem ganz normalen Arbeitstag beim Entsorgungsverband Saar. Der Einsatz lohnt sich, auch wenn das Qualifying-Wochenende Mitte Januar 2018 ein Auf und Ab ist: An Tag eins erreicht er das Halbfinale, verliert 1:5 gegen Jeffrey de

Zwaan. Das ist ein guter Start in diese Veranstaltung, weil nicht nur die vier Tagessieger eine Tour Card bekommen, sondern auch die sechs Besten der turniereigenen Rangliste. Am Freitag und Samstag folgt jeweils das Zweitrunden-Aus, womit der Druck am letzten Turniertag enorm steigt. Gaga muss mindestens das Finale erreichen, um eine Tour Card sicher zu haben. Was hilft und Mut macht: Er qualifiziert sich am Samstagabend noch für die Super League. Und als er später mit Robert Marijanovic und Dragutin Horvat zusammensitzt, kündigt er an, das letzte Qualifying-School-Event zu gewinnen. Gaga erinnert sich genau: „Robby und Brazzo haben mich damals ausgelacht!" Doch Gabriel Clemens lässt seinen Worten Taten folgen: Er verliert an diesem Sonntag, bei acht Begegnungen gerade mal 13 Legs. Dabei hat er in Runde 4, in seiner einzigen umkämpften Partie gegen den Niederländer Tom Burquel, zwei Match-Darts gegen sich. Das Finale gewinnt er später gegen Vincent Kamphuis mit 5:3 Legs.

PDC Tour Card

Gleich im ersten Anlauf holt sich Gabriel Clemens also die PDC Tour Card, die Berechtigung, sämtliche Pro-Tour-Turniere zu spielen: sechs UK Open Qualifier sowie 22 Players-Championship-Events. Gaga erinnert sich, dass er damals überhaupt nicht wusste, was auf ihn zukommt. Er hatte Anfang Januar zum ersten Mal seine Saison geplant, mit Qualifikationsturnieren auf der European Tour und einigen BDO-Veranstaltungen. Plötzlich war da die Gelegenheit, ab Anfang Februar zig Turniere in England zu spielen. Und genau für diesen Weg entscheidet er sich. Zunächst reicht er seinen kompletten Jahresurlaub ein, um von Beginn an die PDC Tour bestreiten zu können. Und die Erfolge kommen überraschend schnell: Gleich am ersten UK-Open-Qualifier-Wochenende erreicht er Anfang Februar sein erstes Achtelfinale. Mitte März geht er den nächsten Schritt: Viertelfinale bei einem der Player-Championship-Turniere. Der Start in die Saison ist so gut und vielversprechend, dass Gaga sich entscheidet, nur noch drei Tage die Woche arbeiten zu gehen – natürlich in Absprache mit seinem Arbeitgeber. Diese Regelung gilt zunächst mal für ein Jahr. Der ruhige Zeitgenosse aus Saarwellingen fängt so richtig Feuer. Das mehrstündige tägliche Training wird zur Normalität. Ende April folgt sein erstes Halbfinale: Gaga besiegt im Turnierverlauf mit Peter Wright und James Wade zwei Top-Ten-Spieler, wird schließlich von Jeffrey de Zwaan gestoppt. Drei Wochen später legt Gaga seine nächste Serie hin: Sechs Siege feiert er am 19. Mai 2018, darunter sind Erfolge gegen Richard North, Simon Whitlock, Paul Nicholson und wieder Peter Wright. Vier Monate nach Erhalt der Tour Card steht Gabriel Clemens in seinem ersten PDC-Finale. Nur mal zum Vergleich: Weltmeister Peter Wright hat dafür über fünf Jahre gebraucht, die heutige Nummer eins der Welt, Michael van Gerwen, mehr als zwei Jahre. Das Finale gegen Gary Anderson verliert Clemens dann mit 5:6, obwohl er im Entscheidungs-Leg zwei Match-Darts hat.

Eine neue Methode: Structogram-Training

Mitte 2018 lernt Clemens über seinen Hauptsponsor einen Mann kennen, der dafür bekannt ist, Leistungspotenziale zu optimieren: Mark Klinger. Klinger war früher selbst ein erfolgreicher Kampfsportler: Europameister, Weltmeister, Worldcup-Gewinner in verschiedenen Disziplinen. Er hat sich später zum lizensierten Structogram-Trainer ausbilden lassen. Der Leitgedanke des Structogram-Trainings lautet, dass in jedem von uns ein Gewinner steckt. Und das meint nicht die pauschale Phrase, die man von so ziemlich jedem Mentaltrainer der Welt kennt. Gemeint ist: Wer sich selber gut kennt, seine individuellen Stärken, seine Schwächen sowie seine Außenwirkung, weiß irgendwann auch, woran er oder sie bei sich arbeiten muss. Man lernt, seine Stärken und Schwächen einzusetzen, mit ihnen umzugehen, und steigert dadurch das eigene Potenzial.

Mark Klinger ist einer der wenigen Structogram-Trainer, der neben großen Firmen und Führungspersonen auch Profisportler berät. Das hängt natürlich mit seiner eigenen Biografie als Leistungssportler zusammen. Zusammen mit Thomas Immand, der ebenfalls zum Team Clemens gehört und sich vor allem um die Ernährung und den Fitnesszustand des „German Giants" kümmert, hat er mit Fußballmannschaften gearbeitet, mit Trainern und Spielern des Deutschen Tennisbundes, mit dem Triathlon-Olympiasieger Jan Frodeno, der 2019 zum dritten Mal den Ironman Hawaii gewann. Vorerfahrungen in Darts hatte Klinger keine – und genau das reizte ihn. Die Zusammenarbeit mit Gaga Clemens war auch ein Stück Pionierarbeit für ihn und hat den Structogram-Trainer zum Darts-Fan werden lassen. Er ist fasziniert von der Konzentrationsfähigkeit der Spieler, vom inneren Kampf der Profis, der so anders ist als der auf einer Schaumstoffmatte. Und er ist vor allem überzeugt von Gabriel Clemens. Im Gegensatz zu Gaga, der nicht über hohe Ziele spricht, formuliert Mark Klinger sie gerne, sagt, dass Gabriel in wenigen Jahren zu den Top Ten der Welt gehören irgendwann die Weltmeisterschaft gewinnen wird.

Rot, Blau oder Grün – erkenne dich selbst und andere

Was genau ist dieses Structogram? Anhand von wissenschaftlich fundierten Analyseverfahren wird eine Persönlichkeitsstruktur, die sogenannte Biostruktur, ermittelt und in einem Structogram, einem Kreisdiagramm mit drei Farben (Rot, Blau, Grün) dargestellt. Der Anteil der jeweiligen Farbe ist individuell unterschiedlich und beschreibt die Persönlichkeitsstruktur eines Menschen. Diese Struktur ist angeboren und kann nicht verändert werden, wie ein Fingerabdruck. Man muss also lernen, mit ihr umzugehen.

Vereinfacht dargestellt, steht die Farbe Rot für Emotion, Blau für Rationalität und Grün für das Zwischenmenschliche. Wer Gabriel Clemens Darts spielen sieht, mit all seiner Ruhe, ohne viel Emotion, der wird schnell ahnen, welcher Wert bzw. welche Farbe bei ihm kaum vertreten ist: Rot. Damit unterscheidet er sich von sehr vielen erfolgreichen Spitzensportlern, die impulsiv und aggressiv sind und auf diese Art und Weise auch im sportlichen Wettkampf die Oberhand gewinnen möchten. Auch ohne extra erstelltes Structogram ist zum Beispiel unschwer zu erkennen, dass in Michael van Gerwens

Persönlichkeitsstruktur der Rotanteil sehr hoch ist. Und so wie MVG ticken wie gesagt viele Topsportler, auch im Darts. Gerwyn Price, Nathan Aspinall. Spieler, die Ansagen machen, die sich nicht nur hohe Ziele setzen, sondern sie auch selbstbewusst formulieren. Gabriel Clemens ist anders und das soll auf keinen Fall als Schwäche verstanden werden. Er verfolgt nur einen anderen Weg zum sportlichen Ziel. Der Saarländer ist ein rationaler Typ, die Farbe Blau ist in seinem Structogram stark dominant, was bedeutet, dass er sein Vorgehen sehr genau plant. Clemens muss sämtliche Trainingsschritte und -methoden verstehen und begreifen, um sie anwenden zu können und auch anwenden zu wollen. Er überlegt sich genau, was er wie macht, und ist dabei erstaunlich kreativ. So hat er sich beispielsweise die unterschiedlichsten Finishes auf Karteikarten geschrieben und sich dazu notiert, mit wie vielen Darts er dieses Finish checken muss. Dieses Karteikartenspiel gehört zu seinem täglichen Training.

So wie Michael van Gerwen sich durch das Sockenhochziehen offenbar wieder in seinen gewünschten mentalen Zustand bringt, hat Clemens einen ähnlich banalen Trick, sich im Match zu vergewissern, dass er Emotion einbringt, weil sie wichtig ist am Oche im Kampf um den Sieg. Er hat sich auf seine Flights drei kleine rote Punkte gemalt. Wenn der Gegner wirft und er sich auf sich selbst konzentriert, schaut er auf seine Flights, sieht die roten Punkte und wird daran erinnert, Emotion zuzulassen. Diesen Vorgang trainiert er permanent über einen sehr langen Zeitraum hinweg. Immer wieder versucht er durch diese Routine, selber aggressiver zu sein. Und es wird zur Folge haben, dass er irgendwann gar nicht mehr groß nachdenkt, wenn er auf die roten Punkte schaut, sondern dieses kleine Symbol automatisch die gewünschte Emotion erzeugt. Und damit kann er das Manko, das er durch seine Persönlichkeitsstruktur hat, kompensieren.

Natürlich ist Emotion wichtig im Sport. Aber noch wichtiger ist, dass man sich selber sehr gut kennt. Gabriel Clemens wird niemals die Emotion eines Gerwyn Price an den Tag legen, weil er eine andere Persönlichkeitsstruktur hat, und es würde auch überhaupt keinen Sinn machen, ihn dazu zu bringen, sich wie Price zu verhalten.

Das Structogram gibt jeder Person also den Schlüssel zur Selbsterkenntnis. Es hilft bei der Findung des individuell perfekten Weges, durch den man sein Potenzial ausschöpfen kann. Diesem ganz persönlichen Weg werden sämtliche Ziele angepasst, ihm wird eine Strategie zu Grunde gelegt, die zum Erfolg führt.

Die Selbsterkenntnis ist nur ein Baustein der gesamten Structogram-Lehre. Wer sich mit ihr länger befasst, wird auch sehr schnell lernen, andere Menschen einzuordnen. Die Körpersprache ist dabei natürlich ein wichtiger Indikator. Persönlichkeitsstruktur zeigt sich mit jeder Bewegung, mit jedem Verhalten: wie ich gehe, welche Ordnung ich an meinem Arbeitsplatz habe, wie ich jemanden begrüße, wie ich mit Misserfolg umgehe, ob ich Nähe mag oder sie vielleicht als unangenehm empfinde. Und wenn ich die Persönlichkeitsstruktur meines Gegenübers kenne, kann ich mich auf ihn einstellen – im Leistungssport kann das entscheidend sein. Wie gehe ich mit meinem Gegner, meinem direkten Gegenspieler um? Wie kann ich ihn nerven? Wie kann ich ihn beeinflussen?

Faktor Stress

Ein weiterer Faktor ist der Umgang mit Stress. Negativer Stress kann durch ganz verschiedene Faktoren verursacht werden, zum Beispiel durch Medien oder familiäre Probleme. Wie erlebe ich einen Leistungsabfall und was löst er bei mir aus? Das sind alles Faktoren, die auf die physische sowie psychische Leistung eine negative Auswirkung haben können. Ziel ist es also, ein physisch-psychisches Gleichgewicht zu erlangen, da nur dann eine maximale Leistung möglich ist.

Im Profidartsport ist die psychische Belastung besonders hoch, weil es kaum Pausen gibt. Die Konzentrationsintervalle sind kurz und damit besonders intensiv. Ein Leg dauert im Schnitt rund zwei Minuten. Pro Leg gibt es zwei, drei wichtige Momente, in denen ich im Fokus sein muss, um meine gewohnte Qualität abzurufen. Erholungsphasen einzustreuen ist einerseits kaum möglich, auf der anderen Seite aber absolut vonnöten. Eine solche mentale Herausforderung stellt sich in kaum einem anderen Sport. Schon gar nicht in den

Mannschaftssportarten, bei denen es immer Möglichkeiten gibt, sich kleine Auszeiten zu nehmen. Selbst im Tennis gibt es deutlich längere Intervalle, die Mini-Auszeiten zulassen. Darts ist mentale Höchstleistung. Kein Topspieler kann einen Turniertag auf der Pro Tour mit bis zu sieben Matches ohne kleinere Krisen überstehen. Gleiches gilt für Matches mit besonders langer Distanz, wie sie bei großen TV- oder Major-Turnieren gespielt werden. Um diese anspruchsvollen Situationen bewältigen zu können, müssen Spitzensportler, allen voran Dartprofis, in einem psychisch–physischen Gleichgewicht stehen. Durch die Structogram-Lehre, bei der die Persönlichkeitsstruktur anfangs ermittelt wird, sind sehr individuelle Vorgehensweisen möglich, womit sich diese Lehre von den allermeisten Trainingsmethoden im Mentalbereich unterscheidet.

Die ersten beiden Profijahre

Seit Mitte 2018 hat Gabriel Clemens über 20 Kilogramm abgenommen. Die bewusste Ernährung kombiniert mit seinem Fitnesstraining haben schnell Früchte gezeigt. Da sich die Biomechanik durch eine schnelle Gewichtsreduzierung verändern würde, wird auch dieses Projekt mit viel Geduld angegangen. Er hat inzwischen auch ein 30 m² großes Büro mit verschiedenen Boards, einem Fahrradergometer, einem riesigen Kühlschrank sowie einer Glasvitrine für sein Darts-Equipment, das tatsächlich als „Landesleistungszentrum für Kneipensport" eingetragen ist.

In den letzten zwei Jahren hat Clemens über 130 000 Pfund Preisgeld eingespielt. Hinzu kommt die Unterstützung von einigen Firmen aus der Heimat, die ihm gerade in der Anfangsphase als Profi den finanziellen Druck nahmen. Durch dieses finanzielle Grundgerüst war Clemens übrigens auch nie auf ein Management angewiesen. Dabei haben selbst die großen englischen Agenturen, wie ZWA Sports, Nevada Sports, Modus Sports oder auch die Sportsman Management Company häufig angeklopft. Der deutsche Markt mit seinem bereits bewiesenen Potenzial in Sachen Darts ist sehr verlockend. Einen der Topspieler für die nächsten Jahre an sich zu binden, könnte zum echten Coup werden. Doch Gaga blieb standhaft, sah in seiner Situation keinen Grund, eine solche Verpflichtung einzugehen. „Du brauchst nur dann ein Management, wenn du am Anfang deiner Karriere nicht das Geld hast, um Turnierreisen zu zahlen", sagt er, „oder wenn du einer aus den Top Fünf bist und dann gut vermarktet werden kannst." Gerade bei der Vermittlung von Exhibitions in England könnte eine Agentur irgendwann hilfreich sein. Doch aktuell, als deutscher Top-40-Spieler in England? Damit sind keine großen Gagen zu verdienen. Gabriel Clemens ist sich da sehr klar. Und es gehört ja zu den besonderen Fähigkeiten eines „blau-dominanten", eines rationalen Menschen, vorausschauend und clever zu sein. Wo andere sich vielleicht gebauchpinselt fühlen, wägt Clemens sehr kopfgesteuert ab. Er sieht einfach nicht ein, weshalb er in seiner derzeitigen Position irgendeinem Management eine Provision von bis zu 50 Prozent zahlen sollte. Bis heute ist er deshalb ohne Manager unterwegs und mit dieser Entscheidung bisher gut gefahren. Was die Zukunft bringt, lässt er entspannt auf sich zukommen. Der Deal mit Target, dem inzwischen größten Darts-Produzenten weltweit, kam erst nach rund eineinhalb Jahren zustande, bis alles zu Clemens' Zufriedenheit war. Er hat die nötige Geduld und ist stur genug, um das gewünschte Verhandlungsergebnis zu erzielen, so würde es wahrscheinlich seine Mutter beschreiben. Genau diese Sturheit und Zielstrebigkeit hat der „German Giant" in seinen ersten beiden Profijahren auch am Oche gezeigt.

WM 2019
2019 ist der „German Giant" erstmals für die PDC-Weltmeisterschaft qualifiziert. Es ist der Lohn für ein sehr erfolgreiches Auftaktjahr 2018, das in der Qualifying School startete und in der Finalteilnahme gegen Gary Anderson gipfelte. Mindestens einmal Ally Pally steht auf jeder „To-do-Liste" eines Dartprofis. Sein Auftaktmatch gegen den jungen Briten Aden Kirk gewinnt Clemens

problemlos mit 3:0 Sätzen. Doch dann endet die Reise gegen einen gut aufgelegten John Henderson, der ihm im Entscheidungssatz ein 141er-Finish um die Ohren haut. Solche Niederlagen verdaut Clemens schnell. Das ist der große Vorteil seiner Persönlichkeitsstruktur, weil er viel besser imstande ist, die Emotion rauszuhalten, das Ganze analytischer zu sehen, mit einem gewissen Abstand. Und da steht seine gute Entwicklung im Vordergrund, die er 2019 fortsetzt: Ende Februar wartet die nächste Finalteilnahme, ein 4:8 gegen Gerwyn Price beim fünften Players-Championship-Turnier des Jahres. Eineinhalb Monate später unterliegt er dem Waliser Jonny Clayton im nächsten Finale. Gabriel Clemens wird immer besser, weil das Gesamtpaket stimmt. Er hat sich ein Umfeld geschaffen, in dem er sich wohl fühlt, das professionell arbeitet, das ihm hilft, sportliche Momente einzuordnen. Und das auch menschlich eine Bereicherung für ihn ist. Wer Gabriel zusammen mit Mark Klinger und Thomas Immand erlebt, merkt allen dreien an, dass sie das nicht nur wegen des sportlichen Erfolgs tun, sondern auch, weil die Arbeit ihnen Spaß bereitet, weil sie viel zusammen lachen, weil sie sich schätzen. Solch eine Konstellation hat einen enorm hohen Wert, kann am Ende ausschlaggebend sein beim Versuch, sich in die absolute Weltspitze vorzuarbeiten.

German Darts Masters 2019

Es verwundert nicht, dass der bodenständige Gabriel Clemens sich erst an die großen Bühnen gewöhnen muss. Der Auftritt vor ein paar tausend Fans samt Kameras bedeutet für den Saarländer erst mal ein Verlassen der Komfortzone. Es dauert eine Weile, bis er innerlich tatsächlich genauso gelassen ist, wie er äußerlich wirkt. Ein entscheidender Schritt bei diesem Prozess gelingt ihm im Juli 2019 beim German Darts Masters vor 9000 Zuschauern in der Lanxess-Arena in Köln. Dieses Turnier wird zu einem Schlüsselmoment für Clemens. Nicht nur, weil er sein Vorbild Raymond van Barneveld zum Auftakt erstmals bezwingen kann. Er setzt sich auch gegen Weltmeister Rob Cross durch, besiegt Mensur Suljovic, um das Finale gegen Peter Wright zu verlieren. Zum ersten Mal bekommt Clemens sein Spiel auf einer großen Bühne vor tausenden von Fans und dann auch noch in Deutschland zusammen. Und das, obwohl er sich ein wenig über den Veranstalter ärgert, weil die internationalen Spieler wie van Gerwen, Wright, „Barney" etc. einen viel größeren und komfortableren Spielerbereich bekommen als die deutschen Starter. Das empfindet er als ungerecht. Als er irgendwann im späteren Turnierverlauf in den anderen Raum gebeten wird, lehnt er dankend ab. Und mit dieser Wut im Bauch – vielleicht ist es ja die manchmal fehlende Emotion, die er dadurch einbringt – spielte sich Clemens in sein erstes großes PDC-Finale und verliert dieses dann nur knapp mit 6:8 Legs gegen Peter Wright. Es ist sein bis heute größter Erfolg. Wie viel Selbstsicherheit ihm das für die Zukunft gibt, erkennt man später im November beim Grand Slam of Darts, als Clemens im letzten Gruppenspiel einen deutschen Rekord für ein TV-Match vor Publikum hinlegt: 110,27 Punkte im Schnitt beim 5:2-Sieg gegen den Niederländer Richard Veenstra. Das gelingt nicht vielen Spielern und deutet einmal mehr sein großes Potenzial an.

Mr. Understatement

Diese einzelnen Ausreißer sind Momentaufnahmen, die gut tun, die Gabriel Clemens auch genießt. Sie lenken ihn aber nicht von seinem langfristig angelegten Plan ab. Das ist der Vorteil, wenn man nicht zu sehr von Emotionen, Adrenalin und Impulsivität geleitet wird. „Ich kann mich noch in allen Bereichen meines Spiels verbessern", glaubt Gaga, „im Mentalen, beim Scoren oder Checken. Und das werde ich nach und nach tun." Wenn am Ende dabei kein Major-Sieg herausspringt, dann ist das eben so, sagt er. „Klar, ich möchte jedes Turnier gewinnen, das ich spiele. Ich weiß auch, dass ich an einem guten Tag jeden ärgern kann. Aber es kann ja immer nur einer gewinnen." Und dann fällt wieder so ein Satz, den irgendwie kein andere Profisportler sagen würde und der so typisch für Mr. Understatement Gabriel Clemens ist: „Ich mache mir gar nicht so viel aus Titeln! Ich wäre auch glücklich, wenn ich einfach den Rest meines Lebens durch

Darts finanzieren könnte." Gabriel Clemens geht einen sehr eigenen Weg, und es wird spannend zu sehen sein, wohin diese Reise führt. „Wenn ich nicht glauben würde, dass ich das Potenzial für die Top 32 hätte, würde ich nicht hier sitzen, sondern wäre zurück an der Werkbank." Frei übersetzt aus dem Clemensschen heißt das: Er traut sich den Sprung in die Weltspitze zu. Wir sind gespannt.

Tagebuch

20. September

Zuschauer bei einem PDC-Turnier! Zum ersten Mal seit dem 12. März 2020, dem Premier League Spieltag in Liverpool, waren Fans „in the house". Die World Series Finals von Salzburg hatten an drei Tagen rund 6000 Zuschauer in der Salzburg Arena. Ganz interessant: Das Hygienekonzept sah vier Zuschauerbereiche vor, die komplett voneinander getrennt waren, mit jeweils eigenem Eingang sowie separaten Toiletten. Der eine Bereich hatte mit dem anderen also nichts zu tun. Es gab an den Tischen sogar Alkohol, was mich anfangs, ehrlich gesagt, irritierte. Aber es hat funktioniert. Die PDC Europe macht da einfach einen guten Job. Sie haben das Konzept gemeinsam mit der Stadt Salzburg und den Verantwortlichen der Halle entwickelt.

Der „Iceman" lässt es krachen: Nach den beiden Siegen zum Ende der Autumn Series holt Gerwyn Price sich den dritten Titel in Folge und steht jetzt bei einer Siegesserie von 17 Partien nacheinander. Das ist im Darts schon fett. Kompliment. Damit wandern diese 70 000 Euro nach Wales.

27. September

Das erste offizielle PDC-Turnier mit Zuschauern in Deutschland seit Ende Oktober 2019 hat an diesem Wochenende in der Halle 39 von Hildesheim stattgefunden. 500 Fans pro Session waren erlaubt. Die PDC Europe hatte in Hildesheim in Zusammenarbeit mit dem Robert Koch-Institut eine Belüftungsanlage getestet. Ein großes Kompliment an Werner von Moltke (CEO PDC Europe) und sein Team, die unermüdlich nach Lösungen suchen, um Events mit Zuschauern stattfinden zu lassen. Nur warten, dass etwas passiert, ist von Moltke nicht genug. Mitarbeiter haben bereits Fortbildungsseminare in Sachen Corona besucht.

Und sportlich? Wieder setzt sich jemand durch, der zuvor noch nie einen Titel auf dem PDC-Circuit gewann: Devon Petersen aus

Südafrika, die Nummer 42 der Welt, ist der erste Afrikaner, der einen Tour-Sieg holt. Glückwunsch! Gerade er hat sich in den letzten Wochen enorm gesteigert. Also, noch so ein Corona-Gewinner.

30. September

Heute hat die PDC bekanntgegeben, dass sämtliche Turniere bis zur WM in England ohne Zuschauer stattfinden werden. Als Nächstes steht ja der World Grand Prix an, den man wegen der Pandemie von Dublin nach England verschoben hat. Damit wurde eine Tradition gebrochen. Die WM findet auf jeden Fall im Ally Pally statt, das hat Matt Porter, der Chief Executive der PDC, erklärt. Bei Barry Hearn klang das vor drei Wochen noch anders: Er hatte es auch als Option formuliert, die Weltmeisterschaft in ein anderes Land (zum Beispiel Deutschland) zu verlegen. In runden zehn Wochen startet die Weltmeisterschaft 2021, mal sehen, was bis dahin passiert. Wenn ihr mich fragt, ob ich es für richtig halte, die WM im Alexandra Palace zu belassen: JA. Du kannst sie nicht in irgendeiner Halle austragen, egal, ob es dort Zuschauer gibt oder nicht. Meine Meinung. Game on!

Zum Schluss: Perfect Game

Auch wenn nach wie vor aus einer Entfernung von zwei Metern 37 kleine Pfeile auf sehr kleine Ziele geworfen werden: Der Profisport Darts hat sich gewaltig verändert. Die PDC hat es verstanden, über Veränderungen in der Turnierstruktur auch die Profispieler weiterzuentwickeln. Sie sind zu Tour-Spielern geworden, was in den ersten 30 Jahren des Profidartsports nicht möglich war. Und diese Entwicklung ist längst nicht am Ende. Profidartspieler werden ihre individuellen Wege in Zukunft noch selbstverständlicher und zielstrebiger gehen, begleitet von Managern und vor allem von Mentaltrainern. Vor allem Letztere werden, da bin ich mir sehr sicher, im Mentalsport Darts in den kommenden Jahren eine viel zentralere Rolle spielen. Sie werden für Profispieler die wichtigsten Bezugspersonen sein, so wie das in anderen Mentalsportarten heutzutage gang und gäbe ist.

Damit wird sich auch die Qualität der Matches weiter verbessern. Das, was alle Profis spüren und vermuten, wird eintreten: Darts ist noch nicht an seine Grenzen gestoßen. Die Profis haben ihre Fähigkeiten längst nicht ausgeschöpft. Sie werden immer weiter nach Perfektion streben, ohne sie natürlich jemals erreichen zu können. Das macht für Profispieler einen Großteil der Faszination Darts aus.

Die PDC ist längst nicht am Ende

„Ich habe Darts aus der Kneipe in die Welt gebracht", sagt Barry Hearn, „das war eine der spannendsten Aufgaben meines Lebens." Wenn der 72-Jährige irgendwann mal seinen Posten räumt – das wird noch ein Weilchen dauern –, dann will er das heutige Tour-Preisgeld verdoppelt haben: 30 Millionen Pfund sollen jährlich auf dem PDC-Circuit ausgeschüttet werden. Das ist sein Ziel. Und es klingt ähnlich ambitioniert wie die Ankündigung von damals, er mache aus Dartprofis Millionäre.

Die PDC will sich vor allem weiter internationalisieren. Zuletzt hatte die PDC Europe die European Tour auf noch mehr Länder ausgedehnt. Was bereits in Deutschland, Österreich, den Niederlanden und auf Gibraltar stattfindet, soll zukünftig auch in Skandinavien, Tschechien, und Bulgarien fortgesetzt werden.

Der amerikanische Markt, auf den es die PDC seit 2002 abgesehen hat, funktioniert plötzlich besser, man wird 2021 mit den World Series endlich in den Madison Square Garden gehen, was bereits für 2020 geplant war und wegen Corona verschoben wurde. Und natürlich sieht man vor allem noch Potenzial auf dem asiatischen Markt, auch wenn die Asia-Tour bereits ein echter Erfolg ist. Doch Barry Hearn fragt sich: „Was machen wir eigentlich, wenn irgendwann ein Chinese am Dartboard steht und in jedem einzelnen Leg einen 9-Darter wirft. Das wäre der Untergang von Darts." Hearn meint das natürlich nicht ernst, er will damit andeuten, wie groß das Potenzial in China bzw. Asien ist. Aber natürlich ist das Scheitern auch im Darts, so wie in jedem anderen Sport, ein wichtiger Bestandteil, weil dadurch Dramen entstehen, die die Menschen mindestens so sehr berühren wie die Heldengeschichten. Darts ist eine wunderbare Soap-Opera, die noch viele Geschichten zu erzählen hat.

Warum *Perfect Game*?

Zum einen, ganz banal, weil Darts einfach ein geniales, ein perfektes Spiel ist. Es ist von den Regeln her simpel, leicht nachzuvollziehen und kann von jedem ausgeführt werden, ob alt, oder jung, klein oder groß, reich oder arm, dick oder dünn. Das Kneipenspiel, das anfangs nicht unbedingt geeignet schien, als echter Sport zu bestehen, hat längst nicht nur hunderttausende Hobbyspieler, sondern weltweit zigmillionen Zuschauer in seinen Bann gezogen.

Zum anderen fasziniert im Profibereich die Präzision der Profis unter enormem Druck. Vor allem dann, wenn es für knapp zwei Minuten so scheint, als könne der Spieler perfekt agieren. Ein perfektes Spiel – das „Perfect Game" –, ist im Dartsport der 9-Darter. Und 9-Darter werden auf Profiturnieren der PDC seit 2008 im zweistelligen Bereich erzielt – das ist bezeichnend für die Entwicklung im Profidart. Den allerersten 9-Darter vor TV-Kameras warf, wie erwähnt, John Lowe im Oktober 1984. Seit 2002 fallen auch bei der PDC 9-Darter live im Fernsehen: Phil Taylor schaffte es acht Jahre nach Gründung der PDC im Viertelfinale des World Matchplay gegen Chris Mason zum ersten Mal. Bis auf 2005 wurde danach in jedem Jahr mindestens einer vor laufenden Kameras geworfen, die meisten (sieben) im Jahr 2012.

Was die Gesamtzahl an 9-Dartern in einer Saison betrifft, stellt das Jahr 2019 ein absolutes Rekordjahr dar: 47 9-Darter in einem Jahr! Damit übertrafen die Profis den bisherigen Bestwert von 29 perfekten Spielen in 2015 mit großem Abstand. Und diese Entwicklung wird sich fortsetzen.

Ein Buch in einer besonderen Zeit

Die letzten Monate waren eine besondere Zeit. Obwohl auch ich ungewöhnlich viel zu Hause war – nicht nur, um dieses Buch zu schreiben –, sind die Wochen nur so verflogen. Es war eine Zeit, in der mir auch bewusst wurde, wie sehr mir der Sport und die Tour gefehlt haben. Ich vermisse Darts mit seinen Events, den Fans, den vielen Menschen, mit denen man in den letzten rund 15 Jahren einfach eine Menge Zeit verbracht hat.

Auch wenn ich die Spieler, auf die ich mich in *Perfect Game* besonders konzentriert habe, größtenteils wegen der Pandemie nicht persönlich treffen konnte, auch wenn die Interviews per Video stattfanden, waren es entspannte und sehr persönliche Gespräche, weil auch die Spieler Zeit hatten.

Und die anstehende WM? Sie wird auch in diesem Corona-Jahr im legendären Ally Pally stattfinden. Wahrscheinlich ohne Zuschauer. Die TV-Übertragungen der letzten Monate haben gezeigt, dass Darts zumindest übergangsweise seine Attraktivität auch ohne die wilden Partys nicht verliert. Die PDC hat dieses schwierige Jahr 2020 bisher (Stand Oktober) bemerkenswert gut über die Bühne gebracht. Viele meiner Sorgen aus dem März sind zum Glück nicht eingetreten. Darts hat diese Corona-Zeit viel besser weggesteckt als andere Profisportarten, die weiterhin um ihre Existenz bangen. Aber noch stecken wir mitten in dieser Pandemie. Wie lange Darts und auch die PDC Turniere ohne Zuschauer, ohne Ticketverkäufe verkraftet, wissen wir nicht. Das wird die Zukunft zeigen. Gefragt ist eine große Flexibilität seitens aller Beteiligten: der Spieler, des Verbands, der TV-Anstalten, der Fans. Der Zusammenhalt, der die Darts-Gemeinde immer ausgezeichnet hat – wahrscheinlich, weil Darts lange Zeit kein Mainstream-Sport war, wodurch die Basis kaum Mitläufer, aber viele, viele Überzeugungstäter hat –, wird auch in 2021 sehr wichtig sein. Game on!

Edel Books
Ein Verlag der Edel Germany GmbH

Copyright © 2020 Edel Germany GmbH,
Neumühlen 17, 22763 Hamburg
www.edelbooks.com
2. Auflage 2020

Projektkoordination: Marten Brandt
Lektorat: Ronit Jariv
Coverfoto: ©picture alliance / Jan Haas
Layout und Satz: Datagrafix GSP GmbH, Berlin | www.datagrafix.com
Gestaltung der Bildstrecke und des Umschlags: Groothuis. Gesellschaft
der Ideen und Passionen mbH | www.groothuis.de
Lithografie: Frische Grafik, Hamburg
Druck und Bindung: GGP Media GmbH, Pößneck

Alle Rechte vorbehalten. All rights reserved. Das Werk darf – auch
teilweise – nur mit Genehmigung des Verlages wiedergegeben werden.

Printed in Germany

ISBN 978-3-8419-0737-0